T0098890

ŒUVRES DE MIKEL DUFRENNE

Karl Jaspers et la philosophie de l'existence, avec P. Ricœur, Paris, Seuil, 1947.

Phénoménologie de l'expérience esthétique, vol. 1. – *L'objet esthétique*, vol. 2. – *La perception esthétique*, Paris, P.U.F., 1953.

La personnalité de base. Un concept sociologique, Paris, P.U.F., 1953.

*La notion d'*a priori, Paris, P.U.F., 1959.

Le poétique, Paris, P.U.F., 1963 ; rééd. 1973 augmentée de « Pour une philosophie non théologique ».

Jalons, La Haye, M. Nijhoff, 1966.

Esthétique et philosophie, 3 tomes, Paris, Klincksieck, 1967, 1976, 1981.

Pour l'homme, Paris, Seuil, 1968.

Art et politique, Paris, U.G.E., 10/18, 1974.

Subversion, perversion, Paris, P.U.F, 1977.

L'inventaire des a priori. *Recherche de l'originaire*, Paris, Bourgois, 1981 ; rééd., Caen, Presses Universitaires de Caen, 2021.

L'œil et l'oreille, Montréal, L'Hexagone, 1987, Paris, J.-M. Place, 1991 ; rééd., Paris, Nouvelles éditions Place, 2020.

BIBLIOTHÈQUE DES TEXTES PHILOSOPHIQUES
Fondateur Henri GOUHIER Directeur Emmanuel CATTIN

Mikel DUFRENNE

POUR L'HOMME

ESSAI

Introduction
par
Frédéric FRUTEAU DE LACLOS

Texte suivi d'une étude
de
Circé FURTWENGLER

PARIS
LIBRAIRIE PHILOSOPHIQUE J. VRIN
6 place de la Sorbonne, V e
2022

ISSN 0249-7972
ISBN 978-2-7116-3057-8
www.vrin.fr

INTRODUCTION

Mikel Dufrenne passe aujourd'hui pour un représentant de la phénoménologie française. Il paraît être l'homme d'un seul livre, la *Phénoménologie de l'expérience esthétique*, soutenue comme thèse d'État en 1953, immédiatement publiée aux Presses universitaires de France dans la collection « Épiméthée » dirigée par Jean Hyppolite, et régulièrement rééditée depuis lors. Dufrenne est pourtant l'auteur d'une œuvre importante qui ne se réduit pas à cette *Phénoménologie*.

Pas moins de trois volumes parus sous le titre *Esthétique et philosophie* reprennent certaines de ses contributions à la *Revue d'esthétique* dont il a partagé la direction avec Étienne Souriau et Olivier Revault d'Allonnes. Mais on lui doit également un approfondissement, par-delà la phénoménologie, d'une « Naturphilosophie » de l'expérience esthétique dans *Le poétique*, dont la première édition date de 1963[1]. Au-delà encore, il a mené une entreprise de « philosophie générale » liée à cet approfondissement « naturphilosophique », mais entamée avant lui et poursuivie après lui, à travers une réflexion de fond sur le sens de l'*a priori*. *La notion d'*a priori en 1959 et *L'inventaire des* a

1. Voir F. Jacquet, *Naître au monde. Essai sur la philosophie de Mikel Dufrenne*, Paris, Mimésis, 2014 et J.-B. Dussert et A. Jdey (dir.), *Mikel Dufrenne et l'esthétique. Entre phénoménologie et philosophie de la nature*, Paris, P.U.R, 2016.

priori. *Recherche sur l'originaire* en 1981 marquent les deux bornes chronologiques extrêmes de ce questionnement déterminant. Que ce soit là l'essentiel n'a pas échappé à Paul Ricœur, avec qui Dufrenne rédigea en captivité un ouvrage sur Karl Jaspers (unique monographie à ce jour consacrée en français au philosophe allemand[1]), pas plus qu'à Emmanuel Levinas[2] ou, dans des écrits plus tardifs, à Gilles Deleuze[3]. À ces recherches viennent s'ajouter des études très personnelles d'histoire de la philosophie, dont certaines ont été reprises dès 1966 dans le recueil *Jalons*.

Une autre ligne encore, pas moins inventive, s'est déployée entre le travail sur l'a priori et l'établissement de son inventaire. À vrai dire, son tracé a retardé l'inventaire, envisagé et partiellement mené juste après l'explicitation du sens de l'*a priori*, au début des années 1960. Dufrenne l'a en effet mis de côté le temps de la rédaction de trois ouvrages et d'un texte qui a lui-même les dimensions d'un petit livre : *Pour l'homme* en 1968, *Art et politique* en 1974, *Subversion, perversion* en 1977, enfin « Pour une philosophie non théologique », publié en addition à la

1. P. Ricœur, « La notion d'*a priori* selon Mikel Dufrenne (1961) », *Lectures 2. La contrée des philosophes*, Paris, Seuil, 1999, p. 325-334 ; M. Dufrenne et P. Ricœur, *Karl Jaspers et la philosophie de l'existence* [1949], Paris, Seuil, 2000.

2. E. Levinas, « *A priori* et subjectivité. À propos de *La notion de l'*a priori de M. Mikel Dufrenne », *Revue de métaphysique et de morale* 4, 1962, p. 490-497 ; repris dans E. Levinas, *En découvrant l'existence avec Husserl et Heidegger*, Paris, Vrin, 2010, p. 179-186.

3. G. Deleuze, *L'image-mouvement, Cinéma 1*, Paris, Minuit, 1983, n. 14, p. 140 ; G. Deleuze et F. Guattari, *Qu'est-ce que la philosophie ?*, Paris, Minuit, 1991, n. 17, p. 169. Enfin, ces auteurs se réfèrent à *La personnalité de base*, la thèse complémentaire de Dufrenne consacrée au « concept sociologique » de l'anthropologie psychanalytique de l'Américain Abram Kardiner (voir G. Deleuze et F. Guattari, *L'anti-Œdipe, Capitalisme et schizophrénie 1*, Paris, Minuit, p. 206, 327).

seconde édition du *Poétique* en 1973. La production de cette imposante série explique pourquoi, comme Dufrenne en prévient son lecteur, *L'inventaire des* a priori comprend deux strates de rédaction différentes, la plus ancienne étant recouverte et corrigée par la plus récente, mise au point à la fin des années 1970[1].

Cette ligne problématique, en quoi consiste-t-elle ? En une confrontation à l'actualité philosophique, à travers une posture assez nietzschéenne d'opposition au temps qui n'a rien d'un rejet réactionnaire ou seulement « réactif », qui ne relève pas d'une humeur passéiste ou d'un repli conservateur. Elle représente plutôt la tentative d'agir sur l'époque en vue de proposer des solutions conceptuelles pour les temps à venir. Ces temps sont peut-être venus, et notre présent est peut-être mûr pour le futur souhaité, désiré, dessiné par Dufrenne.

Chez Dufrenne, la négation n'est pas première, elle est toujours seconde, dérivée d'une action originelle, d'une pensée pleine et riche, témoignant d'une profonde vitalité, en vérité d'un profond vitalisme qui fait de ce penseur un parent – l'équivalent d'un grand frère ? – de Deleuze au sein de la philosophie française contemporaine. À quoi Dufrenne réagit-il, à quoi s'oppose-t-il ? On dira, en suivant l'ordre d'apparition des doctrines et de parution des réactions dufrenniennes : aux structures, dont il est question dans *Pour l'homme* et *Art et politique* ; à la différance et au retard originaire dans « Pour une philosophie non théologique » ; enfin, à l'anarchie du désir et aux mirages du simulacre dans *Subversion, perversion.* Soit en gros, conformément à certains partages en lesquels on segmente

1. M. Dufrenne, *L'inventaire des* a priori. *Recherches de l'originaire*, Paris, Bourgois, 1981, p. 7.

aujourd'hui le cours du siècle dernier, le structuralisme, les philosophies de la différence et la déconstruction, enfin les prémices théoriques du postmoderne.

Il est dès lors impossible que ce pan de l'œuvre de Dufrenne ne nous parle pas, lui qui s'est affronté à des doctrines que l'on ne cesse de commenter, de discuter, quand on parle de la *French Theory*, ainsi qu'on le fait en France et dans le monde. Et commencer par rééditer *Pour l'homme* au cœur de cette série de livres, c'est commencer ou recommencer par le commencement : tout le reste en découle, les autres oppositions enchaînant sur cette première salve de refus, tout comme l'anarchie du désir a succédé au structuralisme avant d'être relayée par le diagnostic de la condition postmoderne.

Mais ce choix découle aussi de ce qu'avec l'émergence du structuralisme sur la scène intellectuelle française s'est déclarée une querelle dans la pensée française qui est peut-être la dernière grande controverse de la philosophie ou pour la philosophie, confrontée à l'avènement d'autres modes ou d'autres vogues du penser. Il semble y aller alors de la survie même de la philosophie pour la génération, éclose après la guerre, à laquelle appartient Dufrenne. Pour se convaincre de la vivacité d'affrontements qui ne se sont pas seulement déroulés par livres ou revues interposés, mais ont impliqué les penseurs très personnellement, parfois presque physiquement, on se reportera à l'un des débats auxquels participa Dufrenne à la Sorbonne en 1968 sur « Système et liberté » : « L'humanisme n'est-il qu'une illusion ? »[1]. S'y télescopent affinités disciplinaires (Dufrenne et Olivier Revault d'Allonnes sont philosophes

1. V. Leduc, J.-M. Auzias, F. Châtelet, M. Dufrenne, O. Revault d'Allonnes, J.-P. Vernant, « Système et liberté » [1968], *Structuralisme et marxisme*, Paris, U.G.E., 10/18, 1970, p. 267-316.

de l'art), proximités d'école (Jean-Pierre Vernant et Revault d'Allonnes sont partisans d'une « psychologie historique »), conflits de loyauté et manifestation de très vieilles amitiés (Revault d'Allonnes et François Châtelet sont camarades dans la Sorbonne d'après-guerre), le tout exacerbé par les rires ou les applaudissements d'un public estudiantin sur le point de se révolter durant les événements de Mai.

Au début du XXe siècle, la prise en compte des acquis des sciences par les philosophes, informés de la lecture du positivisme de Comte, n'avait pas conduit à l'ébranlement de la discipline. Tout au contraire, au terme de cette traversée, la « tradition spiritualiste » paraissait renforcée dans ses fondements métaphysiques et ses certitudes morales. La bien nommée *Revue de métaphysique et de morale* s'était ainsi fixée pour programme de dialoguer avec les sciences, mais de tenir ferme sur les prérogatives et, jusqu'à un certain point l'éminence, du questionnement philosophique[1]. Pendant l'entre-deux-guerres, l'autonomisation progressive de sciences positives issues du tronc commun de la philosophie, la sociologie et la psychologie au premier chef, aurait sans doute découragé les vocations spéculatives si de massives injonctions de phénoménologie allemande n'avaient relancé la discipline et permis l'instauration d'un nouveau paradigme qui rayonna de Paris dans le monde entier après la Libération : l'existentialisme[2].

1. *Revue de métaphysique et de morale* 1, 1893, « Introduction », p. 1-5. Voir S. Soulié, *Les philosophes en République. L'aventure de la « Revue de métaphysique et de morale »*, Rennes, Presses universitaires de Rennes, 2009.

2. Voir par exemple la « psychologie » du jeune Sartre, « L'Image dans la vie psychologique : rôle et nature », *Études sartriennes*, 2018, n° 22, « Sartre inédit : le mémoire de fin d'études (1927) », p. 43-246; ou les tâtonnements initiaux de Merleau-Ponty, tels que les études génétiques décisives d'Emmanuel de Saint-Aubert permettent de l'éclairer.

Mais très vite, dans le courant même des années 1950, la « veille aux frontières[1] » disciplinaires se crispe et la philosophie bascule dans une crise dont il n'est pas sûr qu'elle soit définitivement sortie. Des penseurs venus de la philosophie, formés à la lecture de la phénoménologie, qu'ils soient dévorateurs de l'œuvre de Jean-Paul Sartre comme Gilles Deleuze ou admirateurs de l'enseignement de Maurice Merleau-Ponty comme Michel Foucault[2], se retournent contre elle et finissent par proclamer la nullité de ce qu'elle tenait pour son objet le plus solide et le plus précieux, l'homme. Ils insistent sur la nécessité de son dépassement au profit d'une réalité ou d'un ordre de réalité autrement plus consistant : la structure, qu'elle soit langagière, vivante ou économique, doit primer sur l'homme, forme promise à une mort conceptuelle prochaine. On aura reconnu l'entrée en matière et le final de « l'archéologie des sciences humaines » brossée par Foucault dans *Les mots et les choses*, les chapitres « Parler » sur le passage de la grammaire générale à la linguistique, « Classer » sur le basculement de l'histoire naturelle à la biologie, enfin « Échanger » sur la césure marquant le glissement de l'analyse des richesses à l'économie. Les pages de « Travail, vie, langage » offrent une récapitulation

(*Le scénario cartésien. Recherches sur la formation et la cohérence de l'intention philosophique de Merleau-Ponty*, Paris, Vrin, 2005)

1. J.-L. Fabiani, *Les philosophes de la République*, Paris, Minuit, 1988, p. 97.

2. Sur le « sartrisme » de Deleuze, voir son article « "Il a été mon maître" » [1964], *L'île déserte et autres textes. Textes et entretiens 1953-1974*, Paris, Minuit, 2002, p. 109-113 ; sur la fascination exercée par l'enseignement de Merleau-Ponty sur le normalien Foucault, consulter J. L. Moreno Pestana, *En devant Foucault. Sociogenèse d'un grand philosophe*, trad. fr. P. Hunt, Bellecombe-en-Bauges, Éditions du Croquant, 2006.

des objets structuraux advenus avec ces nouvelles disciplines, cependant que les dernières lignes parient sur l'effacement de l'homme, « comme à la limite de la mer un visage de sable[1] ».

Un peu plus jeune que les pionniers de la phénoménologie et de l'existentialisme français, Dufrenne est séduit aussi bien par les partages sartriens – de la conscience et de l'Ego, du pour-soi et de l'en-soi, de la *praxis* et de l'inerte – que par l'immanentisme merleau-pontyen, cet effort pour unir le sentant et le senti dans l'épaisseur d'une chair vécue. Il entend ne rien perdre de ces leçons pour une part divergentes :

> On voit que je conjugue, ici comme en d'autres lieux, Merleau-Ponty et Sartre. Entre les deux, je me refuse à un choix radical. Merleau-Ponty a raison en ce qu'il nous ramène près de l'origine et nous invite à penser le monisme. Sartre a raison en ce qu'il nous considère dans le présent et nous invite à penser le dualisme. Ne pouvons-nous être à la fois poètes de l'origine et artisans de l'histoire, assumant ce statut ambigu d'un être qui appartient à la Nature et que la Nature veut séparé[2] ?

Conjuguer Sartre et Merleau-Ponty, c'est continuer d'évoluer dans leurs parages philosophiques. Dufrenne n'appartient décidément pas à la génération des pourfendeurs

1. M. Foucault, *Les mots et les choses. Une archéologie des sciences humaines*, Paris, Gallimard, 1968, p. 398.

2. M. Dufrenne, *Pour l'homme*, 1re éd. Paris, Seuil, 1968, cité dorénavant *PH* avec renvoi à la présente pagination : *PH*, n. 2, p. 202. Voir aussi *PH*, n. 1, p. 246, où il est question de « conjuguer les langages de Sartre et de Merleau-Ponty : de mêler à la description du comportement volontaire l'éidétique du soi, et somme toute d'identifier le psychologique et le transcendantal. »

de l'homme, tous nés dix à quinze ans après lui[1]. Et il subit de plein fouet le mouvement de la déferlante structuraliste. Pour autant, il ne se laisse pas submerger, et organise posément la riposte. À cet égard, le texte de *Pour l'homme* présente de remarquables qualités d'analyse et de composition. Sa construction s'ordonne en effet en deux moments, le premier d'examen et de critique des « thèmes majeurs de la philosophie contemporaine », le second, plus thétique et affirmatif, proposant l'« approche d'une réflexion sur l'homme ». Les deux registres, *construens* et *destruens*, sont constamment imbriqués dans les volumes ultérieurs de la série des ouvrages qui rythment la réaction dufrennienne à son temps, et l'articulation de l'opposition et de l'affirmation, de la réaction et de la proposition, n'est nulle part aussi lisible qu'ici. Or la bipartition présente d'incontestables avantages historico-critiques et théoriques.

La première partie offre ainsi une mine d'aperçus éclairants sur ce qu'on a appelé le « structuralisme » et dont la puissance d'innovation conceptuelle continue d'irriguer les débats en sciences humaines et en philosophie. En anthropologie, l'œuvre de Claude Lévi-Strauss ne cesse d'être lue et retravaillée par les actuels tenants d'un « tournant ontologique en anthropologie », qu'il s'agisse de Philippe Descola ou d'Eduardo Viveiros de Castro[2]. Il n'a pas échappé à Dufrenne que le « règne de la structure[3] » était redevable pour l'essentiel de l'introduction du

1. Rappelons que Sartre est né en 1905, Merleau-Ponty en 1908, que Lyotard, Deleuze et Foucault sont respectivement de 1924, 1925 et 1926.

2. Voir P. Descola, *Par-delà Nature et Culture*, Paris, Gallimard, 1995 et E. Viveiros de Castro, *Métaphysiques cannibales. Lignes d'anthropologie post-structurale*, trad. fr. O. Bonilla, Paris, P.U.F., 2009.

3. *PH*, p. 115-129.

structuralisme en anthropologie. L'épistémologie historique, dont la formation remonte au moins à Bachelard, dont Dufrenne est proche[1], ou à Cavaillès et Canguilhem, dont il analyse avec précision les conceptions en 1968, connaît une véritable renaissance outre-Atlantique à travers sa remise sur le métier par des chercheurs anglo-saxons, de Lorraine Daston à Ian Hacking[2]. Des travaux universitaires sont maintenant consacrés à la réception mondiale de la pensée d'Althusser[3], cependant qu'explosent les études foucaldiennes et les discussions sur les différentes étapes de son cheminement, notamment sur la place occupée dans son parcours méthodologique par la généalogie, l'archéologie et l'histoire[4]. Dufrenne plus qu'aucun autre avait compris que l'avènement du structuralisme relevait d'une posture épistémologique générale, ses différentes productions méritant d'être classées comme autant de variantes épistémologiques régionales, de l'« épistémologie archéologique[5] » de Foucault à l'« épistémologie du marxisme » ou du « marxisme comme épistémologie[6] » d'Althusser.

Sur tous ces auteurs, sur tous ces courants, sur toutes leurs problématiques, la lecture de Dufrenne n'a rien perdu de sa pertinence et de son mordant. S'y trouvent conjointes richesse de l'information et acuité du regard critique. On

1. Voir notamment M. Dufrenne, « Gaston Bachelard et la poésie de l'imagination » [1963], *Jalons*, La Haye, M. Nijhoff, 1966, p. 174-187.

2. Voir J.-Fr. Braunstein, I. Moya Diez et M. Vagelli, *L'épistémologie historique. Histoires et méthodes*, Paris, Éditions de la Sorbonne, 2019.

3. Voir *Actuel Marx*, « Althusser », 2020/1, n°67.

4. Voir par exemple L. Paltrinieri, *L'expérience du concept. Michel Foucault entre épistémologie et histoire*, Paris, Publications de la Sorbonne, 2012.

5. *PH*, p. 65-77.

6. *PH*, p. 79-90.

ne prendra qu'un exemple : comment ne pas être frappé par le repérage d'une alliance « objective » au cœur des années 1960 entre l'herméneutique heideggérienne du *Dasein* et l'épistémologie structuraliste développée dans le sillage de la philosophie du concept de Cavaillès ? *A priori*, il n'y a pas de commune mesure entre Heidegger, pour qui « la science ne pense pas », et la philosophie des sciences, laquelle, sous sa guise française, peut à la rigueur se situer par rapport à Husserl – et encore est-ce souvent pour l'amender, le dépasser ou encore souligner l'écart entre lignées de développement incommensurables[1] –, mais se détourne résolument de toute approche existentiale[2]. C'est un fait cependant que les perspectives convergent et se recoupent dans un rejet partagé du vécu des pensées de l'existence qui sont fondamentalement des philosophies de l'homme : le *Dasein* heideggérien est plus profond que toute conscience, le concept scientifique plus essentiel que toute détermination vécue.

D'abord, pour Heidegger lui-même, que Dufrenne cite, « les règles de la logique ne peuvent devenir règles que par la force de la loi de l'Être » ; cela signifie que « l'Être heideggérien, parmi ses multiples noms, porte aussi celui de *logos*[3] ». Il est bien vrai que l'épistémologie ne va pas chercher si loin le fondement de la logique, mais elle n'est pas fâchée de savoir qu'elle pourrait « accrocher sa charrue à cette étoile ». Surtout, c'est l'occasion pour elle d'envisager la destitution de l'homme au profit de l'impersonnalité du

1. Voir M. Foucault, « La vie : l'expérience et la science » [1985], *Dits et écrits II, 1976-1988*, Paris, Quarto-Gallimard, 2001, p. 1582-1595.

2. Un seul contre-exemple, il est vrai impressionnant, est constitué par J.-M. Salanskis, *L'herméneutique formelle. L'Infini, le Continu, l'Espace*, Paris, Klincksieck, 2013.

3. *PH*, p. 47-48 pour cette citation et la suivante.

concept. Parmi les thèmes majeurs d'une philosophie du concept telle qu'elle se déploie dans l'épistémologie mathématique de Cavaillès figure un très consonant refus de l'histoire concrète des hommes et la nette valorisation d'une dialectique mathématique sans sujet : « On perçoit ici un écho de la théorie heideggérienne de l'histoire à laquelle il a été fait allusion[1] ».

Mais sans doute est-ce dans l'« épistémologie archéologique » de Foucault que se trouvent mariés le plus clairement les attendus d'une tradition épistémologique à laquelle l'archéologue se rallie explicitement et les ressources d'une herméneutique heideggérienne qui irrigue souterrainement sa pensée depuis ses premiers travaux, en particulier cette *Introduction* à l'*Anthropologie du point de vue pragmatique* de Kant dans laquelle la recherche actuelle voit volontiers la préfiguration des thèses majeures de *Les mots et les choses*[2]. Dans l'archéologie, en effet, Foucault s'emploie à récuser l'histoire comme le théâtre des faits et gestes humains pour faire valoir en lieu et place de l'homme la force structurante d'un « *a priori* historique ». L'*épistémè* comme structure archéologiquement saisissable situe l'homme en le destituant « à la fois comme inventeur du système et comme objet dans le système », « de même que chez Heidegger la pensée suscite le penseur[3] ». Bien plus, le « système » ou l'« ordre » a chez Foucault les mêmes propriétés étranges, paradoxales, de se donner dans l'homme tout en se refusant à lui. Il se « dispense à nous, mais de telle façon qu'il nous dérobe en même temps son essence », selon les mots de Heidegger ; il a « les mêmes

1. *PH*, p. 64.

2. E. Kant, *Anthropologie du point de vue pragmatique*. M. Foucault, Introduction à l'*Anthropologie*, Paris, Vrin, 2008.

3. *PH*, p. 72.

prérogatives que chez Heidegger la vérité de l'Être », et tend à « s'identifier à cet historial de l'Être qui donne le branle à l'histoire humaine[1] ».

La seconde partie de *Pour l'homme* n'est pas moins stimulante. Sa découverte nous apprend que le titre de l'ouvrage est trompeur : Dufrenne n'est pas le défenseur d'un humanisme bêlant, s'opposant en vain à la montée en puissance de l'anti-humanisme des structures. Car il est lui-même jusqu'à un certain point au-delà de l'homme, tout à l'élaboration depuis *Le poétique* d'une philosophie de la Nature et de l'expression, très exactement d'une philosophie de l'expression de la Nature dans l'homme. L'explicitation de cette évolution nécessiterait la description complète des étapes du *Poétique*, qui trouve son point de départ dans la poésie (Livre I), remonte au poétique, l'identifiant d'abord dans le poète (Livre II) puis dans la nature, avant de redescendre au poète (Livre III), en un double mouvement d'ascension anabatique d'accès au fondement et catabatique de retrouvailles de l'homme. Le Livre III est en particulier décisif, qui accomplit à lui seul deux sauts fondamentaux – de l'homme à la nature et retour –, et peut-être trois : l'approfondissement en direction de l'originaire est fondamental au regard de l'œuvre antérieure de Dufrenne, puisqu'il s'agit pour le philosophe de se dépasser lui-même en approfondissant son idée de l'*a priori*, en passant, ainsi qu'il l'affirme expressément, du transcendantal au transcendant : « Poser la question du fond, c'est donc bien une interrogation métaphysique. Tant que nous examinons la corrélation intentionnelle de l'homme et du monde, nous restons au niveau du transcendantal. Dès que nous cherchons une origine ou

1. *PH*, p. 70.

une cause à cette corrélation, nous sautons du transcendantal au transcendant[1]. »

L'homme, corrélat intentionnel du monde selon l'orthodoxie phénoménologique, se révèle être l'exprimé de la Nature, la Nature représentant le principe de production de l'homme et, aussi bien, des expressions de l'homme : « Poétique désigne l'expressivité des images où s'exprime le *poiein* de la Nature[2] ». La poésie apparaît comme le faire d'une humanité faite par la Nature, le poème comme la production au second degré d'un pouvoir poétique de la Nature elle-même. Les images de l'art expriment « une Nature naturée qui est un visage de la Nature naturante ». Mais si « tout art est expressif comme la Nature », il faut dire qu'il « exprime la Nature, alors que la Nature n'exprime qu'elle-même. ». La relation est ici asymétrique entre le principe et ses effets, la Nature naturante et la Nature naturée : « C'est donc de la Nature qu'on doit dire qu'elle s'exprime », cette Nature qui est « la puissance de l'apparaître manifestée dans des images irrécusables et lourdes d'un monde[3] ».

On est assurément loin de la corrélation et de Husserl, et « si pour penser le fond comme Nature naturante il nous faut demander un patronage, c'est à Schelling que nous pourrions le demander[4] », au-delà même de Spinoza. Personne n'a mieux vu et mieux dit ce dépassement que Jean-François Lyotard qui, avant de soutenir en 1971 sa thèse d'esthétique *Discours, figure* entreprise sous la direction de Dufrenne, avait consacré une remarquable recension à *Pour l'homme*, « À la place de l'homme,

1. M. Dufrenne, *Le poétique*, Paris, P.U.F., 1973, p. 205.
2. *Ibid.*, p. 240 pour cette citation et la suivante.
3. *Ibid.*, p. 236.
4. *Ibid.*, p. 209.

l'expression », dans laquelle il pointait avec justesse la profondeur des positions défendues par son auteur[1]. Loin d'un simple repli défensif face à des thèses structuralistes dévastatrices, se font jour des assertions véritablement affirmatives, rendues formulables par l'ancrage dans la Nature conquis par Dufrenne au terme de son approfondissement « naturphilosophique » de la phénoménologie. Dufrenne « ne fait pas l'éloge de l'humanisme », mais « il entrouvre une porte sur un naturalisme de l'expression[2] ». Il réalise selon ses propres termes un « infléchissement d'une théorie de l'a priori vers une théorie de la Nature[3] ». Autrement dit, c'est « quelqu'un qui chemine en direction de la nature, et à qui l'homme paraît de moins en moins un regard donateur de sens, de plus en plus un miroir ouvrant l'espace de l'apparence, l'esthétique, dans l'immanence du fond », car « à travers le vouloir de l'homme, c'est encore la nature qui veut ; elle veut son dépassement ou sa venue à soi, qui est l'homme[4] ». Il est bien vrai qu'il importe de défendre l'homme contre les tenants de la structure : l'homme est ce en quoi se produit la venue à soi de la nature, « le nom du lieu où s'opère le contact et la séparation de la nature avec elle-même[5] », et l'humanisme est le « naturalisme achevé[6] ». Mais on dira que c'est parce que l'humanisme trouve son fondement dans un naturalisme qui nous mène « au voisinage de Nietzsche » : la défense

1. J.-Fr. Lyotard, « À la place de l'homme, l'expression », *Esprit*, n° 383, 1969, p. 155-179.

2. *Ibid.*, p. 155.

3. Dufenne cité dans J.-Fr. Lyotard, « À la place de l'homme, l'expression », art. cit., p. 157.

4. *Ibid.*, p. 159.

5. *Ibid.*, p. 158.

6. *Ibid.*, p. 160.

d'une phénoménologie et d'une éthique s'adosse à une incontournable « énergétique naturelle ».

Dufrenne ne demeure-t-il pas cependant exposé à la possibilité d'une critique pulsionnelle administrée depuis un « figural » antérieur à tout discours et à toute figure, comme le donnent à penser les pointes lyotardiennes de *Discours, figure* ? Ou du démontage, non moins ravageur, découlant de la dynamique énergétique et des principes anarchiques de l'*Économie libidinale* ultérieure ? Lyotard n'en doute pas, qui, après s'être employé à lire Dufrenne avec des lunettes utilisées jusqu'alors pour décrire l'ontologie du visible et de l'invisible de Merleau-Ponty[1], estime ne pas avoir à y revenir, sinon pour reprendre à l'identique sa critique initiale : « Langage et nature », hommage tardif à Dufrenne, est un copié-collé de « À la place de l'homme, l'expression »[2]. Ce n'est assurément pas le point de vue de Dufrenne, qui se sent par exemple très proche de Deleuze – lequel le lui rend bien en lui rendant hommage jusque dans ses derniers travaux[3] – et s'estime en mesure de contrebalancer les effets cyniques, les méfaits existentiels, de l'« esthétique libidinale » de Lyotard par des appels à la prudence consonants avec ceux de Deleuze et Guattari[4]. Dès *Pour l'homme*, Dufrenne

1. J.-Fr. Lyotard, *Discours, figure*, Paris, Klincksieck, [1971] 2002, les notes des pages 20, 51, 77, 79, 81, 287, 291-295, 308, 317.

2. J.-Fr. Lyotard, « Langage et Nature », *Revue d'esthétique* 30, 1996, « Mikel Dufrenne : la vie, l'amour, la terre », Paris, Klincksieck, p. 45-49.

3. Voir aussi la publication d'une lettre de Deleuze dans le numéro d'hommage de la *Revue d'esthétique* 30, 1996, p. 57.

4. M. Dufrenne, « Une Esthétique libidinale ? », *Esthétique et philosophie*, t. 2, Paris, Klincksieck, 1976, p. 64-84, à comparer à G. Deleuze et F. Guattari, *Mille plateaux. Capitalisme et schizophrénie 2*, Paris, Minuit, 1980, p. 187, 198-199, 330-331, 345, 350, 628.

jugeait pouvoir adosser toute une éthique au nietzschéisme de Deleuze, on va le voir.

L'un des grands intérêts de la partie thétique de l'ouvrage de 1968 tient à sa liaison, à sa fusion même dans le creuset d'une pensée originale, des positions que les partages académiques ultérieurs, les visions du monde philosophique élaborées après coup, ne nous ont pas habitués à apparier de la sorte, alors qu'elles sont conceptuellement conciliables et susceptibles de se renforcer les unes les autres. Aux yeux du rédacteur de *Pour l'homme*, Deleuze est ainsi un historien de la philosophie, auteur d'études brillantes sur Hume, Nietzsche, le bergsonisme et la doctrine kantienne des facultés. La première philosophie de Deleuze, celle qu'il élabore seul, avant sa rencontre avec Félix Guattari, pourrait passer pour une métaphysique du structuralisme, tant elle trouve sa charpente dans les éléments grâce auxquels se « reconnaît le structuralisme[1] » – ce qui implique que le structuralisme lui-même forme le soubassement théorique de la philosophie deleuzienne de la différence et de la répétition. Mais la thèse principale de Deleuze *Différence et répétition* est soutenue seulement en 1968, soit au moment même où paraît le pamphlet dufrennien. Pour Dufrenne dans *Pour l'homme*, Deleuze est seulement ce collègue et ami qui a renouvelé notre approche de l'œuvre de Nietzsche.

Or Dufrenne, embrayant sur lui, trouve dans *Nietzsche et la philosophie* les moyens d'une éthique de l'humain. Le surhomme n'est que le nom de baptême nietzschéen d'un impératif catégorique de type vitaliste, et son respect n'est pas étranger à l'appel lévinassien à respecter en autrui son humanité. L'argumentation de Dufrenne est conforme

1. G. Deleuze, « À quoi reconnaît-on le structuralisme ? » [1972], *L'île déserte et autres textes*, *op. cit.*, p. 238-269.

aux thèses fondamentales du *Nietzsche* de Deleuze, pour lequel importent au premier chef les rapports de force, les rapports qu'une volonté forte entretient avec d'autres volontés, plus ou moins fortes, plus ou moins serviles qu'elle. Mais aux yeux de Dufrenne, le nietzschéisme passe d'abord par le repérage d'une réalité « multiple et inépuisable », la défense du « pluralisme de l'être ». L'ontologie est et ne peut être qu'une ontologie du multiple. Dans ces conditions, la tâche dévolue au fort consiste dans l'affirmation de cette pluralité ou de cette multiplicité. Dès lors, affirmer sa force pour le fort revient d'un seul et même mouvement à affirmer toutes les forces, de la plus élevée à la plus basse, de la plus noble à la plus dominée. La « richesse de la personnalité » que loue la *Volonté de puissance* n'est pas excluante, elle engage au contraire un profond mouvement de « solidarité dynamique », comme disait Durkheim. L'humanité entière s'enlève et s'élève sur fond de telles affirmations de puissance. Dans et par le surhomme, l'homme est moins nié qu'il ne *se* nie, l'humanité ne se perd pas sans se retrouver à un niveau supérieur de force et de réalisation : « L'homme est une tâche pour l'homme. [...] il *se* surmonte *dans* le Surhomme, notait déjà Granier. Par conséquent, comme souligne Nietzsche, *l'homme est une fin*[1] ». Tout un chacun, et le plus fort d'abord, doit satisfaire à l'exigence de la réalisation de soi, cette réalisation passant par l'invention de soi. Mais on ne peut satisfaire cette exigence qu'à la condition de la reconnaître pour tout autre ; autrement dit, qu'à « respecter l'autre, dans ce visage désarmé et incompréhensible qui "en appelle à moi de sa misère et de sa nudité" ». Et

1. *PH*, p. 257-260 pour toutes les citations de ce paragraphe. Françoise Proust a produit une interprétation nietzschéenne approchante de l'impératif catégorique dans *Kant, le ton de l'histoire*, Paris, Payot, 1991.

Dufrenne se réclame ici de Lévinas. Chaque visage, qui marque l'irruption de l'irréductible altérité de l'Autre, doit être l'occasion pour chacun de reconnaître en son prochain son frère en surhumanité, un surhomme possible ou la possibilité pour l'humanité en général de se dépasser dans le surhomme. Une telle possibilité, il ne faut pas hésiter à la baptiser d'un nom qu'employait Kant : c'est la « république des fins » ou le « règne des fins ». Ainsi est ouverte ou réouverte la voie qui mène à une éthique, laquelle doit se comprendre comme disponibilité intime à la présence ou à l'existence des autres dans leur différence.

Un trait d'union conceptuel se trouve ainsi tiré entre Nietzsche et Levinas à travers le kantisme, et il est étonnant pour nous, qui avons connaissance de l'œuvre ultérieure du philosophe Deleuze et qui savons son peu de goût pour les fondements kantiens de la métaphysique des mœurs : la deuxième *Critique* offre le triste spectacle de la restauration pratique des Idées de la raison, alors que Kant était bien parti, ouvrant la voie par la *Critique de la raison pure* à une philosophie qui, maniant le marteau, promettait de briser toutes les idoles, au premier chef les Idées, en détournant de la tentation d'en user pratiquement[1]. De même, on ne peut que prendre acte de l'indifférence de Deleuze à la sensibilité lévinassienne au visage d'autrui, cette « Merveille », dans les moments mêmes où Deleuze crée avec Guattari un concept de visage ou quand il s'empare d'autrui pour rendre compte des conditions méthodologiques de création des concepts[2].

1. G. Deleuze, *Différence et répétition*, Paris, P.U.F., 1968, p. 117, 176-179.

2. G. Deleuze et F. Guattari, *Mille plateaux*, *op. cit.*, 7e plateau, « Année Zéro – Visagéité », p. 205-234 ; *Qu'est-ce que la philosophie ?*, *op. cit.*, p. 21-26 (et p. 88, sur le renvoi à Levinas en rapport avec la possibilité d'une philosophie juive, refusée par les auteurs).

Mais, en l'occurrence, ici qui a tort et qui a raison? L'historien de la *French Thought* qui s'en tient à la lettre des textes publiés par Deleuze, aux réalisations effectives du deleuzisme, ou bien le philosophe qui, séduit par le style vif et les manières joyeusement cavalières de Dufrenne, lui emboîte le pas et participe à l'invention d'un deleuzisme virtuel : enthousiasmé par la critique mais soucieux d'éthique, séduit par le surhomme tout en demeurant exigeant sur le respect de l'humanité entière, partisan de l'intensification de la vie en même temps qu'attentif à ce que celle-ci ne se fasse pas au détriment d'autrui? À vrai dire, *Pour l'homme* nous révèle que ces thèses et leur compatibilité ne relèvent pas seulement des possibles envisageables à partir des premiers travaux de Deleuze : ils sont un des réels de la pensée, et leur articulation raisonnée est signée Dufrenne.

On en dirait autant du prisme au travers duquel est appréhendée l'œuvre de Georges Canguilhem. On a coutume de voir en lui un représentant de la « tradition épistémologique française », participant avec Bachelard et Cavaillès à l'extension du paradigme historique de ladite tradition à travers la diversité des régions offertes par les sciences à l'épistémologie. Après que Bachelard eut pris en charge la physique et la chimie, en même temps que Cavaillès se frottait aux mathématiques, Canguilhem aurait assumé l'étude de la connaissance de la vie jusqu'au XVIIIe siècle, avant que son élève préféré, le jeune Foucault, ne prenne le relais pour la médecine et la psychologie à partir du XIXe siècle. Ne se laissant par arrêter par cette insertion dans l'histoire de l'épistémologie française, Dufrenne lit tranquillement Canguilhem comme le héraut d'un bergsonisme scientifique, le défenseur d'une philosophie biologique de l'élan créateur[1]. Mais après tout, n'est-ce pas aussi le cas, et profondément, comme le montrent des lectures qui n'hésitent pas aujourd'hui à puiser dans les conclusions canguilhemiennes en épistémologie pour nourrir un néo-bergsonisme spéculatif ou, tout simplement, à revenir au vitalisme d'inspiration bergsonienne des premiers travaux universitaires sur « le normal et le pathologique[2] » ?

Au milieu de tant d'autres aperçus éclairants de *Pour l'homme*, on aura garde de ne pas oublier la mobilisation du paléontologue et préhistorien André Leroi-Gourhan, défenseur d'une « archéologie » autrement plus concrète et consistante que celle inventée par Foucault[3], le réemploi de la critique de *La pensée sauvage* par un Lyotard encore merleau-pontyen dans un bel article de 1965, « Les Indiens ne cueillent pas les fleurs »[4], enfin le relevé d'évidentes convergences avec la philosophie humaniste des techniques de Gilbert Simondon, ami intime de Dufrenne[5].

De tous ces points de vue, *Pour l'homme* mérite d'être lu et relu, analysé et médité. Il instruira les chercheurs du XXIe siècle sur des questions qui, disputées au moment de sa parution, continuent d'être discutées dans la science

1. *PH*, p. 175, 236-237, 273-274, 279-280, 291-292.

2. Voir F. Worms, *La philosophie en France au XXe siècle. Moments*, Paris, Gallimard, 2009, chap. 8. : « Le concept du vivant : Georges Canguilhem », p. 355-369 ; G. Bianco, *Après Bergson. Portrait de groupe avec philosophe*, Paris, P.U.F., 2015, « Machines organiques », p. 235-243.

3. *PH*, p. 66, 91, 269-272, 281, 296-297, 323.

4. *PH*, p. 213-218. Voir J.-Fr. Lyotard, « Les Indiens ne cueillent pas les fleurs » [1965], R. Bellour et C. Clément (dir.), *Claude Lévi-Strauss*, Paris, Idées-Gallimard, 1979, p. 49-92.

5. *PH*, p. 317-319. Voir X. Guchet, *Pour un humanisme technologique. Culture, technique et société dans la philosophie de Gilbert Simondon*, Paris, P.U.F., 2010.

contemporaine. Il lui révélera une figure originale et injustement méconnue de la pensée française du XXe siècle, un auteur qui s'est toujours tenu en marge des courants et des modes et s'est employé à creuser un sillon singulier – un philosophe à tous égards « atypique », apte pour cela même à dévoiler de nouveaux horizons et à féconder de nouvelles pensées[1].

1. Voir M. Saison, *La nature artiste. Mikel Dufrenne de l'esthétique au politique*, Paris, Éditions de la Sorbonne, 2018.

MIKEL DUFRENNE

POUR L'HOMME

ESSAI

À Jean Bazin

AVANT-PROPOS

Cet essai se propose d'évoquer l'anti-humanisme[1] propre à la philosophie contemporaine, et de défendre contre elle l'idée d'une philosophie qui aurait souci de l'homme. L'enjeu me semble trop important pour qu'on laisse au temps le soin d'user l'agressivité de la jeune philosophie et de promouvoir… faut-il dire un nouveau mode, ou une nouvelle mode, de la pensée ? Certes, je ne m'abuse pas : les philosophies ne sont le plus souvent qu'une ride à la surface de l'histoire ; elles suivent le cours du monde, elles ne l'infléchissent pas. Mais les événements culturels sont encore des événements, sur lesquels, sans doute, chacun à sa place peut peser ; si faible soit-il, ce pouvoir impose un devoir.

Mais de quel droit parler d'une philosophie contemporaine ? Au vrai, nulle philosophie ne règne en souveraine : il y a des philosophies, autant que des philosophes. On pourrait tenter de décrire un champ philosophique où se répartiraient ces philosophies, comme Foucault l'a entrepris pour ce qu'il appelle le champ épistémologique. Mais l'exemple de Foucault (sur lequel nous aurons maintes occasions de revenir) nous avertit

1. L'idée est partout dans les œuvres que nous allons invoquer ; le mot apparaît surtout chez Althusser, en particulier dans *Pour Marx* [Paris, F. Maspero, 1965], p. 236, et dans *Lire le Capital* [Paris, F. Maspero, 1965], II, p. 73.

que cette entreprise est difficile et toujours menacée d'arbitraire : comment circonscrire un domaine réservé à la philosophie ? Comment ensuite l'articuler sans qu'une imagerie géométrique artificielle vienne y faire figure de
10 structure ? | Mon propos sera plus modeste ; je m'en remets au sens technique du mot philosophie et à l'institution qu'il désigne : il y a des philosophes, et c'est dans leurs écrits que j'irai chercher la philosophie. Entre certains de ces philosophes, il y a, comme dit Althusser, une rencontre *de fait*[1]. Ce sont ces points de convergence que je voudrais évoquer. Car c'est là aussi que se mesure l'enjeu du débat : entre des entreprises aussi disparates que l'ontologie de Heidegger, le structuralisme de Lévi-Strauss, la psychanalyse de Lacan ou le marxisme d'Althusser, il y a bien une certaine thématique commune, qui porte en bref sur la mise à l'écart du sens vécu et la dissolution de l'homme. Après la mort de Dieu, par des voix bien accordées, la philosophie nouvelle proclame la mort du meurtrier, la liquidation de l'homme. Et c'est sur cet évangile qu'elle prend conscience de son unité et de sa force.

Mais pourquoi crier haro sur l'homme ? Pourquoi tenir qu'il y a mieux à faire aujourd'hui que de penser l'homme, et que ceux qui s'y obstinent pensent mal ou ne pensent pas du tout, car ils sont dupes ou complices d'une mystification ? Foucault nous en instruit. C'est que l'homme n'est pas pour la pensée un objet difficile, il est un objet inexistant. Il y a bien des êtres humains, mais l'homme est un mythe, au même titre que le bon sauvage, le juif, l'intellectuel ou le businessman américain : idées creuses que gonflent les préjugés ; les propriétés et les privilèges

1. Programme de la collection « Théorie », dirigée par Althusser chez Maspero, sur la couverture des livres de la collection.

que l'idéologie humaniste accorde à ce fantôme sont illusoires. Faire crédit à l'anthropologie, c'est compromettre la pensée ; à s'interroger sur l'homme, la pensée « s'endort d'un nouveau sommeil[1] », et la science s'égare : les sciences humaines, oscillant entre la science empirique, la science formelle et la réflexion philosophique, sont instables, « périlleuses et en péril[2] ». Il faut donc liquider le mythe, et pour mieux s'en délivrer, pour dénoncer l'illusion dont il procède, il faut déceler les circonstances de son apparition. La pseudo-idée de l'homme ne | résulte pas de l'irruption **11** d'un objet nouveau proposé à la connaissance, mais « d'un événement dans l'ordre du savoir[3] », qui a constitué de toutes pièces cet objet encombrant et vain. À cet événement peut être assignée une date : c'est au seuil de notre modernité, à l'aube du XIXe siècle, qu'a été inventé l'homme. Aujourd'hui nous vivons une autre date : celle où s'invente, moins peut-être comme une restructuration du champ épistémologique que comme l'affirmation inconditionnelle d'une philosophie qui forcerait la main à la science, la mort de l'homme.

Ce n'est pas mon propos de contester cette philosophie sur le terrain de l'histoire. Mais pour éclairer cette datation, examinons un instant pour notre compte la question : qu'est-ce que penser l'homme ? Faire de l'homme l'objet d'une attention et d'un savoir particuliers, c'est lui reconnaître un statut ou un destin singuliers, et en même temps lui accorder un intérêt propre ; car il se peut – et nous y insisterons – que l'homme ne *se pense* qu'autant qu'il *se veuille*. Cela ne signifie pas nécessairement que

1. M. Foucault, *Les mots et les choses* [Paris, Gallimard, 1966], p. 353.

2. *Ibid.*, p. 359.

3. *Ibid.*, p. 356.

l'anthropologie soit inspirée par l'éthique et subordonnée à elle ; théorie et pratique peuvent être à égalité, et indiscernables si la valeur est reconnue sur l'être, ou plutôt si l'être est reconnu comme valeur. Or, il y a bien des façons de reconnaître à l'homme les privilèges qui le recommandent spécialement à la réflexion. On peut le définir comme animal raisonnable, lui attribuer une âme immortelle, le situer au sommet de la création… L'âge théologique a fait la part belle à l'homme. Mais trop belle, et pas assez belle encore. En entrant dans les conseils de Dieu, en assignant à l'homme une place d'élection dans l'ordre du monde qu'elle déploie, cette pensée ne saisit pas encore ce qu'il y a de radical en toute pensée ou en tout regard humain. Peut-être faut-il en effet attendre, à la fin du XVIIIe siècle, l'avènement de la philosophie critique pour trouver une réflexion qui fasse droit à l'être paradoxal de l'homme sur un autre mode que l'affirmation pascalienne de la grandeur et de la misère : qui énonce (après que 12 Descartes | – déjà – a découvert le *cogito* comme source et comme critère) ce qu'il y a d'irréductible et d'originaire en toute pensée, qui est toujours ma pensée, sans que cette pensée pourtant soit jamais originaire, sans qu'elle puisse s'arracher à elle-même pour penser un en-soi qui ne serait pas pour-moi. L'homme s'affirme ici comme le corrélat du monde, l'être en qui le monde vient à la conscience, mais parce qu'il est lui-même pris dans le monde et par là justiciable du même savoir que le monde ; car ce double rapport au monde le voue à être à la fois sujet et objet du savoir. Si l'on veut encore employer le terme de finitude lorsque la mesure n'en est plus donnée par un infini divin, il faut dire avec Foucault que la finitude de l'homme ne se réfère plus qu'à elle-même[1] ; mais elle ne peut être

1. *Ibid.*, [M. Foucault, *Les mots et les choses*, *op. cit.*,] p. 329.

nommée que parce qu'elle se rapporte encore, à la fois pour l'affecter et le fonder, à un absolu qui est principe de toute relation : à ce rapport à l'objet qui constitue l'intentionalité de la conscience. C'est bien avec la philosophie critique que la question de l'homme prend un tour nouveau, que se propose l'idée d'un sujet qui porte en lui les normes de l'objectivité et ne peut se connaître que comme objet. Mais il y a bien des façons de gérer l'héritage kantien, sans garder nécessairement la conception d'une activité démiurgique propre au *je pense*, ou celle de l'université formelle du rationnel. Et l'on peut encore déceler un écho de Kant aussi bien chez Sartre et Merleau-Ponty : Sartre, qui décrit l'homme comme un être déchiré par sa propre impossibilité, toujours à distance de soi, toujours écartelé entre le vide du pour-soi et le plein de l'en-soi, Merleau-Ponty, qui ne dénonce la folie du *cogito* que pour chercher un *cogito* plus secret dans la chair du monde, là où tacitement l'invisible devient visible.

Quel que soit l'élément dans lequel elle se meut, la pensée de l'homme affronte toujours cette tâche épuisante d'avoir à revenir de la pensée au penseur ; tout ce qu'elle dit de l'homme, c'est un homme qui le dit, et cet homme n'est homme que par ce qui n'est pas lui, par la vie en lui et la culture autour de lui. | Il est rivé au temps, mais plus **13** profondément que toute chose, parce que cette distance à soi et à toute chose qui mesure en lui l'espace de la conscience est à l'image de cette *diaspora* inéluctable de l'écoulement continu ; aussi ne trouve-t-il à se saisir que dans un passé toujours plus reculé (à moins que ne l'éclaire le mythe) ou dans un avenir toujours différé ; il se donne rendez-vous dans l'histoire où il ne cesse de devenir ce qu'il est. Mais il est toujours l'autre, l'autre d'autrui et l'autre de soi : sujet quand il est objet, objet quand il est sujet. On conçoit que la philosophie ait peine à s'accommoder de cet être protéiforme, et qu'elle soit bientôt tentée de s'en délivrer. Si l'on voulait suivre le fil de l'histoire, on en discernerait peut-être les premiers symptômes chez Hegel. Mysticisme ou humanisme ? Cette question que suscite chez Hyppolite la théorie de la religion[1], on peut la poser à chaque étape du parcours hégélien : comment concevoir ce savoir absolu par lequel l'Esprit comme Soi accède à lui-même ? Comment le savoir de l'être est-il savoir de soi ? Comment se noue la relation du *logos* à la logique, de la philosophie au philosophe ? Comment l'opposition interne du concept constitue-t-elle la conscience même, et quel sujet cette conscience définit-elle ? Il semble parfois chez Hegel que, de même que la *praxis* des individus est gouvernée dans l'histoire par la ruse de la raison, la pensée se dérobe au penseur pour s'ordonner au devenir du *logos* ; l'homme n'exerce la fonction transcendantale que pour produire un Soi qu'il n'est pas : le voici résorbé dans le système, ou plutôt dans le seul absolu qui est le mouvement du système.

Mais c'est la philosophie contemporaine qui livre à l'homme un assaut délibéré, où se traduit d'abord peut-être l'impatience à l'égard d'un être qui met tout en question. Car on ne fait pas à l'homme sa part : quoi qu'on pense, c'est lui qui le pense, inventant les concepts ou les valeurs, élaborant les systèmes, réactivant les significations, animant
14 les objets culturels ; et que | cela n'affecte pas toute pensée ou toute entreprise d'une subjectivité dérisoire, que cela ne condamne pas la réflexion à un psychologisme sans issue, on ne s'en assurera qu'à condition d'explorer toujours

1. J. Hyppolite, *Genèse et structure de la phénoménologie de l'Esprit* [Paris, Aubier-Montaigne, 1946], p. 510 *sq*.

plus attentivement la relation de l'homme au monde, et de comprendre comment l'homme peut découvrir ce qu'il invente, comment il peut être dans la vérité – jusqu'à s'y perdre – tout en se situant au principe de toute vérité. Or ce qui nous semble caractériser la philosophie d'aujourd'hui c'est qu'elle admet mal que ce qui fonde la pensée risque en même temps de la compromettre. Elle est dogmatique : ce que Foucault appelle « la passion du système » est un autre nom du dogmatisme; et parmi les doctrines convergentes, jointes au moins dans une même défiance à l'égard d'une philosophie de l'homme, que nous allons évoquer, nous trouverons divers visages du dogmatisme.

Ce dogmatisme est le plus souvent le fait d'un néo-positivisme : car la France découvre aujourd'hui, avec quelque retard sur les Anglo-Saxons, le positivisme logique. Mais elle l'interprète à sa façon, et précisément en lui associant, le plus curieusement du monde, certains thèmes directement importés d'une philosophie qui n'a pas entièrement rompu avec la forme religieuse du dogmatisme : la philosophie de Heidegger. C'est pourquoi nous pouvons commencer par Heidegger l'exposé des thèmes anti-humanistes qui prospèrent aujourd'hui.

| PREMIÈRE PARTIE 16

LES THÈMES MAJEURS DE LA PHILOSOPHIE CONTEMPORAINE

discours qu'à l'examen de la situation des hommes dans le monde et de leurs visions du monde. Ce n'est pas sur son diagnostic de notre temps que le néo-positivisme s'accorde à lui. Au reste, sa philosophie est un poème, et comme tel, sinon inimitable (on peut toujours écrire « à la manière de »), du moins inutilisable : il ne se rend pas **18** utile (vilain mot, j'en | conviens !) en ouvrant des chemins, même forestiers, que d'autres pourraient suivre peut-être pour aller plus loin. Son questionnement pose moins de problèmes qu'il ne propose un style singulier ; mais ce style est fascinant, et peu des jeunes philosophes échappent à sa séduction. Disons donc un mot des thèmes que la piété des fidèles a répandus et que, parfois à son insu, transporte la nouvelle philosophie.

La démarche propre de Heidegger, c'est la remontée au fondement qu'il faudra peut-être un jour appeler un pèlerinage, bien qu'elle semble ne jamais s'arrêter à ce qu'elle découvre ; car la question rebondit toujours vers la découverte d'une possibilité plus reculée, d'un transcendantal du transcendantal : la question de la possibilité devient la question de la possibilité de la possibilité. D'où l'invocation d'instances à majuscule, dont la suprême est l'Être. Au-delà de l'homme qui nie, le Néant qui néantit ; au-delà de l'artiste qui crée, l'Art qui produit l'artiste et l'œuvre ; au-delà du penseur, la Pensée qui pense ; au-delà du transcendantal tel qu'il peut définir une subjectivité, la Transcendance qui ne désigne plus seulement l'intentionalité de la conscience, mais un mouvement absolu de dépassement ; au-delà de tout étant, l'Être. Cette procédure aboutit à des identifications successives, où la différence des termes finit par se perdre dans un terme premier qui est ineffable. Ainsi, dans le livre sur Kant, l'imagination transcendantale, qui est elle-même la racine commune de l'intuition et du concept, est identifiée au temps, et le temps à la Transcendance. De même, dans l'*Introduction à la métaphysique*, le Devenir, l'Apparence, la Pensée finissent par s'identifier au sein d'une notion à la fois généreuse et fuyante de l'Être. Heidegger justifie cette « confusion de l'Être » en montrant que l'Être, investi et encerclé par ces diverses notions, doit lui-même « être transformé en un cercle entourant tout l'étant et le fondant[1] ». Cette démarche sera très souvent reprise par la jeune philosophie, et elle attisera son dogmatisme spontané. Car l'invitation à remonter plus haut vers le fondement peut être un encouragement | amical, lorsque par exemple Heidegger **19** écrit à Beaufret : « Votre question est donc sans fondement... Elle n'en conserve pas moins un sens et un poids essentiels, à condition toutefois qu'elle soit pensée de façon plus originelle[2] ». Elle devient dans la nouvelle philosophie, quand il s'agit de remonter au concept ou au fondement archéologique, une fin de non-recevoir, tantôt respectueuse lorsque Althusser oppose au jeune Marx qu'il ne sait pas encore ce qu'il pense, qu'il ne forme pas le concept de sa pratique, tantôt arrogante lorsque Foucault décrète que les philosophies humanistes ne pensent pas du tout, parce qu'elles aussi ne remontent pas assez haut : elles font une autre archéologie que la sienne.

Quoi qu'il en soit, la procédure suivie par Heidegger comporte deux conséquences importantes. La première, c'est l'affirmation de la différence ontologique qui sépare l'Être de l'étant. Scission originaire, celle-là, irréductible

1. [M. Heidegger,] *Introduction à la métaphysique*, trad. G. Kahn [, Paris, P.U.F., 1958], p. 219.

2. [M. Heidegger,] *Lettre sur l'humanisme* [, traduction de Dufrenne].

et toujours maintenue, même si cette différence semble parfois s'atténuer lorsqu'il s'agit de l'étant en général ou du monde. La philosophie pour Heidegger n'est authentique que si elle abandonne à la physique et à la métaphysique le souci de l'étant, si son seul ressort est le souci de l'Être. La philosophie est-elle donc ontologie ? « Tant qu'elle ne pense pas la vérité de l'Être, elle est privée de fondement. C'est pourquoi la pensée de *Sein und Zeit*, tentant de s'avancer vers la vérité de l'être, s'est attribuée le nom d'ontologie fondamentale[1]. » La vérité de l'Être : ce n'est pas la vérité sur l'Être pris comme objet d'investigation (comme pourrait l'annoncer un placard publicitaire), c'est plutôt l'Être en sa vérité, ou mieux l'Être comme vérité : lumière qui dévoile et éclaire, qui fait surgir la présence de l'étant. Mais nuit aussi, et dissimulation ? Oui, dans la mesure même où se produit la lumière. La grâce est la possibilité du péché, de ce péché originel de la pensée qui est de lâcher la proie pour l'ombre, la lumière de l'Être pour l'opacité de l'étant : à mesure que se révèle l'étant, la pensée peut « se fixer » sur lui, oublier l'Être qui est cette révélation, entrer dans l'errance. Toutefois n'allons **20** | pas croire que l'erreur soit le fait de l'homme qui succombe à la tentation, se ferme les yeux et dit non à la vérité. Son fondement au moins est dans l'Être ; c'est l'Être qui se dissimule autant, et peut-être en tant, qu'il se révèle, qui est à la fois révélation et obnubilation. Il y a dans l'Être le principe même du néant. L'homme ne nie, comme il n'erre, que sur le fondement d'un néant immanent à l'Être. « Le *Nicht* ne peut jamais naître de la négation. Tout non n'est qu'affirmation du *Nicht*... Il dit oui au *Nicht*. Le Néantisant déploie son essence au sein même de

1. *Ibid.* [M. Heidegger, *Lettre sur l'humanisme, op. cit.*].

l'Être[1]. » Entre l'Être et le non-Être, nulle dialectique ne joue, qui serait encore une contrainte pour l'Être, une norme pour sa radicale liberté. Le témoin de cette liberté, c'est l'Histoire qui, avant d'être l'histoire des hommes, est l'historial de l'Être, le lieu de ses époques, de son déploiement et de son retrait, là où se joue le destin de l'homme – et singulièrement de l'homme occidental[2]. À la racine de cette histoire, au cœur même de l'Être (et parce que l'Être n'a pas de cœur, parce qu'il est aussi, au-delà de tout étant, le Rien), il y a le temps : non le temps des événements, mesuré et ordonné par une conscience temporalisante, mais le temps originaire qui « se révèle au terme de l'analyse comme le fondement du fondement[3] », l'énergie de la transcendance de l'Être, par qui le Néant ouvre l'espace où surgit la lumière. Cet Être comme *Grund*, ou plutôt comme *Urgrund*, « qui accorde au salut ou au malheur le surgissement qui les fait éclore en climat favorable ou en détresse[4] », il peut évoquer l'*Abgrund* de Schelling. Mais l'historicité de l'Être ne s'identifie pas aux Puissances de la Nature. Lorsqu'il médite la relation de l'Être et du Devenir, Heidegger pense moins l'Être comme Devenir que le Devenir comme Être : « Héraclite… dit en vérité la même chose que Parménide[5]. » Et il ne donne à la Nature que son nom grec φύσις, appuyé à | une **21**

1. *Ibid.*
2. « Rappelons-nous maintenant la question posée au début : l'être n'est-il qu'un mot vide ? Ou bien l'être et le questionner de la question de l'être constituent-ils le destin de la pro-venance spirituelle de l'Occident ? » ([M. Heidegger,] *Introduction à la métaphysique*, [*op. cit.*,] p. 97).
3. [M. Heidegger,] *Kant und das Problem der Metaphysik*, [Frankfurt am Main, Klostermann, 1965,] p. 194.
4. [M. Heidegger,] *Lettre sur l'humanisme* [, *op. cit.*].
5. [M. Heidegger,] *Introduction à la métaphysique*, [*op. cit.*,] p. 108.

étymologie (plus ou moins cratyléenne) selon laquelle φυ et φα désignent la même chose : φύειν, la croissance d'une plante, φαίνεσθαι, l'épanouissement de la lumière. Mais précisément la poussée de l'Être s'identifie-t-elle au surgissement de la lumière, l'Être à l'apparaître ? Que l'Être veuille l'apparaître, que son devenir soit d'apparaître, que la *Physis* soit l'épanouissement de l'Être, soit ; Schelling nous l'enseigne à sa façon. Mais pour que, « de même que le devenir est l'apparence de l'Être, de même l'apparence, conçue comme un apparaître [soit] un devenir de l'Être[1] », ne faut-il pas conférer à l'Être la densité et le dynamisme d'une Nature, comme de la plante qui s'épanouit dans la lumière parce qu'elle est autre chose que lumière ? Beaufret, demandant à Schelling de patronner Heidegger, évoque, à propos de l'existence, un mot de Schelling : *ein stetes ruhiges Wetterleuchten aus unendlicher Fülle* (une fulguration paisible et silencieuse jaillissant d'une plénitude infinie). Mais cette plénitude infinie ne fait-elle pas défaut à une ontologie qui refuse d'être une cosmologie, et qui précisément identifie Nature et lumière, au lieu de faire jaillir la lumière des profondeurs de la Nature ? On voit en tout cas que la question de l'Être suscite un discours qui, remontant au fondement, est jalonné par des identifications successives.

Ce discours n'a pas été pris au sérieux par les positivistes logiques, quand par hasard ils l'ont rencontré. Carnap a donné un texte de *Qu'est-ce que la métaphysique ?* analogue à celui que je citais il y a un instant sur le néant comme exemple de pseudo-énoncés, d'énoncés non vérifiables parce que non correctement formés, c'est-à-dire en bref

1. *Ibid.*, [M. Heidegger, *Introduction à la métaphysique*, *op. cit.*,] p. 127.

de non-sens[1]. D'où vient que les positivistes français témoignent plus de respect pour la pensée de Heidegger ? D'abord parce qu'ils sont tentés, nous le verrons, | d'ontologiser le formel, de conférer au concept ou au **22** système la même dignité que Heidegger à l'Être. À cette époque où Dieu est mort, où le savoir absolu n'est plus savoir de soi d'un Esprit absolu, où, si l'on ranime à propos du concept la querelle des universaux, on ne peut plus être réaliste comme au Moyen Âge, quand on n'est pas simplement nominaliste comme le pragmatisme anglo-saxon, il faut bien, pour garantir l'autorité du savoir, invoquer quelque instance dont les traits soient assez lointains et assez imprécis pour ne pas conjurer l'image d'un Dieu ; Heidegger, qui se défend de faire une théologie, offre ici ses services. Car l'Être heideggérien, parmi ses multiples noms, porte aussi celui de *logos* : « *Logos*, c'est le recueillement stable, la récollection se tenant en soi de l'étant, c'est-à-dire l'Être… *Physis* et *logos* sont la même chose. *Logos* caractérise l'Être à un point de vue nouveau et pourtant ancien : ce qui est étant, ce qui se tient en soi et bien accordé, cela est recueilli en soi à partir de soi, et se tient dans un tel recueillement[2] ». Sans doute Heidegger n'identifie-t-il pas la logique à ce *logos*, il la subordonne à lui : « les règles de la logique ne peuvent devenir règles

1. [R.] Carnap, *in* [A. J.] Ayer ed., *Logical positivism*, [New York, The Free Press, 1959,] p. 69. Loin de moi l'idée d'adhérer à ce jugement qui identifie le discours philosophique et le non-sens, ou qui fait de la métaphysique « l'expression d'une attitude à l'égard de la vie », « un substitut inadéquat de l'art » : je pense que la philosophie a son droit propre, et sa propre véracité, dans son propre domaine où elle se tient à égale distance de la science et de la poésie (la poésie qui n'est pas elle-même une simple éjaculation émotive !).

2. [M. Heidegger,] *Introduction à la métaphysique*, [*op. cit.*,] p. 144.

que par la force de la loi de l'Être[1] ». Le positivisme ne va pas pour son compte chercher si loin un fondement de la logique, mais il n'est pas fâché de savoir qu'il pourrait accrocher sa charrue à cette étoile. Et surtout la dignité qu'il confère au concept ne peut lui être attribuée qu'à condition d'être refusée à l'homme, qui devient l'instrument d'une pensée impersonnelle ou d'un langage anonyme. C'est ici que le positivisme est heideggérien.

Car la seconde conséquence de la démarche heideggérienne est de déposséder l'homme des privilèges que lui octroyaient la philosophie critique ou l'humanisme. Heidegger rend à l'homme, sinon exactement le statut, du moins la vocation d'une créature, tandis que l'Être prend les initiatives qu'assume Dieu dans une théologie. Certes l'Être n'a point de réalité puisqu'il n'est pas étant, il n'est rien, mais ce rien est liberté et transcendance : dans ce **23** bergsonisme de la spéculation, le mouvement est plus | vrai que le mobile, car il est la vérité même comme dévoilement et déploiement. Sur cet Être, l'homme n'a pas de prise, mais il est convoqué à l'invoquer. Le destin qui l'appelle lui assigne une mission : annoncer l'Évangile de l'Être, dire non pas ce qui se révèle – la divinité d'un Dieu –, mais qu'il y a révélation – ouverture de l'Être. Comment cette mission est-elle possible ? Et comment l'entendre ? Il faut pour répondre à ces questions se demander ce qu'est l'homme, et en se plaçant à une hauteur – ou une profondeur – telle que biologie et psychologie apparaissent « vides et plates[2] ». Or « la question : "qui est l'homme ?" ne peut être demandée que dans le questionner sur l'être[3] ».

1. [M. Heidegger,] *Lettre sur l'humanisme* [, *op. cit.*].

2. [M. Heidegger,] *Introduction à la métaphysique*, [*op. cit.*,] p. 154.

3. *Ibid.*, p. 157. Cf. [*ibid.*,] p. 220 : « la détermination de l'être de l'homme jaillissant de l'estance de l'Être (*physis*), laquelle doit être rendue patente ».

L'ontologie seule peut penser la question, parce que l'homme ne se comprend que par rapport à l'Être.

Et d'abord le souci de l'Être définit l'homme, mieux que toute détermination positive ; il le définit comme aussi peu définissable que l'Être, parce que à la fois totalement différent de lui et pourtant apparenté à lui. Dans *Sein und Zeit*, le souci de l'Être pouvait encore faire figure d'impératif éthique ; il mesurait l'authenticité de l'homme. Mais l'authenticité est ontologique et non éthique ; elle signifie que l'essence de l'homme est d'avoir part – non de prendre part – à l'Être. En effet l'homme comme être-dans-le-monde n'est pas chose parmi les choses, et par là justiciable des sciences humaines, il est présent… à quoi ? À la Présence, et cette présence est le règne de l'Être. Et l'homme est-là, il est-le-là (comme traduit heureusement Kahn), « il est homme sur le fondement du *Dasein* en lui[1] ». C'est dire qu'étant présent, étant au monde, il est lui-même cette présence, ou cette ouverture (et dans *Sein und Zeit*, Heidegger interprète comme ouverture la notion husserlienne d'intentionalité), ou cette lumière (et Heidegger reprend souvent le vieux mot : l'homme, *lumen naturale*). N'est-ce pas dire aussi finalement que l'homme est l'Être ? N'est-ce pas identifier le transcendantal à la transcendance ? Cette ambiguïté est partout | chez Heidegger : il s'en faut d'un **24** rien que Heidegger ne soit humaniste, une sorte de Kant rajeuni ! Mais il s'y refuse expressément : il maintient l'homme dans une subordination radicale à l'égard de l'Être qui garde toujours l'initiative. Ce que l'homme gagne à cette confrontation avec l'Être, c'est… de perdre – ou de voir reléguer au second plan – toutes les déterminations positives qui en font l'objet d'un savoir, et

1. [M. Heidegger,] *Kant und das Problem der Metaphysik*, [*op. cit.*,] p. 210.

pour ainsi dire de devenir aussi inconsistant que l'Être; mais il n'y gagne pas, comme chez Sartre, l'irréductible liberté du pour-soi. Il est le là, mais parce qu'il se trouve là[1], parce qu'il est jeté là : ce là, « qui est en lui-même patence », est « comme le *site* que l'Être exige pour soi, pour sa patéfaction[2] ». Tous ses prédicats sont à l'image de l'Être parce qu'ils sont exigés par l'Être. Ainsi dit-on que l'homme est libre, mais la liberté qui le transit est la liberté de l'Être : « liberté qui est nôtre sans doute, mais dont il faut dire peut-être qu'elle nous possède plus que nous ne la possédons », dit Beaufret[3] ; mais comment ajouter alors que « le *Dasein* est entièrement responsable », s'il a sa liberté dans l'Être comme l'esclave, selon Aristote, a sa volonté dans le maître ? On dit pareillement que « l'homme comme *Dasein* est essentiellement transcendance, qu'il est avant tout dépassement et transgression », – et la transcendance est ici un autre nom de la liberté –, mais c'est pour ajouter aussitôt que « son lieu le plus originaire est l'Être, c'est-à-dire l'absolu même de la transgression[4] » : la transcendance n'est donc pas l'intentionalité d'une conscience, son ouverture, elle est l'Être comme ouverture ; et si l'homme a du mouvement pour aller plus loin, comme disait Malebranche, ce mouvement qui le constitue ne lui appartient pas, il est le propre de l'Être en lui, ou plutôt, puisque le lui n'est pas préconstitué, le propre de l'Être qui produit ce lui. On dit encore que l'homme pense ; mais de la pensée comme *logos*, comme recueillement et gestion

1. « L'homme se trouve dans l'être-là » ([M. Heidegger,] *Introduction à la métaphysique*, [*op. cit.*,] p. 95).

2. *Ibid.*, p. 220. Patéfaction traduit *Eröffnung*.

3. [J. Beaufret,] « Heidegger et le problème de la vérité », *Fontaine* 63, nov. 1947, p. 779.

4. *Ibid.*, p. 775.

du dévoilement, il n'est que le dépositaire; lorsqu'on remonte à l'identité | première de *physis* et *logos*, à la **25** formule traditionnelle : ἄνθρωπος : ζῷον λόγον ἔχον, il faut substituer la formule « du commencement » : ἄνθρωπος : λόγος ἄνθρωπον ἔχων[1], selon laquelle « l'être-homme a son fondement dans la patéfaction de l'être de l'étant ». De même on dit que l'homme parle; mais il n'invente pas le langage, il le trouve déjà là, et le langage est la demeure de l'Être.

Au reste, ce n'est pas de l'homme qu'il est question dans l'ontologie fondamentale, c'est du *Dasein* en lui, – non pas en lui comme un attribut parmi d'autres, mais comme ce qui le constitue; plutôt que du *Dasein* en l'homme, il faudrait parler de l'homme par le *Dasein*. Alors, nous ne devons pas nous étonner qu'il soit parlé du *Dasein* avec les mêmes termes qui servent à dire le *Sein*. Mais l'être-là n'est là que pour l'Être, à l'appel de l'Être; il n'a part à l'Être qu'afin d'être à son service, comme l'homme de la théologie n'est libre, d'une liberté quasi divine, que pour rendre librement hommage à Dieu. Si « la question : qui est homme? ne peut être demandée que dans le questionner sur l'Être[2] », c'est parce que la vocation de l'homme est précisément de poser la question de l'Être. Cette vocation est à la mesure d'un pouvoir : l'homme est ouvert à l'ouverture, il possède une compréhension pré-ontologique de l'Être : « l'Être est pour nous ce qui est compris d'une façon totalement indéterminée et pourtant éminemment déterminée[3] », déterminée en ceci que « l'Être présente un sens », assez de sens pour apparaître comme « ce qui est le plus digne de question »; comprendre l'Être,

1. [M. Heidegger,] *Introduction à la métaphysique*, [*op. cit.*,] p. 189.
2. *Ibid.*, p. 157.
3. *Ibid.*, p. 94.

c'est d'abord le comprendre comme ce qui sollicite la pensée, c'est s'étonner avec Leibniz qu'il y ait quelque chose plutôt que rien, et que « l'Être s'expose nécessairement dans notre compréhension[1] ». Cette compréhension d'ailleurs, antérieure à tout comprendre, n'est pas comme un bien dont nous serions dotés ; elle est à peine nôtre, et plutôt (bien que Heidegger n'emploie jamais cette expression) l'acte de l'Être en nous : « l'appréhension **26** n'est pas un mode de comportement | que l'homme possède comme une propriété, mais inversement : l'appréhension est l'événement qui possède l'homme[2] » (et c'est par là que Heidegger explique la célèbre formule de Parménide : τὸ γὰρ αὐτὸ νοεῖν ἐστίν τε καὶ εἶναι qu'il traduit ainsi : dans un lieu d'appartenance réciproque sont appréhension et Être ; le νοεῖν est le fait de l'Être et non de l'homme). C'est l'ouverture qui nous fait ouverts, la Présence qui nous rend présents... *In eo vivimus, movemur et sumus.*

Du même coup le destin de l'homme est dessiné : il est le lieu où l'Être se recueille. Car c'est le *logos* comme recueillement qui « se manifeste comme le fondement de l'être-homme[3] ». La vertu essentielle de l'homme est alors la docilité ; mais une docilité qui doit être conquise, et par une sorte de violence : il lui faut « se décider radicalement *pour* l'Être *contre* le Néant[4] », en s'arrachant aux prestiges de l'étant, à tout ce qui est familier et comme tel gouverné par l'apparence, à ce qui est habituel, usuel et plat. Le *logos* est à ce prix : il est une nécessité et a besoin en soi de violence pour se préserver de la facilité de la parole et

1. *Ibid.*, [M. Heidegger, *Introduction à la métaphysique*, *op. cit.*,] p. 97.
2. *Ibid.*, p. 154.
3. *Ibid.*, p. 181.
4. *Ibid.*, p. 182.

de la dispersion ; mais en lui-même il est l'événement du recueillement, et c'est par là qu'il fonde l'homme : « être homme, c'est *assumer* le recueillement, l'appréhension recueillante de l'Être par l'étant, la mise en œuvre de l'apparence par le savoir, et ainsi *gérer* la non-latence, la *préserver* de la latence et du voilement[1] ». Serait-ce que l'homme est responsable de l'Être ? Non : il lui répond, il n'en répond pas ; sa parole et sa pensée ne lui appartiennent pas vraiment. Sans doute il est le berger de l'Être, mais l'Être n'est pas un mouton, il a toujours l'initiative ou le dernier mot. Commentant la formule citée plus haut : φύσις : λόγος ἄνθρωπον ἔχων, Heidegger ajoute : « l'Être, l'apparaître pré-potent, nécessite le recueillement qui a en sa possession l'être-homme et le fonde ». Ainsi l'homme est-il par l'Être et pour l'Être.

En bref on peut discerner deux traits de la pensée heideggérienne qui vont faire carrière à travers la philosophie du concept | ou de la science. Le premier, c'est la mise à **27** l'écart de l'étant ou du réel, qui trouve un écho dans la procédure de formalisation et dans l'interprétation de la pensée formelle, lorsqu'on en oublie l'origine et la fin. Fascination du vide : de la présence en deçà de ce qui est présent, de la résolution… à être résolu, de la pensée en deçà de l'objet pensé, d'un sens qui n'est ni sens de, ni sens pour, mais qui est « la patence de l'Être, et non seulement de l'étant comme tel[2] ». Le second, c'est la dépossession de l'homme. Car dans le vide vers quoi remonte la méditation, l'homme lui-même perd toute substance ; comme la belle âme, il se meurt à force de

1. *Ibid.*, p. 188.
2. *Ibid.*, p. 94.

pureté ; son être ou son activité, sous prétexte d'être fondés, sont confisqués au bénéfice de l'Être, ou de ces équivalents de l'Être que sont le *logos*, le sens, le langage : quand la question de l'homme est subordonnée à la question de l'Être, il n'est plus question de l'homme, sinon comme témoin et serviteur de l'Être.

par la biologie. De plus, la pensée de Comte était assez souple pour joindre à la philosophie positive une politique positive qui inaugurait « la méthode subjective » : non seulement elle intégrait dans une sociologie assez compréhensive les manifestations du sentiment et de la volonté, mais elle prenait en charge le destin de l'humanité.

Le positivisme d'aujourd'hui ne revendique pas en **30** vain le | nom de positivisme logique. Il est premièrement inspiré par ce qui est sans doute le trait le plus remarquable de la pensée contemporaine : le développement du formalisme. Le *logos* hégélien est passé aux mains des logiciens. Une sorte d'ivresse s'est emparée d'eux, attestée par le constructivisme. Dans les pays anglo-saxons ce positivisme est allié à l'empirisme et n'a, à l'égard de la philosophie, qu'une attitude simplement négative ; le problème de l'homme n'est pas posé pour lui-même. En France, le positivisme est aujourd'hui explicitement lié à un anti-humanisme. Cet anti-humanisme ne procède pas du tout d'une pensée réductrice : si la philosophie est encore réductrice, c'est de façon bien plus subtile. Il ne s'agit plus de réduire l'humain au biologique ou à l'économique, et de dire par exemple que le vice et la vertu sont des produits comme le vitriol et le sucre. Car s'il importe peu qu'on fasse tort à la vertu, on ne saurait faire tort à la pensée formelle, ou à la « théorie » ; il faut au contraire la mettre à l'abri de toutes les vicissitudes du psychologisme ou du sociologisme : supra-structure intouchable. Et pour cela, il faut l'arracher à l'homme, refuser à l'homme l'initiative de la pensée pour le mettre au service de ce qui est pensé. En sorte que si l'homme est encore réduit, c'est en quelque sorte par en haut. On lui refuse la responsabilité de la pensée ; et ceci est un trait remarquable de cet anti-humanisme : jamais il ne consent à définir l'homme directement, comme si l'on pouvait affirmer quelque chose de lui parce qu'il s'affirme lui-même, mais toujours obliquement : *à propos de* (par exemple à propos d'une mutation du champ épistémologique), ou comme *le lieu de* (de l'intersection de certains concepts), *la figure de* (de la finitude), à la rigueur *le moyen de* (de la production). L'homme est pris à son propre piège, ordonné à ses propres œuvres dont on lui refuse la paternité : proie de ce qui le dépasse. Cette logique qui ne lui appartient pas peut être la logique de l'histoire, mais l'histoire même est avant tout histoire du concept, d'une pensée qui n'est la pensée de personne et qui a les personnes pour objets, et d'abord pour instruments. Le savant s'efface devant le savoir.

Le positivisme contemporain, en France, est en effet une | philosophie du concept – exquisément relevée d'épices **31** heideggériennes. Les jeunes philosophes se veulent les défenseurs – et les concessionnaires exclusifs – de la pensée, dont ils dénoncent l'absence partout ailleurs. Qu'appellent-ils donc pensée ? Non un acte, qui pourrait être mis au compte d'un sujet psychologique, ni une attitude, qui suggérerait un sujet pratique ; mais la position du concept. Le concept : maître mot et arme polémique. Il est fin et norme de tout savoir véritable ; mais il est aussi à lui-même sa propre fin et sa propre norme, sans être à la merci d'une pensée singulière ; ceux qui se recommandent de lui et reprochent aux autres de le manquer ne veulent pas qu'il soit élaboré, mais qu'il se produise en quelque sorte lui-même selon son pouvoir propre, comme l'attribut pensée déploie ses modes chez Spinoza ; il exprime le système, et le système le produit. Il n'est donc pas un instrument au service d'une pensée qui le fabriquerait pour avoir prise sur le réel, il est la pensée même, une pensée déshumanisée, impersonnelle, et gratuite. Car la science ne saurait être un moyen pour des fins que lui assignerait l'homme, comme d'aider à vivre, d'éduquer, de libérer ; la science appliquée n'est pas une vraie science, et il suffit à la vraie science d'être vraie. Mais sa vérité ne se mesure plus par l'accord avec le réel, le concept ne vise pas la chose, il l'est. Car si par exemple l'*épistémè* du XIXe siècle a inventé l'homme, comme l'assure Foucault, elle ne l'a pu qu'en inventant le concept d'homme, – qui est alors l'homme même, et par rapport à quoi la réalité de l'être humain est aussitôt disqualifiée : si le concept est la chose même, la chose n'est plus que le concept, elle a perdu l'altérité, l'opacité et la fraîcheur qu'attestait une perception maintenant discréditée. Ce réalisme du concept est un idéalisme. Nous en verrons plusieurs témoignages ; à quoi il faut d'ailleurs ajouter que cet idéalisme peut aisément basculer dans le matérialisme, comme le montrera Lévi-Strauss.

L'étrange métonymie qui permet de substituer le concept à l'objet, d'affirmer l'identité du savoir et du su, pourrait encore une fois faire songer à Hegel. Mais ce n'est pas Hegel qu'il faut évoquer ici ; car il liait la pensée de l'identité à celle de la | contradiction, et la philosophie contemporaine récuse le plus souvent la dialectique. La philosophie du concept trouve ailleurs ses lettres de noblesse (moins, notons-le, pour son idéalisme que pour son impersonnalisme) : chez un des rares philosophes français qui fut associé aux débuts du Cercle de Vienne, Cavaillès. Cavaillès n'a d'ailleurs aucune agressivité à l'égard de l'homme ; mais il s'efforce de penser l'être du logique en logicien, pour faire droit à une logique absolue qui seule justifierait le progrès incessant de la pensée, de « cet enchaînement mathématique [qui] possède une cohésion interne qu'il ne faut pas brusquer et [pour qui] le progressif est d'essence[1] », et qui pourrait régir l'activité subjective. Seule cette logique inspire et justifie la science, car « la science, si elle est, est tout entière démonstration, c'est-à-dire logique[2] ». La logique la constitue comme « un objet *sui generis*, étranger au système des existants, original dans son essence, autonome dans son mouvement[3] ».

Or Cavaillès ne peut établir l'autorité de cette logique qu'en récusant l'autorité de la conscience, ce qui le porte à combattre sur plusieurs fronts. D'abord contre Kant, qui « refuse de confondre logique générale et logique transcendantale », mais ne parvient pas à donner à la première son statut propre, parce que « dans une philosophie de la conscience la logique est transcendantale ou elle n'est pas[4] » ; le seul irréductible, dans la philosophie critique, c'est l'affirmation autonome d'un acte où se manifeste non une pensée pure, mais « une pensée sensible dont la forme apparaît de façon aussi arbitraire que la forme spatiale[5] ». En outre la logique transcendantale prétend « sortir du concept » pour articuler le monde sur une conscience législatrice : mais comment joindre la matière à une forme si l'on s'en remet aux pouvoirs de la conscience ? Pourtant, chez Kant comme plus tard chez Brunschvicg, « l'être du monde subsiste comme condition déterminante de la science », et par là l'immanence rationnelle du progrès est contestée, et l'autonomie créatrice de la conscience récusée. Mais pour Cavaillès | la théorie de la science, ou des **33**

1. J. Cavaillès, *Sur la logique et la théorie de la science*, [Paris, P.U.F., 1960,] p. 70.
2. *Ibid.*, p. 25.
3. *Ibid.*, p. 21.
4. *Ibid.*, p. 10.
5. *Ibid.*, p. 13.

« enchaînements rationnels », n'en appelle pas plus au monde qu'à la conscience.

Il y a une vie propre du concept, animée par la dualité du sens posant et du sens posé ; et c'est cette vie qui amène Cavaillès à lutter contre le « logicisme » (Frege, Carnap, Tarski), qui à ses yeux méconnaît le caractère nécessairement dialectique – mais non simplement historique – des formalismes : par le perpétuel retour sur soi de la pensée formelle, « la signification de la notion de système formel exige une génération par éclatements et dépassements successifs[1] » : l'indéfini de la progression d'acte en acte, de sens posant d'un acte en sens posé d'un autre, comme aussi bien la régression qui renvoie des signes aux actes qui les utilisent sans qu'il y ait jamais commencement absolu à partir d'un donné sensible ; car la sémantique ne peut ici trouver le sens que dans les opérations syntaxiques.

Mais ces actes ne sont pas des démarches psychologiques, cette vie du concept n'est pas vécue par la conscience. C'est pourquoi Cavaillès doit encore se retourner contre Husserl, pour ce qu'il tente de concilier logicisme et théorie de la conscience. Sans doute Cavaillès loue-t-il d'abord Husserl d'avoir affronté le problème de l'objet en confrontant apophantique et ontologie formelle, et d'avoir « expliqué l'autorité de la logique sur la physique… (en montrant) que c'est un seul et unique mouvement qui, à travers les mathématiques, se développe jusqu'aux réalités du monde… Connaître n'a qu'une signification, c'est atteindre le monde réel… Hors des applications, il n'y a pas de connaissances mathématiques[2]. » Pourtant Cavaillès n'accepte pas

1. *Ibid.*, [J. Cavaillès, *Sur la logique et la théorie de la science*, *op. cit.*,] p. 38.

2. *Ibid.*, p. 53.

l'ontologie husserlienne. Fidèle à la lettre de Husserl, il l'interprète dans un sens idéaliste, et ce qui le gêne est que cet idéalisme soit encore transcendantal : c'est l'intentionalité de la conscience qui assure la corrélation du noétique et du noématique, de l'acte qui vise et de l'objet visé, et l'objet n'est l'unité des noèmes qu'à condition d'être le pôle des noèses. Ainsi Husserl cède-t-il encore aux prestiges | du psychologisme. La vraie vie pour lui est ailleurs que **34** dans le concept, c'est la vie de la subjectivité transcendantale. La logique formelle est fondée dans la logique transcendantale, qui décrit la constitution des entités logiques, « logique radicale et concrète, dit Husserl, qui ne peut croître qu'au sein des recherches phénoménologiques[1] » ; la logique pure perd l'autorité qu'elle gardait encore chez Kant, car elle ne peut tirer cette autorité que d'elle-même. Et elle perd même son sens, elle cesse de faire problème : à entreprendre la phénoménologie des actes et des intentions de la subjectivité, on renonce « à interroger l'entité logique elle-même[2] ». On perd de vue aussi bien le mouvement qui emporte le corps entier des mathématiques que le ressort de toute pensée formelle : « le sens de la consécution ou de la contradiction analytique n'est jamais érigé en problème[3] », et le fondement de toute nécessité est désormais ce « je ne peux penser autrement » qui, si légitime soit-il, est une abdication de la pensée.

Rappelons encore les dernières lignes, si souvent citées, sur lesquelles se clôt ce livre dense, énigmatique et provocant : « Il n'y a pas une conscience génératrice de

1. [E. Husserl,] *Formale und transcendantale Logik*, [Halle, Niemeyer, 1927,] p. 256.

2. [J.] Cavaillès, [*Sur la logique et la théorie de la science*,] *op. cit.*, p. 75.

3. *Ibid.*, p. 76.

ses produits, ou simplement immanente à eux, mais elle est chaque fois dans l'immédiat de l'idée, perdue en elle et se perdant avec elle, ne se liant avec d'autres consciences (ce qu'on serait tenté d'appeler d'autres moments de la conscience) que par les liens internes des idées auxquelles celles-ci appartiennent. Le progrès est matériel ou entre essences singulières, son moteur l'exigence de dépassement de chacune d'elles. Ce n'est pas une philosophie de la conscience, mais une philosophie du concept qui peut donner une doctrine de la science. La nécessité génératrice n'est pas celle d'une activité, mais d'une dialectique. »

Entendons-nous : nous n'évoquons pas Cavaillès pour en faire un pionnier de l'anti-humanisme. La philosophie du concept inspirée par l'étonnant essor de la pensée formelle n'aboutit pas nécessairement à dénoncer l'idée de l'homme. | Privilégier le formel, ce n'est pas encore disqualifier le monde perçu ; et récuser la subjectivité transcendantale comme fondement de toute évidence, ce n'est pas encore liquider le sujet concret qui s'ouvre à la vérité dans le monde. De l'un à l'autre l'espace n'est pas toujours franchi. Témoin Granger. Son propos est bien de patronner la pensée formelle ; il invite les sciences humaines à s'axiomatiser dès leur démarrage, c'est-à-dire à énoncer une ou plusieurs théories, et à poser des principes qui constituent une base cohérente et suffisante de déduction pour toutes les propositions de la théorie. À la différence des sciences physiques, Granger estime que l'axiomatique est pour les sciences humaines un préalable, dont la fonction est d'abord propédeutique : autant qu'à assurer la rigueur du discours, elle sert à écarter les sollicitations du vécu, les significations immanentes qui masquent les structures. C'est à condition d'accepter cette ascèse que les sciences humaines peuvent être sciences, c'est-à-dire peuvent définir leur objet en construisant des schèmes qui permettent de décrire des enchaînements contrôlables à un certain niveau de l'expérience. Ce qui nous importe ici, c'est d'observer que Granger, pour définir la science, a retenu la leçon de Cavaillès[1] ; mais il maintient – plus explicitement que Cavaillès occupé à lutter contre « l'empirisme logique » – la relation de la science au réel, « l'articulation du *logos* et du monde concret » que néglige « le formalisme exacerbé[2] » ; et il maintient les droits de la *praxis* lorsqu'il définit la science par l'élaboration de modèles, destinés à permettre de manipuler la réalité. Toutefois, la défiance à l'égard de la subjectivité transcendantale, et aussi de l'histoire empirique, l'amène à chercher le réel et la *praxis* à l'intérieur même de la science, comme l'idéalisme les cherchait à l'intérieur de la conscience, en laissant à l'écart l'expérience immédiate de la perception ou le vécu de conscience. L'on voit poindre ici à nouveau la tentation de l'idéalisme : l'objet, c'est toujours déjà l'objet de la science, constitué au carrefour de thèmes et de schèmes, | c'est-à-dire de modèles et d'opérations, et la *praxis*, c'est **36** la pratique scientifique, c'est-à-dire l'opération qui suscite ou anime le modèle. Le monde concret dont parle le philosophe, c'est déjà le monde de la science ; et s'il n'est pas réduit au concept, c'est parce que la science n'est jamais achevée. Cependant, n'allons pas faire à Granger un procès d'intention : la conclusion de son livre combat rigoureusement la tentation d'idéalisme ; « une conversion radicale de la conception du formel devient nécessaire lorsque l'évolution du contexte historique met en évidence

1. G.[-G.] Granger, *Pensée formelle et sciences de l'homme*, [Paris, Aubier-Montaigne, 1960,] p. 10.
2. *Ibid.*, p. 14.

les dangers d'une fixation idéaliste de la science... La construction formelle dans la science doit désormais être pensée comme le moyen d'une action sur le monde, et non comme la trace d'une réalité latente, opposée aux apparences du contingent[1] » ; c'est pour liquider l'idéalisme que le retour aux choses peut se recommander du marxisme : « il faut que le retour aux choses s'effectue comme travail, et la pensée formelle en est l'un des outils[2] ». Ainsi armée, la science exprime « le mouvement de transcendance laborieuse » dont il faut bien faire crédit à l'homme.

Au reste, rares sont les philosophes qui se sont mis à l'école de Cavaillès et qui ont nourri une réflexion sur l'être du formel par l'étude laborieuse de la logique et de la mathématique. Mais nombreux ceux qui ont retenu de Cavaillès les thèmes majeurs d'une philosophie du concept. Et d'abord la défiance à l'égard du psychologisme et de l'historicisme, de tout ce qui peut altérer la pureté du concept ou pervertir la nécessité logique par la contingence d'initiatives singulières. Cette nécessité ne peut être pensée que *sub specie aeterni* ; et pour rendre compte du mouvement selon lequel elle se déploie, il faut substituer à l'histoire empirique une dialectique dont l'histoire n'est qu'une image approchée et trompeuse. On perçoit ici un écho de la théorie heideggérienne de l'histoire à laquelle il a été fait allusion. Peut-être, au surplus, les thèmes d'une philosophie du concept n'eussent-ils pas conduit à renier l'homme s'ils n'avaient été associés, dans l'esprit de certains philosophes, à la philosophie heideggérienne.

1. *Ibid.*, [G.-G. Granger, *Pensée formelle et sciences de l'homme*, *op. cit.*,] p. 217.

2. *Ibid.*, p. 218.

L'ÉPISTÉMOLOGIE ARCHÉOLOGIQUE

Pourquoi évoquer dès maintenant Foucault ? Parce qu'il a fort habilement repris et intégré les thèmes que nous n'avons pas encore exposés de la langue, de la structure, de l'inconscient, l'examen de son propos serait sans doute aussi bien situé à la fin de notre parcours. Mais l'ordre de ce parcours ne peut être qu'arbitraire, tant les thèmes qui le jalonnent sont solidaires et emmêlés. Et si nous plaçons Foucault sous le patronage direct de la philosophie du concept, c'est parce qu'il a, comme il l'a dit, la passion du système : sa théorie de l'*épistémè* est la théorie d'un système, comme l'est, pour le logicisme, la théorie des langages formels ; l'épistémologie qu'il élabore n'est pas une théorie de la méthode scientifique, elle est une théorie du dispositif qui fonde le système des sciences, de ce qu'il appelle le champ épistémologique, de sa structure et de son histoire.

Mais d'abord, par quelle démarche, Foucault en vient-il au concept d'*épistémè* ? Par une entreprise archéologique. L'archéologie est à la mode, la quête de l'origine hante les philosophies. Foucault a fort bien vu que, lorsqu'elle renonce aux genèses idéales de l'âge classique, « la pensée moderne instaure une problématique de l'origine fort complexe et fort enchevêtrée[1] ». Où situer l'origine ? Et quelle origine : de l'homme ou du monde ? Le temps des choses parmi lesquelles l'homme surgit et le temps de l'homme pour lequel un monde surgit paraissent irréconciliables, et sont parfois tous deux subordonnés à la temporalité absolue de l'Être. Pour le dire brièvement, **38** trois | archéologies aujourd'hui se proposent à nous. D'abord une archéologie positive, comme celle de Leroi-Gourhan, qui cherche l'origine de l'homme, pour suivre le fil de son histoire, dans la série successive des vivants, dans le devenir empirique de la vie. Ensuite une archéologie ontologique comme celle de Heidegger qui remonte au fondement, qui cherche l'origine de l'homme dans l'Être comme origine, et qui assigne à l'origine non le caractère d'un événement inscrit dans une chronologie, mais la spontanéité d'un jaillissement et l'autorité d'un *fiat lux* ; toutefois, au lieu que la lumière soit faite comme dans une genèse théologique, c'est elle qui fait, qui donne à voir et à penser ; et la question est toujours de savoir si cette lumière est le fait de l'homme ou de l'Être. L'archéologie phénoménologique enfin (nous le verrons plus tard) suggère une réponse à cette question : elle cherche à la fois l'origine dans l'homme – entendez l'origine du monde justiciable d'une chronologie –, et l'origine de l'homme dans la Nature ; car l'homme n'est un commencement que parce qu'il a un commencement, parce que son avènement s'inscrit dans « un temps fondamental » comme dit Foucault, mais dont on ne peut dire avec Foucault « qu'il est l'homme lui-même[2] ». Foucault jongle habilement avec ces conceptions de l'archéologie sans trop les expliciter. Mais son dessein est

1. [M. Foucault,] *Les mots et les choses*, [*op. cit.*,] p. 343.
2. *Ibid.*, p. 345.

d'en proposer une quatrième, dont l'objet n'est plus de découvrir l'origine de l'homme, mais le fondement des sciences : ce qui éclaire et justifie, en un certain moment du savoir, l'articulation et le fonctionnement de l'*épistémè*.

Présentant dans sa préface cette notion d'un champ épistémologique, Foucault reprend dans son langage[1] la distinction traditionnelle de la connaissance sensible et de la connaissance réfléchie ; le domaine qu'il entend explorer se situe à la fois « entre ces deux régions » et au-dessous : ce n'est pas la science, intermédiaire entre la perception et la philosophie, c'est le sol | sur lequel se bâtit la science, **39** un système qui n'est pas non plus le système des codes qui règle la perception et la parole, mais un ordre fondamental dont la saisie va orienter et régler les sciences, en sorte qu'il constitue pour elles « un *a priori* historique ». « Outre le regard déjà codé et la connaissance réflexive, il y a une région médiane qui délivre l'ordre en son être même[2]. » Cette expérience nue de l'ordre détermine « l'espace général du savoir » (en quoi elle n'est pas seulement médiane, mais première), aussi bien les affinités qu'ont les sciences entre elles en un même moment du savoir que les problèmes eux-mêmes affrontés par ces sciences ; car cette expérience commande souverainement l'expérience des choses : ce ne sont plus les choses qui font problème, par exemple l'homme ou le vivant ou l'objet physique, toute problématique est déterminée par « la disposition épistémologique » du moment historique[3]. Ce

1. Un beau langage, presque trop beau : on se demande parfois si l'éclat de l'image ne se substitue pas à la clarté de la pensée. Mais il n'est pas donné à tout le monde de forger un nouveau style, et Foucault y réussit.

2. *Ibid.*, p. 12.

3. *Ibid.*, p. 357.

qui importe à cette épistémologie est moins l'objet dont traite une science que la place qu'occupe cette science dans l'espace du savoir; et par exemple, lorsqu'il s'agit des sciences de l'homme, « ce n'est pas le statut métaphysique ou l'ineffaçable transcendance de cet homme dont elles parlent, mais bien la complexité de la configuration épistémologique où elles se trouvent placées[1] » qui explique leur difficulté, leur précarité et leur incertitude.

Cette notion d'un « système des positivités » qui est aussi un « système des simultanéités », et finalement un « système général du savoir[2] », est assurément intéressante; elle a suscité chez Foucault la lecture de nombreux textes que les philosophes n'ont pas coutume de fréquenter, et dont l'évocation les impressionne. Elle n'est pourtant pas absolument inédite; elle a trouvé une première expression dans la notion de *Weltanschauung* si populaire dans la philosophie de l'histoire allemande, et une seconde dans la notion de totalité culturelle élaborée par cette anthropologie américaine qui demande à la psychologie de la personnalité 40 le moyen de comprendre la solidarité des institutions | et l'unité de la culture. Peut-être même pourrait-on en chercher une troisième expression, mais plus lointaine parce qu'elle ne s'attache pas aux modes du savoir, dans la notion sartrienne de totalisation. Ce qui fait l'incontestable originalité du propos de Foucault, c'est qu'il se veut plus rigoureux et plus précis. Mais on peut se demander si cette rigueur ne réside pas dans la fidélité à une imagerie spatiale qui tient lieu de structure topologique. Et surtout, si cette précision n'est pas acquise au prix d'un certain arbitraire : de quel droit limiter le champ épistémologique à l'étude

1. *Ibid.*, [M. Foucault, *Les mots et les choses*, *op. cit.*,] p. 359.
2. *Ibid.*, p. 14 et 77.

de trois positivités : vie, travail, langage ? Pourquoi exclure la physique et la mathématique qui témoigneraient aussi bien de ce qui peut être l'expérience de l'ordre ? Et surtout, de quel droit isoler l'*épistémè*, la couper de la *techné* et de la *politié* ? On se refuse alors à penser le rapport de la théorie et de la pratique, de la technologie et de la science[1], ou pareillement de l'art et de la science. Peut-être l'ordre apparaîtrait-il à la fois moins formel et moins déterminant s'il était décrit aussi comme ce que l'homme veut instaurer ou restaurer dans ses œuvres et dans ses institutions ; et peut-être le savoir apparaîtrait-il moins déterminé et moins déterminant s'il était confronté avec le sentir, le vouloir et le pouvoir. Peut-être enfin les mutations ou les discontinuités de l'*épistémè*[2] apparaîtraient-elles moins brusques et moins inexplicables si elles étaient replacées dans la vie de la totalité culturelle. Car ces mutations sont si soudaines qu'elles interdisent de concevoir une continuité ou un progrès du savoir : notre science n'est en rien héritière du savoir antérieur, elle ne peut se reconnaître en lui ; notre modernité est toute neuve : ainsi l'archéologie récuse-t-elle l'histoire, – en même temps que ce qui assure la continuité de l'historique : la permanence d'une nature | humaine **41** structurée par l'*a priori* ; l'*a priori* historique condamne l'histoire parce qu'il n'appartient pas à un sujet historique. Et Foucault nous laisse ici sur notre faim : pourquoi ces mutations ? pourquoi l'*a priori* est-il historique ? Il faut

1. Évoquant l'usage du microscope, Foucault pousse l'idée banale que l'observation ne trouve que ce qu'elle cherche jusqu'à ignorer que le microscope ait pu ouvrir un nouveau domaine : pour lui ce n'est jamais l'objet qui provoque la pensée (cf. [*ibid.*,] p. 145).

2. On sait que Foucault en distingue « deux grandes... : celle qui inaugure l'âge classique (vers le milieu du XVIIe siècle) et celle qui, au début du XIXe siècle, marque le seuil de notre modernité » ([*ibid.*,] p. 13).

alors nous tourner vers Heidegger : la démarche de l'archéologie n'est-elle pas une remontée au fondement ? Les visages de l'ordre qu'elle découvre ne sont-ils pas comme les manifestations ou les masques de l'Être ? Dès lors le changement de ces visages pourrait s'identifier à cet historial de l'Être qui donne le branle à l'histoire humaine. « L'Être se dispense à nous, mais de telle façon qu'il nous dérobe en même temps son essence. Telle est la signification des mots : histoire de l'Être[1]. » L'histoire de l'*épistémè* a le même caractère imprévisible et souverain ; l'expérience de l'ordre a chez Foucault les mêmes prérogatives que chez Heidegger la vérité de l'Être.

D'autre part cette archéologie est guettée par l'idéalisme. Donner pleins pouvoirs à l'*épistémè* pour déterminer à la fois la perception et la science, parce qu'elle se situe en cette région médiane qui est « antérieure aux mots, aux perceptions et aux gestes… et plus solide, plus archaïque, moins douteuse, toujours plus vraie que les théories[2] », c'est finalement subtiliser la positivité du réel et identifier l'existence et l'être pour la pensée. Nous l'avons dit, ce n'est plus l'objet qui provoque la pensée, c'est la pensée qui constitue l'objet ; l'*a priori* ne rencontre pas un donné qui se prête à la connaissance, une nature complaisante, comme disait Kant, et en même temps rebelle, il fait lever dans le champ du savoir des objets qui sont déjà ses objets, disponibles et transparents : des idées d'objets auxquelles nulle *praxis* ne s'affronte. Sans doute Foucault évoque-t-il la positivité, l'épaisseur, l'opacité de la vie ou du langage ; mais ces positivités sont en quelque sorte produites par le

1. [M. Heidegger,] *Le principe de raison*, trad. [A.] Préau, [Paris, Gallimard, 1962,] p. 155.

2. [M.] Foucault, [*Les mots et les choses*,] *op. cit.*, p. 12.

système, un peu comme chez Hegel le *logos* s'oppose à lui-même son autre, une nature truquée, naturée par l'Idée (encore que ce ne soit pas là le dernier mot de Hegel). Peut-être Foucault eût-il évité | ce piège s'il avait autrement **42** orienté son archéologie. Car le fond que l'archéologie doit viser, ce n'est peut-être pas le champ épistémologique, c'est peut-être, en deçà de ce champ, le champ perceptif que Merleau-Ponty appelait le champ transcendantal : la présence de l'homme à ce monde brut où il plonge ses racines. Et certes, ce monde est déjà recouvert d'un vêtement d'idées ; mais ne peut-on entreprendre de soulever ce voile pour révéler l'être sauvage ? Ne peut-on revenir à ce commencement où l'homme ne cesse de se tenir pour porter l'énorme héritage de la culture ? On n'y trouverait pas encore le système ; tout au plus la promesse d'un ordre dans le chaos. Mais on y éprouverait le poids des choses, la pesanteur dont parle Schelling ; et si une lumière y pointe, c'est qu'on verrait surgir l'homme.

Mais c'est précisément ce que Foucault ne veut pas. L'homme pour lui n'est que le concept d'homme, une figure évanouissante dans un système temporaire de concepts : être fini qui n'existe vraiment que pour le temps où le système l'appelle, le fonde et lui confère une place privilégiée. Passé ce temps d'une promotion à l'existence épistémologique, l'homme n'est plus qu'un être humain, un être parmi les êtres, assigné à une place quelconque dans le système du savoir. Car Foucault ne considère pas l'homme réel, celui qui s'affirme comme homme et qui défend ses intérêts d'homme, – et par exemple, chez Kant, comme Deleuze l'a fortement souligné, les intérêts spéculatifs et pratiques de la raison qu'il incarne. La reconnaissance de cet homme réel « implique un impératif qui hante la pensée de l'intérieur », reconnaît Foucault ;

mais pour ajouter aussitôt : « peu importe qu'il soit monnayé sous les formes d'une morale, d'une politique, d'un humanisme, d'un devoir de prise en charge du destin occidental, ou de la pure et simple conscience d'accomplir dans l'histoire une tâche de fonctionnaire[1] ». Or, cela importe-t-il si peu ? Ce que l'homme veut, ce que l'homme fait est-il indifférent ? L'essentiel est-il simplement que « la pensée soit pour elle-même savoir et modification de ce qu'elle sait », sans que le sens de cette modification soit mieux précisé que ne | l'est l'objet de la résolution chez Heidegger ? Mais dans cette philosophie, si la pensée « sort d'elle-même », ce n'est pas pour rentrer dans le monde et le marquer de son sceau : il n'y a pas de monde, il n'y a que des positivités auxquelles le système lie le destin de l'homme.

43

Cet homme – chose parmi les choses, ou concept parmi les concepts, c'est tout un – est alors doublement récusé, à la fois comme inventeur du système et comme objet dans le système. De même que chez Heidegger la pensée suscite le penseur, de même ici, le système, « le réseau unique de nécessités… a rendu possibles ces individualités que nous appelons Hobbes, ou Berkeley, ou Hume, ou Condillac[2] ». L'individu comme tel n'a que des opinions, qui ne font pas une pensée ; c'est la pensée immanente au champ épistémologique qui fait les opinions, et qui se fait et se défait elle-même : les mutations qui l'animent, loin de procéder, comme le doute cartésien, d'une libre décision inaugurant un nouveau mode de penser, sont « des événements dans l'ordre du savoir », impersonnels autant qu'imprévisibles. Dans cette histoire déshistoricisée,

1. *Ibid.*, [M. Foucault, *Les mots et les choses*, *op. cit.*,] p. 338.
2. *Ibid.*, p. 77.

Descartes et Aldovrandi peuvent être mis sur le même plan. Seul peut-être a le droit – dont il use – de parler en première personne celui qui pense le système ; mais comment le système en vient-il à se réfléchir dans une conscience singulière ?

Et l'homme est débouté aussi comme objet du système. On connaît la théorie de Foucault : l'homme n'apparaît dans le champ du savoir qu'à l'aube du XIXe siècle, et il est promis aujourd'hui à une disparition prochaine. C'est évidemment le concept d'homme qui est ici en question ; et pour fixer au XIXe siècle la date de naissance de ce concept, il faut lui assigner un contenu bien particulier. Foucault refuse que la question de l'homme ait été posée là où s'affirme le sujet cartésien : ce sujet est le lieu d'un discours où « se nouent la représentation et l'être », si étroitement que le lien du « je pense » au « je suis » va de soi sans que le « je » soit pensé pour lui-même : « tant qu'a duré le discours classique, une interrogation sur le mode | d'être impliqué par le *cogito* ne pouvait pas être **44** articulée[1] ». Autrement dit, Descartes n'a posé que pour la forme la question : qui suis-je ? Et pareillement, l'examen de la nature humaine par les empiristes revient à analyser les propriétés et les formes de la représentation : le discours où se mire la représentation se réfléchit lui-même sans réfléchir sur l'homme. Par contre, Foucault accepte que la question de l'homme ait été posée avec Kant – qui est ainsi profondément séparé de Descartes et de Hume – parce que Kant fonde la révolution copernicienne sur la découverte de la finitude du sujet transcendantal au moment même où les sciences découvrent la positivité de la vie, du travail et du langage qui, portant et surplombant en même temps

1. *Ibid.*, p. 323.

l'homme, lui signifient sa finitude empirique. C'est la conjonction de la philosophie critique et du positivisme qui fait surgir le concept d'homme comme « doublet empirico-transcendantal », et qui le voue à une existence éphémère puisque l'homme n'est posé que pour être mis en question par la profondeur inhumaine de la vie, l'aliénation, l'inconscient, toutes les positivités qui vont se retourner contre l'individu, et qui auraient en effet raison de lui s'il ne leur opposait un regard et une volonté inlassablement neufs. Ici le jeu est truqué, le savoir ne promeut l'homme que pour le destituer, comme l'indique le jeu de mots sur la finitude.

De fait, il me paraît moins évident qu'à Foucault que l'homme soit apparu sur la scène épistémologique au moment où la vie, le travail et le langage ont été conçus dans leur positivité, et où ces positivités en auraient appelé à la fonction transcendantale. Je ne conteste pas qu'avec Cuvier, Ricardo et Bopp, vie, travail et langage s'arrachent à l'ordre de la représentation où les vivants, les richesses et les mots se rassemblaient et s'articulaient à la surface d'un tableau sans faille, et apparaissent désormais comme des réalités autonomes, profondes et obscures, « enroulées sur elles-mêmes », en sorte qu'on demande maintenant « à la vie de définir elle-même dans la profondeur de son être, les conditions de possibilité du vivant, … au travail, **45** les conditions | de possibilité de l'échange, du profit et de la production, … à la profondeur historique des langues, la possibilité du discours et de la grammaire[1] ». Ces conditions de possibilité sont matérielles et non transcendantales ; et on ne voit pas qu'à les explorer elles en appellent à l'homme comme sujet transcendantal. Si l'on en vient en effet à dire que « l'être de l'homme fonde

1. *Ibid.*, [M. Foucault, *Les mots et les choses*, *op. cit.*,] p. 323.

en leur positivité toutes les formes qui lui indiquent qu'il n'est pas infini[1] » – et si c'est là tout le paradoxe de l'anthropologie –, il faut que cet être investi de la dignité transcendantale ait été découvert ailleurs, dans une autre réflexion qui le visait comme tel sans être sollicitée par la science des contenus empiriques. Il faut déjà que cette réflexion s'amorce, ou du moins que la science positive réfléchisse sur elle-même, pour que la pensée découvre « le caractère borné de la connaissance[2] » et comprenne que « inversement, les limites de la connaissance fondent positivement la possibilité de savoir ce que sont la vie, le travail, le langage » ; et cette réflexion même sur la finitude du savoir corrélative de la finitude du su ne pousse pas encore l'homme au premier plan. Mais la science positive ne s'interroge pas volontiers elle-même. Ce à quoi elle invite, c'est bien plutôt à déterminer scientifiquement le statut de l'homme, à le traiter comme une chose parmi les choses, sans mettre en question, en le lui référant, le savoir qui le traite ainsi. Si elle s'interroge sur ce savoir comme phénomène (ainsi, nous le verrons, fait Lévi-Strauss), elle s'efforce plutôt à le fonder dans l'être, jusqu'à faire de la pensée une fleur et du message un phénomène homogène à l'information, et elle ne renonce pas pour autant à son projet de « dissoudre l'homme » : le positivisme n'introduit pas l'homme dans le champ de la pensée[3]. Nous n'invoquerons donc pas l'avènement des positivités sur la scène de la science positive pour montrer comment surgit

1. *Ibid.*, p. 326.
2. *Ibid.*, p. 327.
3. Il est admirable que, pour nourrir la pensée philosophique, on aille s'instruire auprès de Cuvier, Ricardo et Bopp ; on y trouvera ce que Kant ou Hegel ne disent pas ; mais on n'y trouvera pas ce que Kant ou Hegel disent — pas plus que ce que dit la *praxis* d'un âge de culture. Ce n'est pas là que s'est imposée l'idée de l'homme qui anime notre modernité.

46 | l'homme, mais au contraire comment s'y prépare son retrait, au moins jusqu'à ce que cette science se fasse plus aiguë ou plus compréhensive, et le système moins systématique. Les vrais systèmes sont des systèmes formels, et il n'est pas sûr que le système ait totalement prise sur les réalités auxquelles l'homme est affronté, la réalité du savoir aussi bien que des objets du savoir (car Foucault mêle volontiers ces deux réalités : le champ du savoir et les objets du savoir, langage, inconscient, institutions; partout le système, quelque chose qui préexiste à l'homme, domine l'homme et l'ordonne à soi).

Mais l'étonnant pouvoir de séduction qu'exerce l'entreprise de Foucault tient peut-être à une équivoque; dans *les Mots et les Choses* soufflent des vents presque contraires : la passion du système et la passion tout court, cette sombre ivresse de la révolte et de la démesure qui s'expose à la mort, et selon laquelle Nietzsche n'est plus que le frère de Sade. Le système alors n'est plus *logos*, il en est la limite et aussi le contraire, il est si l'on veut la Nature, mais moins conçue comme ce qui porte et nourrit l'homme que comme ce qui l'arrache à lui-même et le porte à se renier, il est tout l'inhumain en l'homme et autour de l'homme, la houle du sang, l'aveugle vouloir-vivre, la parole pythique, et tout ce qui annonce à l'homme sa finitude et le conduit aux confins de la folie : la Loi-Langage, le Désir et la Mort. Cette *metabasis eis allo genos* n'est pas si difficile à opérer : il suffit d'invoquer « l'autre extrémité de notre culture[1] »; et par exemple s'il s'agit du langage, le glissement s'opère aisément de la langue comme système à la parole comme cri qui se brise contre le système et s'achève dans le silence : ce cri est à la fois l'expérience du système et l'autre du système. L'homme y vit un instant

1. *Ibid.*, [M. Foucault, *Les mots et les choses*, *op. cit.*,] p. 394.

l'apothéose du sujet pour y éprouver sa finitude. Cette transformation du système suggère une exaltation de la finitude : l'homme meurt en beauté dans la fascination violente du paroxysme. *Plaudite, cives* ; les psychanalystes organisent la claque.

Mais entre l'hommage au système et l'exaltation de la volonté | de puissance, une pensée soucieuse de rigueur **47** ne doit-elle pas choisir ? Peut-on être à la fois formaliste et nietzschéen ? Peut-on affirmer à la fois l'ordre et le chaos ? Comme dit Domenach, « était-ce la peine de proscrire le pathos, de détacher la pensée du "vécu" et d'aseptiser la théorie avec tant de rigueur, si l'on parvient, désarmé, au bord de "cette région où rôde la mort", où certes naît la poésie, mais où la violence est tapie et, surgissant à l'improviste, pourra s'emparer d'une humanité à laquelle on aura arraché, avec ses illusions, sa dignité, et jusqu'au nom et au sentiment de son existence[1] ? » Si la différence, l'altérité, la passion sont irréductibles, on ne peut plus les organiser en système, à moins de faire jouer une dialectique du même et de l'autre qui émousse leur irréductibilité ; si l'on veut le chaos, on s'interdit le recours à la dialectique aussi bien qu'au système. Si loin que la pensée puisse aller pour éprouver ses propres limites, vient un moment où il faut choisir entre ce que nous appelons raison et ce que nous appelons folie. Honneur peut-être à ceux qui ont été pris au piège ; reste qu'ils se sont irrémédiablement perdus. On a fait, et il faut faire, une philosophie de l'ambiguïté ; mais sans doute la philosophie de Foucault est-elle seulement une philosophie ambiguë.

1. [J.-M. Domenach,] « Le système et la personne », *Esprit*, mai 1967, p. 775.

| 4

L'ÉPISTÉMOLOGIE DU MARXISME OU LE MARXISME COMME ÉPISTÉMOLOGIE

C'est maintenant qu'on peut évoquer, en quelques mots au moins, les travaux d'Althusser. Sans doute faudrait-il leur faire une place à part ; d'abord parce que la réflexion d'Althusser me paraît plus cohérente, plus ferme et plus rigoureuse que celle de Foucault ; ensuite parce que son entreprise est différente : il s'agit pour lui de repenser le marxisme. Cette nouvelle lecture – symptômale – de Marx, je n'ai pas compétence pour la discuter en historien de la philosophie[1] ; je veux seulement montrer sur quels points

1. On pourrait d'ailleurs la discuter en fonction de l'histoire présente, et sans doute l'est-elle dans les instances politiques. La question serait alors : y a-t-il un sens, et lequel, à une opération qui consiste, on va le voir, à faire rentrer Marx dans les rangs d'un certain intellectualisme ? Cette question peut être posée dans la perspective même qu'adopte Althusser : le sens qu'on cherchera appartient alors à l'histoire de la science ou de la théorie de la science, puisque aussi bien Althusser, à l'intérieur de la totalité complexe du système, revendique une certaine autonomie pour l'ordre du savoir. Mais s'il y a tout de même des relations structurales à l'intérieur du tout, et une structure dominante, on ne peut négliger aussi radicalement que Foucault les rapports possibles entre l'événement dans l'ordre du savoir et la conjoncture sociale ou politique. La question du sens de l'événement qu'est cette nouvelle lecture de Marx prend alors un tour nouveau, proprement politique.

elle consonne avec la philosophie contemporaine : c'est une lecture d'épistémologue, et qui tend à réduire le marxisme à une épistémologie : « ce que Marx nous a donné de plus précieux au monde : la possibilité d'une connaissance scientifique[1] ». Les postulats qui inspirent cette lecture appartiennent à ce que j'ai appelé une philosophie du | concept; peut-être d'ailleurs ne font-ils que reprendre, mais avec plus de vigueur et en se référant à des expériences de pensée nouvelles qui invitent à déshumaniser la pensée et à substituer le système à l'esprit, l'enseignement de la philosophie critique mis en œuvre par l'intellectualisme français : la vieille idée qu'on ne va pas au réel les mains vides, que l'entendement est toujours de la partie, et que le réel est toujours déjà conceptualisé. Cette idée suscite chez Foucault la recherche d'un *a priori* historique et le conduit dans les parages de l'idéalisme, dont il ne s'éloigne qu'en substituant, à l'expérience nue de l'ordre, l'expérience désolée d'une déchirure originelle. Pour Althusser, le garde-fou est tout trouvé : c'est le matérialisme de Marx. Mais quelle part peut être faite au matérialisme par une philosophie du concept? Lorsque Althusser écrit : « Le réel est indépendant de la connaissance, mais ne peut être défini que par sa connaissance[2] », s'il situe l'affirmation du réel en premier lieu, est-ce pour déférer au matérialisme ou pour s'en délivrer plus vite?

On peut concevoir deux façons de mettre l'accent sur le réel (et qui ont été successivement adoptées par Sartre) : selon que l'on considère la conscience ou la *praxis*. Chez Althusser, il n'est pas question de la *praxis*. Ou plus exactement, il est question de deux formes de *praxis* :

1. [L. Althusser,] *Pour Marx*, [*op. cit.*,] p. 248.
2. *Ibid.*, p. 257.

d'une part, la *praxis* théorique, à l'œuvre dans la science, dont l'examen échoit à une philosophie de la connaissance ; d'autre part, la production, mais qui est là comme une sorte de *logos*, ou de totalité structurale. Du travail concret où l'homme affronte une réalité rugueuse, il n'est pas question. Ce qu'Althusser cherche dans Marx, c'est une philosophie de la science. Le concept clef de cette philosophie, emprunté à Bachelard, c'est la coupure épistémologique. Ce concept a ici un double emploi : il sert à discerner, radicalement, la science de l'idéologie ; le passage à la science est un saut qualitatif « dans un autre élément », la mutation étant ici constituante d'une *épistémè* authentique, et non inscrite à l'intérieur d'une *épistémè* encore toute mêlée d'idéologie. Et il sert aussi à consacrer la distinction de deux Marx, le premier encore | hégélien et pénétré d'idéologie, parce qu'il pense en être quitte avec Hegel en le renversant alors qu'il fallait rompre avec lui, le second coupé du premier parce qu'il s'est coupé de Hegel en inaugurant la science, même s'il n'avait pas pleinement conscience de la faire et si l'on peut après lui parler de « l'inachèvement théorique du jugement de Marx sur lui-même[1] ». Il s'agit donc d'être plus lucidement marxiste que Marx.

La coupure épistémologique se produit dans le champ de la problématique. La problématique joue chez Althusser le même rôle que le champ épistémologique chez Foucault ; elle est « le système des questions qui commande les réponses[2] » ; davantage, elle détermine les objets du savoir ; car « l'objet dont on parle ne qualifie pas la pensée directement[3] ». Au lieu de dire trop vite, dans un langage

1. [L. Althusser,] *Lire le Capital*, [*op. cit.*,] II, p. 37, *cf.* p. 75.
2. [L. Althusser,] *Pour Marx*, [*op. cit.*,] p. 64, note 1.
3. *Ibid.*

critique, qu'il n'y a d'objet que pour un sujet, on dira qu'il n'y a d'objet que selon les présupposés d'une problématique. Mais alors qu'est-ce qui distingue l'idéologie de la science ? Pour faire droit à la science, il faut bien invoquer sinon la vérité de ses objets, du moins la réalité de ses problèmes : la mutation par quoi la science advient, c'est la découverte de « problèmes réels » masqués sous les faux problèmes que la problématique idéologique substituait à ces vrais problèmes : récupération d'une réalité volée ou déguisée par l'idéologie. Mais où est la garantie qu'une problématique est plus vraie qu'une autre, qu'elle échappe à l'idéologie et qu'elle atteint enfin, par une sorte de « retour en arrière[1] », la réalité ? Il me paraît impossible d'écarter ce problème en le renvoyant à la morgue des pseudo-problèmes, « des problèmes qui n'existent pas[2] », et je ne vois pas qu'Althusser lui apporte une réponse. Il dénonce avec force l'empirisme, qui « confond l'objet de la connaissance et l'objet réel[3] » ; mais dans ses analyses l'objet réel s'efface devant l'objet de la connaissance ; il dit bien, certes, que « la connaissance concerne l'objet réel[4] » ; mais si nous sommes au contact du réel, c'est toujours à travers l'objet 52 | de connaissance. La connaissance ne change rien à cet objet, « il reste ce qu'il est », et l'on voit ici à quel point la théorie est dissociée de la pratique : toute la pratique se ramène en effet à produire des objets de connaissance, les seuls qui aient une histoire, car leur structure change avec la mutation du savoir, et qui puissent prétendre à la « nouveauté ». De fait, lorsque Althusser parle de l'objet

1. *Ibid.*, p. 78. Althusser récusera plus tard le recours à cette notion : [*ibid.*,] p. 190, note 1.
2. [L. Althusser,] *Lire le Capital*, [*op. cit.*,] II, p. 68.
3. *Ibid.*, p. 123 ; cf. [*ibid.*,] p. 55, 67, 94.
4. *Ibid.*, p. 124.

tout court, c'est toujours de l'objet de la théorie qu'il s'agit : « la découverte de Marx concerne la *réalité de l'objet* : sa *définition*[1] ». Ailleurs Althusser distingue pareillement « deux *concrets différents* : le *concret-de-pensée* qu'est une connaissance, et le *concret-réalité* qu'est son objet[2] ». Ce « concret-de-pensée », dit-il, se distingue réellement de l'abstrait qui est la matière première de la pratique théorique, les concepts plus ou moins idéologiques qui sont toujours déjà là comme les préjugés qu'évoque Descartes. Mais s'il se distingue aussi du « concret-réalité », il en est la connaissance, et cela va de soi : « que le concret-de-pensée soit la connaissance de son objet (concret-réel), voilà qui ne fait difficulté que pour l'idéologie, qui transforme cette réalité en soi-disant "problème" (le problème de la connaissance), qui pense donc comme problématique ce qui est justement produit, comme solution non problématique d'un problème réel, par la pratique scientifique elle-même : la non-problématicité du rapport entre un objet et sa connaissance[3] ». Que la science ait ici le dernier mot, d'accord ; mais que, dans une phrase comme : « le processus qui produit le concret-connaissance… concerne bien entendu le concret réel[4] », le mot *concerne* (qui remplace ici d'autres termes de Marx comme *reflète*, *reproduit*, etc.) ne fasse pas problème, cela est moins sûr. Cela n'est possible que si, d'un concret à l'autre, la distinction est subrepticement niée en même temps qu'elle est affirmée. Althusser reproche à Engels de s'être laissé séduire par l'empirisme, d'avoir « substitué la *chose réelle* au concept » et d'avoir bradé ainsi le concept et son propre

1. *Ibid.*, p. 123.
2. [L. Althusser,] *Pour Marx*, [*op. cit.*,] p. 189.
3. *Ibid.*, p. 190.
4. *Ibid.*, p. 189.

devenir, ce « développement des formes » dont Marx
53 | disait qu'« il advient exclusivement dans la connaissance »,
alors que Engels en vient à affirmer que « *les définitions sont sans valeur pour la science*, parce que la seule définition *réelle* est le *développement* de la *chose même*, mais ce développement n'est plus une définition[1] ». Mais ne peut-on reprocher à Althusser d'opérer symétriquement la substitution du concept à la chose ? ou du moins de prendre si soigneusement le parti du concept et de son développement logique qu'il en vient à oublier la chose et son devenir chronologique, et à récuser, sous prétexte qu'il a été mal posé par le pragmatisme, le problème de leurs rapports, qu'une réflexion sur la vérité du discours scientifique ne saurait pourtant éluder ? Certes, la liquidation de la chose, la substitution de l'objet idéal à l'objet réel, est une procédure normale dans les sciences formelles ; aussi bien le positivisme logique a-t-il le mérite de s'interroger sur les rapports entre le formel et le matériel. Mais qu'en est-il dans les sciences empiriques, et par exemple dans l'histoire ? Peut-on dire que « l'objet de l'histoire est le concept d'histoire lui-même[2] » ?

Je reviendrai sur le thème de l'histoire. Ce que j'ai voulu indiquer ici, c'est l'élément dans lequel se développe l'épistémologie d'Althusser. Elle renvoie à l'idéologie le problème traditionnel de la connaissance, elle s'en tient à « la nature *différentielle* du *discours scientifique* », lequel se réfère silencieusement toujours à la théorie, c'est-à-dire « au système constitutif de son objet[3] ». Son problème n'est plus le problème critique : comment la connaissance est-elle possible ? mais le problème « réel » : par quel

1. [L. Althusser,] *Lire le Capital*, [*op. cit.*,] II, p. 67.
2. *Ibid.*, p. 59.
3. *Ibid.*, I, p. 88.

mécanisme un « effet de connaissance » est-il produit ? Cette démarche, on le voit, n'est pas très différente de celle de Foucault ; elle consiste à isoler la pratique scientifique, à lui reconnaître, en même temps qu'une nature différentielle, une large autonomie, à l'étudier pour elle-même dans son mouvement historique : en fait, ici, dans le mouvement qui s'accomplit à travers l'œuvre de Marx. Althusser s'installe dans « le cercle d'une connaissance fondée[1] », de la même | façon que Foucault dans le champ de l'*épistémè*. **54** Cette décision lui confère un avantage : de pouvoir rejeter dans les ténèbres extérieures de l'idéologie tout ce qui peut compromettre la rigueur du discours scientifique. Théorie d'abord, et théorie seule ! Ou plutôt il y a bien la théorie de la théorie : c'est la philosophie. Mais la philosophie à son tour exclut l'idéologie, même si elle en reconnaît le caractère inévitable.

L'idéologie ici est pensée comme un fourre-tout : on y met tout ce qui n'est ni science, ni épistémologie. Elle est invoquée aussi bien pour disqualifier une pensée qui ne se hausse pas au concept que pour désigner, à l'intérieur des totalités sociales, des « formes » idéologiques (religion, morale, philosophie, etc.)[2] ; en ce second sens, elle « est une structure essentielle à la vie historique des sociétés », et « on ne peut concevoir qu'une société communiste elle-même puisse jamais s'en passer[3] ». Elle est en effet un mal nécessaire : elle exprime « le rapport *vécu* des hommes à leur monde » ; elle masque ainsi le rapport réel dont la science seule peut connaître ; mais, de même que la science ne préserve pas les hommes de toujours percevoir la lune à deux cents pas, de même « le rapport réel est inévitablement

1. *Ibid.*, p. 89.
2. [L. Althusser,] *Pour Marx*, [*op. cit.*,] p. 238.
3. *Ibid.*, p. 239.

investi dans un rapport imaginaire : rapport qui *exprime* plus une *volonté* (conservatrice, conformiste, réformiste ou révolutionnaire), voire une espérance ou une nostalgie, qu'il ne décrit une réalité[1] ». On le voit, désirer, vouloir, rêver, sont ici mis sur le même plan, comme ailleurs morale, religion, art ou métaphysique : c'est de la même façon que le positivisme logique, chez Carnap par exemple, identifie comme émotionnels tous les langages qui ne sont pas scientifiques, ou comme non-sens tout sens non vérifiable. Cependant, au vécu, Althusser accorde moins une valeur poétique qu'une fonction pratique : les concepts idéologiques – ceux de l'humanisme socialiste en particulier : « aliénation, scission, fétichisme, homme total[2] » – sont des concepts pratiques qui indiquent, dans un langage imaginaire, des problèmes pratiques réels : « considérés en eux-mêmes, 55 | ces problèmes sont, dans leur fond, des problèmes qui, loin de requérir une "philosophie de l'homme", concernent la mise au point des nouvelles formes d'*organisation* de la vie économique, de la vie politique et de la vie idéologique (y compris les nouvelles formes du développement individuel) des pays socialistes dans leur phase de dépérissement ou de dépassement de la dictature du prolétariat[3] ». Assurément ces problèmes réels appellent pour leur traitement des moyens réels, qui ont eux-mêmes à être pensés dans un autre langage, dans le langage de la science, et par exemple de la théorie marxiste. Sur ce point – qui est essentiel – je suis entièrement d'accord avec Althusser : les revendications ou les proclamations d'une philosophie de l'homme sont par elles-mêmes impuissantes à résoudre les problèmes ; et peut-être même à les expliciter

1. *Ibid.*, [L. Althusser, *Pour Marx*, *op. cit.*,] p. 240.
2. *Ibid.*, p. 246.
3. *Ibid.*

de telle façon qu'ils puissent recevoir une solution pratique. Mais à les poser d'abord ? Lorsque Althusser convient que « le mot d'ordre de l'humanisme n'a pas de valeur théorique, mais une valeur d'indice pratique[1] », il nous accorde tout ce que nous lui demandons. Mais ce consentement est hypothéqué de tant de réticences ! On voit bien pourquoi : Althusser craint que le concept idéologique, qui est justifié par sa fonction pratique, n'usurpe une fonction théorique et ne contamine alors la théorie, la pureté formelle du savoir.

Et peut-être en effet ce risque est-il grand ; mais est-ce un risque ? Je voudrais montrer plus loin que, si les ressorts de l'idéologie – indignation, espérance, volonté – font plus que stimuler la pensée théorique, l'orientent, la nourrissent, la compromettent, ce n'est pas un mal. Il y a peut-être, en dépit de Spinoza – et Althusser est autant spinoziste que marxiste –, une réalité propre du vouloir, et un double rapport du vouloir au penser. D'une part, le vouloir suscite le penser : pour le dire plus grossièrement, on ne pense que si on veut penser et ce qu'on veut penser. Bien sûr, la dialectique du concept n'est pas soumise à nos caprices, ni la nécessité logique à nos humeurs ; mais la pensée des choses suppose une certaine connivence avec | elles, comme **56** la *praxis* du technicien avec l'objet technique, et la pensée du monde humain suppose un certain parti pris, un certain engagement, une certaine idée de l'homme ou de l'histoire élaborée dans les profondeurs de la subjectivité, là où sentir, vouloir, concevoir ne se distinguent pas encore. D'autre part, la pensée – de l'homme – rencontre le vouloir comme un objet propre qu'elle ne peut renier : on ne peut faire de physiologie humaine sans tenir compte de la normativité de l'homme, on ne peut étudier la guerre du Vietnam sans tenir compte du courage du Viet Cong.

1. *Ibid.*, p. 258.

Mais peut-être aussi ne peut-on faire la théorie du marxisme sans tenir compte de la colère prophétique qui saisit le jeune Marx à voir la misère, l'oppression, les mystifications auxquelles est soumis le prolétariat. L'expression de ce sentiment ne fait pas encore une théorie, bien sûr ; mais le sentiment oriente et anime la recherche théorique : condition tout à fait insuffisante, mais pourtant nécessaire. Et corrélativement, qui s'attache à l'étude de Marx, sinon ceux qui d'abord s'associent à son indignation et à son espérance ? Y aurait-il des partis ou des pays marxistes si tout le marxisme tenait dans une science ou une épistémologie ? Je ne veux pas dire un instant que la clef du marxisme soit dans la psychologie de Marx ou des marxistes (ou même dans les œuvres de jeunesse de Marx : encore une fois, il n'est nullement de mon propos, ni de ma compétence, de discuter l'interprétation, qui me semble remarquable, qu'Althusser donne de Marx) ; mais seulement que la construction des concepts, si impersonnelle, si abstraite qu'elle doive être, ne peut jamais, au moins dans les sciences empiriques – et peut-être même dans les sciences formelles – être coupée de l'expérience vécue, où s'exprime l'être au monde d'une subjectivité.

Mais précisément, Althusser est si soucieux de tenir le savoir à l'abri de l'idéologie qu'il refuse tout droit à l'homme : au fond l'humanisme pour lui n'est pas seulement dangereux pour la science, il est faux, et la science doit le liquider. Althusser propose à cet effet une lecture structuraliste du *Capital*, selon laquelle sont récusés **57** « l'anthropologie idéologique de l'*homo* | *economicus*[1] » et les concepts qu'elle importe dans l'économie comme ceux de besoins, d'optimum, de plein-emploi. Le

1. *Ibid.*, [L. Althusser, *Pour Marx*, *op. cit.*,] p. 137.

structuralisme est inséparable d'un formalisme : les éléments n'ont de sens que par les relations que le système établit entre eux, par les places qu'il leur assigne. Ainsi en est-il de l'homme comme producteur à l'intérieur de la structure régionale que constitue l'économique : « la structure des rapports de production détermine des *places* et des *fonctions* qui sont occupées et assumées par des agents de production, qui ne sont jamais que les occupants de ces places, dans la mesure où ils sont les porteurs (*Träger*) de ces fonctions. Les vrais "sujets" (au sens de sujets constituants du procès) ne sont donc pas ces occupants, ni ces fonctionnaires, ne sont donc pas, contrairement à toutes les apparences, les "évidences" du "donné" de l'anthropologie naïve, les "individus concrets", les "hommes réels", – *mais la définition et la distribution de ces places et de ces fonctions. Les vrais "sujets" sont donc ces définisseurs et ces distributeurs : les rapports de production*[1]. » N'allez donc pas croire que les rapports de production soient « des rapports humains » : ce qui constitue et fait jouer le système, ce sont les propositions qui énoncent les relations, et les hommes ne sont que des variables dans des fonctions propositionnelles. Autrement dit, la structure est dotée d'une causalité propre ; elle détermine les éléments, et tout le problème théorique est de « penser l'efficace de la structure », la « présence de la structure dans ses effets[2] » : « cause immanente au sens spinoziste du terme », c'est-à-dire, ajouterai-je, au sens où un schéma d'axiomes engendre les axiomes et les théorèmes. Car, Althusser y insiste, en passant de la structure à ses effets, « nous ne sortons jamais du concept[3] ». Ainsi retrouvons-nous le thème anti-hégélien que nous avions

1. [L. Althusser,] *Lire le Capital*, [*op. cit.*,] II, p. 157.
2. *Ibid.*, p. 167 et 171.
3. *Ibid.*, [L. Althusser, *Lire le Capital*, *op. cit.*, II,] p. 173.

déjà évoqué : « il n'est pas d'espace homogène commun (esprit ou réel) entre l'abstrait du concept d'une chose et le concret empirique de cette chose[1] » ; le concept n'est jamais dans la chose. La mise à l'écart de l'homme est 58 solidaire de ce thème : en restant « à | l'intérieur de l'abstraction de la connaissance », en même temps qu'on sépare le conçu du vécu, on écarte l'homme qui vit ce vécu.

Cette procédure, il se peut que la théorie économique la requière, il se peut aussi qu'on rende justice à Marx en en décelant chez lui le pressentiment. Je ne me hasarderai pas à le contester. Ce qui me semble discutable, ce n'est pas la pratique du concept (ou de l'analyse structurale), c'est la philosophie du concept (ou du structuralisme) : une épistémologie, à la fois intellectualiste – qui isole le concept, le coupe du percept et de l'affect, et par là de l'homme – et positiviste – qui n'accorde à la science un crédit total qu'en discréditant, sous le nom d'idéologie, tout ce que l'homme éprouve, pense, veut, et finalement la pensée même de l'homme en tant qu'elle fait à l'homme, dans le système ou hors de lui, un sort à part. Qu'il soit possible de rendre justice à la science tout en la dissociant de cette épistémologie, j'espère le montrer ; on ne met en question ni ses méthodes, ni son appareil conceptuel, ni même le droit qu'elle s'arroge de « dissoudre l'homme », en la situant par rapport à l'art ou à l'éthique, en l'intégrant à la *praxis* humaine, en l'ordonnant enfin à l'homme. Mais il nous faut d'abord montrer d'autres aspects de la philosophie qui subordonne l'homme au système ; et avant d'évoquer la philosophie de la structure, il faut dire un mot de la philosophie du langage qui l'a largement inspirée.

1. *Ibid.* [L. Althusser, *Lire le Capital*, *op. cit.*, II, p. 173.]

| 5

LA PHILOSOPHIE DU LANGAGE

De l'assomption du langage dans une philosophie du concept, il y a au moins trois raisons : le langage se propose à la fois comme la condition, comme le modèle et comme l'objet de la science. Qu'il en soit d'abord la condition, cela peut apparaître dans la perspective de cette paléontologie fonctionnelle dont Leroi-Gourhan est l'initiateur. Mais il faut alors introduire un troisième terme, qui est la technique, à laquelle la science est d'abord subordonnée. Car la solidarité fondamentale qui s'instaure aux commencements de l'homme est entre le langage et la main : rapport proprement organique, puisqu'il s'installe entre les deux pôles du champ antérieur. La technicité manuelle répond à l'affranchissement des organes faciaux disponibles pour la parole. « Outil et langage sont liés neurologiquement… ils sont l'expression de la même propriété de l'homme, ils recourent dans le cerveau au même équipement fondamental[1]. » Mais ce n'est pas dans cette direction que s'oriente l'épistémologie contemporaine, que le prestige des formalismes détourne souvent de lier la science à la technique. Si le langage apparaît comme condition de la

1. [A.] Leroi-Gourhan, *Le geste et la parole*, [Paris, A. Michel, 1964-1965, 2 vol.,] I, p. 162 et 163.

science, c'est dans une autre optique : non seulement parce qu'il instaure la culture, et singulièrement l'expression, la transmission, la capitalisation du savoir, mais surtout parce qu'il arrache la pensée à l'immédiateté sensible, parce qu'il détermine l'hétérogénéité des formes de la perception et des formes de la connaissance scientifique. Car le néo-positivisme s'interdit de penser que les formes mathématiques 60 | soient de simples thématisations des schèmes immanents à la connaissance sensible : « l'hiatus entre perception et science tient essentiellement à la médiation du langage[1] ». Le langage est le milieu – l'élément, comme dirait Hegel – de toute pensée scientifique.

Mais la science rend bien au langage ce qu'elle lui doit : elle offre en retour le modèle du langage, et c'est sur ce modèle même que sera conçue la réalité linguistique. La science, en effet, est essentiellement discours. Mais avec la science formelle ce discours n'est pas seulement discours sur, tenu à l'aide du langage, il est lui-même langage – un langage achevé d'où sont éliminés toutes les maladresses, les ambiguïtés et les pièges des langages ordinaires. Telle est la conception de l'un des maîtres à penser de la philosophie contemporaine, Wittgenstein, du moins le Wittgenstein du *Tractatus*. Il inaugure, dans notre temps, la réflexion sur le langage en lui conférant une dignité extraordinaire : le langage n'est pas un instrument pour la pensée, un outil parmi les outils comme dirait Leroi-Gourhan, il est la pensée même : « la pensée est la proposition ayant un sens[2] » ; et cette pensée est capable

1. [G.-G.] Granger, *Pensée formelle et sciences de l'homme*, [*op. cit.*,] p. 13.

2. [L.] Wittgenstein, *Tractatus logico-philosophicus*, [suivi de *Investigations philosophiques*, trad. P. Klossowski, Paris, Gallimard, 1961,] prop. 4.

de vérité : le langage dit le monde, et il tient ce pouvoir de ce qu'il est logique. Qu'est-ce en effet que ce langage ? Ce n'est pas un langage réel, le langage quotidien, impur et confus, « dont la logique ne peut s'extraire immédiatement[1] » ; ce n'est pas non plus le langage de la logique qu'élaborent les logiciens, car plus exactement la logique comme discipline ne fait qu'expliciter, au moyen d'un symbolisme adéquat, une logique qu'elle n'invente pas et qui lui préexiste. Peu importe ce que ce symbolisme a d'arbitraire ; « ce qui n'est pas arbitraire : c'est que, lorsque nous avons déterminé arbitrairement quelque chose, alors ce qui arrive doit être quelque chose d'autre[2] ». L'enchaînement logique – le sens – est indépendant des signes, dont il est pourtant l'âme : « tout langage de signes correct doit pouvoir se traduire dans tout autre langage de ce genre selon pareilles règles : c'est cela | même qui est commun **61** à tous ces langages[3] ». Cela, c'est le *logos* du langage qu'exprime la logique. La logique comme discipline est donc un vrai langage, où s'exprime une logique qui est la vérité de tout langage et qui confère à tout langage sa véracité. Car ce vrai langage est un langage vrai, qui peut dire le monde : en vertu du postulat de l'atomisme logique, sa structure est isomorphe à la structure du monde ; les tableaux que nous nous faisons des faits, qui « représentent les faits dans l'espace logique », peuvent être vrais s'ils « s'accordent avec la réalité[4] » ; et ils le peuvent parce que « la forme logique de la représentation » est aussi « la forme de la réalité ». Autrement dit, « il y a une logique du monde, et les propositions de la logique la montrent

1. *Ibid.*, 4.002.
2. *Ibid.*, 3.342.
3. *Ibid.*, 3.343.
4. *Ibid.*, 2.11 et 2.21 [traduction modifiée par Dufrenne].

dans les tautologies, et les mathématiques dans les équations[1] ». La logique peut être une cosmologie.

Certes, cette doctrine est obscure. La preuve en est qu'elle a été interprétée par Cavaillès comme « un réalisme naïf » et par Granger comme un « nominalisme ». D'un côté, on reproche à Wittgenstein (et à tout le logicisme), après avoir brusqué la rupture entre le formel, conçu comme tautologique, et le matériel, conçu comme donné brut, de hâter la réconciliation en affirmant que « la logique est l'architecture du monde » : « les énoncés protocolaires inventés par son réalisme naïf (du logicisme) supposent ce qui est en question, savoir des relations mathématiques qui soient traduction ou réduction de l'expérience physique[2] ». D'un autre côté, on lui reproche d'escamoter le réel : « comment réduire la science à un langage sans lui dénier tout pouvoir sur les choses ? … Le souci exclusif d'une analyse des édifices linguistiques conduit à lâcher la proie pour l'ombre, et à substituer aux objets de la science des constructions grammaticales[3]. » Peut-être d'ailleurs ce reproche serait-il plus justement adressé à Carnap, qui propose de traduire sur le mode formel les énoncés encore « matériels » de Wittgenstein. Pourtant, même si Wittgenstein parle de faits et d'objets, c'est [62] en les situant dans « l'espace logique » et en tenant pour « mystique le *fait* que le monde est[4] » : en quoi il peut bien être soupçonné d'idéalisme. Inversement, s'il est accusé de réalisme naïf, c'est pour n'avoir pas pris soin de spécifier qu'il adhérait

1. *Ibid.*, [L. Wittgenstein, *Tractatus logico-philosophicus*, *op. cit.*,] 6.22 [trad. modifiée].

2. [J.] Cavaillès, *Sur la logique et la théorie de la science*, [*op. cit.*,] p. 40.

3. *Ibid.*, p. 13 et 14.

4. [L.] Wittgenstein, [*Tractatus logico-philosophicus*,] *op. cit.*, 6.44 [trad. modifiée].

à l'atomisme logique sans accepter nécessairement l'atomisme psychologique inspiré par l'empirisme et impliqué dans les énoncés protocolaires. Et c'est pourquoi ce réalisme est peut-être un déguisement de l'idéalisme : les faits ne sont simples, et combinables, que parce que le discours l'exige ; la pensée reste prisonnière du langage. Mais il ne s'agit pas ici d'interpréter Wittgenstein ; simplement, il nous semble que la théorie d'un langage unique et parfait exposée dans le *Tractatus* encourage l'idéalisme d'une certaine pensée contemporaine.

Ce qui nous importe surtout, c'est que cette théorie encourage la démission de l'homme devant le langage. La nécessité logique – et « il n'y a de nécessité que logique[1] » – qui se déploie dans le langage logique s'impose à l'homme ; et c'est ce langage qui l'impose : « ce n'est pas nous qui exprimons au moyen de signes ce que nous voulons, c'est la nature des signes essentiellement nécessaire qui énonce d'elle-même[2] ». Ce langage se suffit à lui-même, il pense pour nous ; la logique déboute le logicien. N'est-ce pas déjà la charte d'une philosophie du concept ? Toute l'ouverture du sujet est mesurée par le langage : « les limites de mon langage signifient les limites de mon propre monde[3] ». Et c'est en quoi le solipsisme est vrai : le monde n'est que mon propre monde, mais parce qu'il est le monde de mon langage. Et lorsque je dis *mon* langage, n'entendez pas que ce langage m'appartienne comme un outil dont j'aurais la propriété et l'emploi pour l'avoir fabriqué ; bien plutôt je lui appartiens. Wittgenstein dirait-il que le sujet n'est rien d'autre que ce langage qui parle en lui ? Il dit en

1. *Ibid.*, 6.37.
2. *Ibid.*, 6.124.
3. *Ibid.*, 5.6.

tout cas que « le Moi philosophique (celui qui "apparaît en philosophie du fait que le monde est mon propre monde") n'est pas l'homme, ni le corps humain, ni l'âme humaine 63 dont traite la psychologie, | mais le sujet métaphysique, la limite – et non pas une partie du monde[1] ». Limite du monde : c'est l'être même du langage qui me signifie les limites de mon monde parce qu'il définit ce monde. Le sujet est l'être pour qui il y a un monde, « un monde rempli par la logique[2] » ; mais ce corrélat n'est pas une monade concrète ; seulement « un point inétendu », dont toute la substance est le langage même. Non point l'homme parlant, partie du monde encore, justiciable de la psychologie ou de la phénoménologie, mais l'être en qui se déploie le langage, le serviteur, qui s'annule dans son service, du concept. Triomphe du système. Comme le *logos* circulaire de Hegel, où s'accomplit l'éternel retour de l'Esprit, la science du formel est achevée, même si elle n'est jamais finie.

Mais que la logique constitue ainsi un langage parfait n'est pas le seul rapport que la science puisse avoir avec le langage. La science peut encore prendre le langage pour objet, et l'on sait de quel prestige jouit aujourd'hui la linguistique. Sans doute s'agit-il ici d'une science empirique, et dont l'objet est la langue quotidienne. Mais il est remarquable que d'une part, dans sa démarche même, cette science se logicise, et que d'autre part elle prête à son objet les traits du formel en traitant la langue comme un formalisme : l'objet de la linguistique, traité logiquement, devient lui-même un langage logique, où s'incarne le

1. *Ibid.*, [L. Wittgenstein, *Tractatus logico-philosophicus*, *op. cit.*,] 5.641.

2. *Ibid.*, 5.61 [trad. modifiée].

modèle ; en allant de Wittgenstein à Saussure, on voit le *logos* passer dans la nature – par-dessus la tête de l'homme.

Que la linguistique se formalise et du même coup recoure à des moyens mécaniques (comme pour produire une approximation statistique d'un lexique donné, ou pour opérer une traduction automatique) n'est pas ce qui nous intéresse ici ; mais plutôt qu'elle choisisse de traiter toute langue comme une totalité autonome et cohérente. On sait que le parti décisif a été pris par Saussure, lorsqu'il a décidé de séparer radicalement langue et parole : la parole n'est jamais qu'une réalisation contingente maladroite de la langue, dont le traitement scientifique ressortit à la physiologie ou à la psychologie ; la langue comme système | est indépendante de ses concrétisations, comme la loi **64** l'est du jugement des juges qui l'appliquent. Il y a là un paradoxe qu'il faut énoncer tout de suite. La linguistique ne peut faire œuvre de science qu'en traitant le langage comme objet ; elle est donc tentée d'éliminer la parole qui est toujours affectée d'un caractère subjectif et événementiel, et de matérialiser la langue dans un code d'écriture phonétique aussi rigoureux et aussi artificiel que celui de la logique symbolique. Mais à la différence de la logique la langue ne se réalise que dans la parole. Il faut donc bien prendre en considération son aspect phonique : c'est toujours dans un flux de paroles que l'analyse discerne les éléments qu'elle isole et combine ; et c'est toujours à un locuteur qu'elle se réfère. Pareillement, lorsqu'on s'interroge sur la sémantique, faut-il toujours consulter un individu – académicien ou fort des Halles – pour fixer les oppositions ou les nuances de sens. Admettons pourtant que la langue puisse être purgée des scories qu'y introduit la parole : quelle est alors son essence ? Elle est un ensemble discret et totalement ordonné de signes. Ces signes sont les éléments dont le système est l'organisation. Ils peuvent d'ailleurs être discernés à deux niveaux différents, selon la double articulation du langage : l'analyse distingue d'une part les unités distinctives qui constituent l'ensemble phonématique, d'autre part les unités signifiantes qui constituent l'ensemble lexical.

La linguistique a longtemps privilégié la phonologie, pour ce que les phonèmes se prêtent aisément à l'approche structuraliste ; par contre, une approche fonctionnelle permet de subordonner les phonèmes aux monèmes, puisque c'est sur les seconds qu'on épelle les premiers et qu'on éprouve leurs différences ; comme dit Jakobson, « les problèmes que pose la définition du mot ne l'empêchent pas d'avoir, comme entité, une réalité concrète et vivante[1] ». En tout cas, quelle que soit leur hiérarchie, ces deux types d'unités reçoivent la même définition : une définition différentielle. Si l'on fait abstraction de sa substance phonique pour ne considérer que sa forme, comme y invite le formalisme, l'élément n'est rien par lui-même : il ne |65| se pose qu'en s'opposant, tout son être réside dans le réseau de relations qui le joignent aux autres éléments. La phonologie est « une théorie des oppositions » : elle dissout l'individu dans le système qui est son objet et le seul objet. Peut-elle d'ailleurs mener à son terme son entreprise ? Si l'on peut écarter la substance, peut-on le contenu ? Il faut bien admettre que le contenu du phonème est « la somme de ses particularités pertinentes[2] » ; mais on lui assigne des propriétés qui le « particularisent » : une positivité qui le définit plutôt négativement. Et quand le contenu est un

1. [R. Jakobson,] *Essais de linguistique générale*, [Paris, Minuit, 1963,] p. 163.

2. [N. S.] Troubetzkoy, *Principes de phonologie*, [trad. J. Cantineau, Paris, Klincksieck, 1967,] p. 69.

contenu sémantique ? Au plan de la seconde articulation, les éléments dont la langue est l'ensemble sont en effet des signes ; des signes doivent signifier, et Jakobson nous rappelle le « dualisme indissoluble du signe linguistique : le son et le sens[1] ». Mais si le sens est conçu comme référence à l'objet, si la fonction du signifiant est d'évoquer un signifié, voilà qu'un objet extérieur s'introduit dans le système, et qui, de surcroît, confère au signe une propriété et une autonomie : le signe *a* un sens. De là vient que la linguistique s'efforce de neutraliser le sens, et de substituer à son caractère référentiel un caractère encore différentiel ; et par exemple Hjelmslev applique au signifié lui-même la distinction forme-substance ; la substance écartée, le sens peut encore se définir seulement par son pouvoir différentiel. Mais une ambiguïté pèse alors sur l'épreuve de commutation : pour distinguer « p » et « t », on invoquera la différence de pont et ton ; mais pour saisir cette différence, ne faut-il pas faire appel au contenu de sens, c'est-à-dire aux objets mêmes ? Sinon, on devra dire que pont et ton se distinguent parce que « p » et « t » diffèrent : on tourne en cercle, sans pouvoir sortir du système.

La linguistique moderne est ainsi tentée par le nominalisme. L'étude des structures, de la combinatoire, prévaut sur l'étude des significations. De fait, la linguistique est obsédée par le problème de ses rapports avec la logique[2]. Les logiciens – et | singulièrement Carnap – avaient dit : **66**
la logique est un langage, et plus précisément : un système formel est une langue. Les linguistes s'interrogent : une langue est-elle une logique ? Peut-on déceler, dans sa

1. [R. Jakobson, *Essais de linguistique générale*,] *op. cit.*, p. 162.

2. *Cf.* un numéro très intéressant de la revue *Langages*, juin 1966, consacré à « Logique et linguistique ».

grammaire, cet ensemble d'axiomes et de règles qui, joint aux symboles du vocabulaire et à la classe « des suites distinguées » qui est composée de l'ensemble des discours tenus dans cette langue, constituerait un système formel ? La plupart des linguistes répondent affirmativement. D'abord, ils constatent que la langue comporte des règles syntaxiques de formation et surtout de transformation des énoncés (comme celles qui permettent de substituer à un terme un terme synonymique, ou à la forme active du verbe la forme passive)[1]. Sans doute ces règles perdent-elles leur caractère normatif si une analyse distributionnelle du langage considéré comme totalité des phrases-occurrences les ramène à des corrélations statistiques. On sait que Harris a tenté cette entreprise ; mais il semble que Bar-Hillel en a bien montré les limites[2]. Le plus souvent, les linguistes s'accordent à conférer aux règles de transformation un caractère logique : elles mettent en œuvre la relation d'inférence. Peu importe que cette logique qui préside au langage soit ou non une logique absolue comme celle que présuppose une philosophie du concept, elle est un absolu pour le langage : elle le constitue. On retrouve ici le thème central du *Tractatus* ; et précisément, du *Tractatus* aux *Investigations*, Wittgenstein est passé de l'affirmation de

1. Nous nous maintenons ici dans la même optique structuraliste qui subordonne l'élément au système au point de réduire le sens de l'élément à sa situation dans le système. La définition diacritique du phonème, puis du monème s'applique maintenant à la phrase : « de même que la valeur (au sens saussurien) d'un mot réside dans ses rapports syntagmatiques et paradigmatiques, la valeur d'un énoncé tiendrait – partiellement au moins – à l'ensemble des possibilités d'inférence qu'il renferme », dit très bien Ducrot (introduction à « Logique et linguistique », *Langages*, n° 2, p. 4).

2. [Y. Bar-Hillel,] « Syntaxe logique et sémantique », *Langages*, n° 2, p. 35.

la logique dans le langage au projet de chercher dans les jeux de langage *des* logiques qui sont des règles d'emploi liées à des comportements. Certains linguistes accepteraient, sans doute, de suivre ce | chemin[1]. Mais la plupart d'entre 67 eux tendent à identifier syntaxe et logique : ils tiennent que l'analyse transformationnelle exige des relations logiques comme celles d'équivalence et de conséquence formelle, autrement dit que les règles de transformation sont des règles de déduction. Dès lors, combinatoire de symboles, la langue est assimilée à un système formel. Curieuse revanche ; car les systèmes formels se sont élaborés à partir des langues naturelles (et par exemple, la syllogistique à partir du grec), dont certains énoncés, pris comme formules représentatives (par exemple : tout homme est mortel), ont constitué le « formulaire logique » ; et voici que maintenant les systèmes formels rendent aux langues ce qu'elles leur avaient prêté : les langues sont traitées comme systèmes formels.

La linguistique moderne tend du même coup à privilégier la syntaxe par rapport à la sémantique. Il y a d'ailleurs deux façons d'écarter la sémantique. La première consiste à la condamner pour cause de « mentalisme » ; c'est le parti qu'ont pris les linguistes américains fidèles à Bloomfield :

1. Par exemple Ducrot, qui écrit : « Une fois qu'on s'est débarrassé de l'idée qu'il faut, à tout prix, retrouver *la* logique dans le langage, il reste possible de chercher *une* logique dans le langage » ([O. Ducrot,] art. cit., p. 13), et pour qui cette logique ne peut être identifiée à la logique des logiciens, parce qu'elle consiste « en relations proprement linguistiques, et susceptibles d'une description systématique, dont un terme est un énoncé complet, et l'autre, soit un énoncé, soit une situation de discours » (*ibid.*). Nous reviendrons sur cette référence à la situation de discours, qui provoque une première lézarde dans la clôture du linguistique : la relation linguistique peut être une relation entre le langage et ce qui n'est pas lui.

étudier la signification, c'est ou bien étudier des processus psychologiques liés à l'exercice de la parole, ce qui est l'affaire de la psychologie ; ou bien étudier les objets signifiés eux-mêmes, ce qui est l'affaire des sciences empiriques. La seconde la condamne en exténuant, à force de rigueur, la signification de la signification. C'est encore la logique qui inspire alors la linguistique. Dans un système logique en effet, les symboles n'ont pas de contenu sémantique, leur sens est totalement défini par les axiomes qui règlent leur emploi, la sémantique se résorbe dans la syntaxe. Pareillement Hjelmslev vide les signes linguisti-
68 ques : il prend | bien les signifiés en considération, mais il exclut toute considération de leur substance au bénéfice de leur forme ; cette forme détermine leurs relations avec l'ensemble des autres signifiés, de sorte que les signifiés ne se définissent que de façon différentielle, comme les signifiants. Le signe tout entier n'est que le réseau de ces relations possibles : « toute unité se définit par sa place dans le contexte », et la signification qu'elle porte est une « signification purement contextuelle[1] ». Ainsi, pas de sens propre attaché au signe ; le sens se définit pour un élément par la possibilité d'entrer en corrélation avec d'autres éléments, et il n'apparaît que lorsque cet élément joue à l'intérieur d'une structure, c'est-à-dire d'un système de compossibles, comme joue un symbole logique dans une procédure logique. Il n'y a de sémantique que structurale.

Peut-être faut-il dénoncer ici une équivoque. La plupart des sémanticiens contemporains pratiquent ce que Greimas appelle une analyse sémique analogue à l'analyse des phonèmes en traits distinctifs : d'un morphème donné, c'est-à-dire d'un élément d'un certain champ sémantique,

1. [L. Hjelmslev,] *Prolegomena* [*to a theory of language*, trad. F. J. Whitfield, Madison, The University of Wisconsin Press, 1961], p. 45.

ils cherchent les éléments de sens dont la présence (ou l'absence) constitue son sens. Peut-être se recommandent-ils un peu vite du structuralisme, car il n'est pas sûr qu'une combinaison de sèmes constitue proprement une structure; il s'agit simplement d'analyser les éléments de la signification, et en se référant aux caractères de l'objet désigné par le signe, en sorte que la signification n'est plus rigoureusement déterminée par la syntaxe : ce qu'exprime Todorov en disant qu'« on est obligé dans ce travail (d'analyse sémique) de partir de la référence des mots et non de leur sens[1] ». Bien entendu, ce n'est pas cette démarche que nous reprochons à la sémantique, car elle nous semble au contraire faire droit au sens véritable; c'est seulement le ralliement des sémanticiens au structuralisme, qui suppose ici une conception assez élastique de la structure[2].

| Si la sémantique structurale vise à dissoudre la **69** signification dans les relations linguistiques, plutôt qu'à la constituer à partir des éléments repérés sur l'objet, elle se réalise au mieux dans l'analyse distributionnelle qui, premièrement, détermine le sens d'un morphème par les propriétés grammaticales (avec une réserve parfois : « toute différence sémantique ne se manifeste pas dans une différence syntaxique, mais à chaque différence syntaxique correspond une différence sémantique essentielle[3] »), et deuxièmement repère les propriétés grammaticales sur la distribution du morphème dans le *corpus*, selon le principe formulé par Harris : « deux morphèmes qui ont des

1. [T. Todorov,] « Recherches sémantiques », *Langages*, n° 1, p. 15.

2. On en dirait autant de l'analyse des phonèmes; ce qui est proprement structural en phonologie, c'est plutôt l'ordonnancement des phonèmes en ordres et en séries, le système de relations qu'on établit entre eux.

3. [J. D.] Apresjan, cité par [T.] Todorov, [« Recherches sémantiques »,] art. cit., p. 13.

significations différentes diffèrent aussi quelque part dans leur distribution[1] » ; et lorsqu'il s'agit de significations différentes d'un même mot, on présuppose « qu'il existe une correspondance bi-univoque entre une signification et une distribution[2] ».

Notons au passage – puisqu'il s'agit toujours pour nous d'observer des convergences – que ce principe de l'analyse distributionnelle rencontre un écho dans le mot d'ordre du second Wittgenstein qui inspire les recherches d'Oxford : *don't ask for the meaning, ask for the use*. Sans doute, chez Wittgenstein, l'investigation s'oriente-t-elle vers le comportement et encourt-elle par là, de la part d'un bloomfieldien, le reproche de mentalisme. Mais l'important, surtout chez les héritiers de Wittgenstein, est pour nous moins ce qu'elle vise que ce qu'elle récuse. Elle récuse l'exploration d'un sens qui appartiendrait aux mots ou même aux phrases et qui définirait leur intentionalité propre ; elle s'intéresse moins à l'objet du discours qu'à sa forme. Ainsi, en réclamant l'examen de l'usage, elle peut faire appel, aussi bien qu'au comportement et aux règles qu'ils mettent en jeu, à la réalité des expressions dont la sémantique étudie la distribution. L'emploi du lexique est alors statistiquement saisi sur la distribution.

L'élimination de la signification a d'autre part été **70** encouragée | par le rapprochement entre la linguistique et la théorie de l'information. Cette théorie met l'accent sur un aspect essentiel du langage : la communicabilité ; mais elle étudie la communication du point de vue des ingénieurs des communications, dont l'affaire est de transmettre les

1. [Z. S. Harris,] *Methods in structural linguistics*, [Chicago, University of Chicago Press, 1951,] p. 7.

2. [T.] Todorov, [« Recherches sémantiques »,] art. cit., p. 19.

messages fidèlement et économiquement, et non d'en comprendre le contenu. Il s'agit moins de signes que de signaux, et le problème est de les émettre de telle façon qu'ils soient bien discernés par le récepteur. L'information n'est pas donnée par le sens du signe, mais par l'apparition du signal, et sa quantité se mesure à la nouveauté, c'est-à-dire à l'imprévisibilité, de cette apparition. D'où un traitement statistique de la langue qui permet d'en calculer la quantité moyenne d'information et la redondance. Mandelbrot pousse cette entreprise à sa limite en soulignant le parallélisme entre ce traitement statistique et la thermodynamique des gaz ; le langage est alors un objet naturel, dont on peut produire une approximation statistique, sans qu'il soit nécessaire de lui reconnaître un caractère organisé : « nous essaierons, dit Mandelbrot, de nous en tirer avec l'hypothèse que l'organisation, la coopération, etc. peuvent être négligées en première approximation[1] ». Le langage a l'être d'une chose. Pourtant cette théorie du langage ne peut écarter entièrement l'homme parlant : à la probabilité *a priori* qui détermine la quantité moyenne d'information propre à une langue, il faut joindre la probabilité subjective qui, pour un récepteur donné, spécifie la quantité d'information d'un message, car l'information est fonction de l'attente du récepteur et de l'information qu'il a antérieurement reçue. Mais le sujet n'est encore ici, précisément, qu'un récepteur à qui il n'est pas demandé de comprendre ce qu'il reçoit, mais seulement de l'enregistrer. La sémantique n'est donc pas encore en question, ni le rapport de l'homme au sens.

1. [L. Apostel, D. Mandelbrot et A. Morf,] *Logique, langage et théorie de l'information*, [Paris, P.U.F., 1957,] p. 11.

Ainsi revient-il au même, dans la perspective où nous nous sommes placés, de considérer le langage comme un formalisme ou comme un objet aléatoire. Dans les deux cas, il est tenu pour un système qui se suffit à lui-même et 71 se referme sur lui-même : | qui n'a pas d'histoire, pas d'origine assignable, et qui n'ouvre ni sur le monde qu'il désignerait, ni sur l'homme qui l'animerait et l'emploierait pour dire le monde. C'est d'un même mouvement qu'on escamote le sujet parlant et cette relation singulière, dite de référence, au monde ; peu importe qu'après cela on substitue à cette relation deux autres qui s'opposent : soit qu'on intègre en quelque sorte le monde au langage, en faisant du langage « la forme logique du monde », soit qu'on intègre le langage au monde en faisant du langage une chose parmi les choses. Les deux extrêmes du logicisme et du matérialisme se touchent, au moins en ce point où sont niés le sens et l'expérience humaine du sens, et nous en verrons bientôt un autre témoignage chez Lévi-Strauss.

Mais avant d'en venir à la philosophie de la structure, il nous faut encore dire un mot de l'incidence de la théorie linguistique sur la théorie de la littérature. Au premier rang de ceux qui sont concernés par la linguistique, il y a les écrivains. La littérature contemporaine, Foucault l'a remarqué, est fascinée par l'être du langage et séduite par le formalisme linguistique : voyons-la donc apporter son eau au moulin de l'anti-humanisme. Écrivains et critiques font ici la chaîne ; ou, si l'on préfère, sont substituables ; car les critiques sont aussi des écrivains, comme dit Barthes. Jamais en effet la littérature – et toutes les formes d'art aussi bien – n'ont été plus réflexives qu'aujourd'hui, plus soucieuses de s'interroger elles-mêmes : le critique, d'une part, se pique d'être écrivain et revendique pour son œuvre le label de la littérature ; l'écrivain, d'autre part, est à lui-même son propre critique ; non point tellement qu'il se juge après coup, comme pourrait faire, sur pièce, un expert ; il est plutôt toujours avant coup, et il arrive que toute son œuvre s'emploie à dire ce que devrait être l'œuvre, et qu'elle ne peut être, puisqu'elle n'est enfin que son propre projet ou bien une construction en abyme. Et ce que nous disons ici de la littérature doit s'étendre à tout art, d'autant plus aisément que s'est contractée l'habitude d'identifier chaque art à une langue, de lui appliquer les catégories de la linguistique et parfois aussi le vocabulaire de la théorie de l'information. Or cette réflexion | fait moins 72 retour sur le contenu de l'œuvre que sur son statut, moins sur la pratique de l'art que sur la théorie. Elle imite en quelque façon le mouvement par lequel les sciences se formalisent : la littérature vise, comme on dit aujourd'hui, à produire son propre concept formel, à définir l'essence de la littérarité. Car c'est ainsi qu'elle répond à la question de confiance : à la question transcendantale de sa propre possibilité. Mais cette possibilité n'est pas cherchée dans la nature et les pouvoirs d'un sujet, mais dans le concept qui détermine son objet et justifie la pratique. De même qu'il s'agit pour la science de gagner le concret par l'abstrait, le réel par le possible, de même il s'agit pour l'art de définir son essence formelle, et peut-être la structure formelle des œuvres qu'il produit, sans s'attarder sur la parole ou le geste créateurs. Dès lors la réflexion ne passe pas par l'écrivain ou l'artiste ; ils se voient dépossédés de leurs prérogatives : ils sont l'instrument de l'art, comme l'homme parlant est l'instrument du langage, et le savant de la science, sans que leur opération soit jamais leur. À la question : qui parle ? (qui n'est pas, notons-le, la question : pourquoi parler ? ou la question : que dire ?), Mallarmé, dit Foucault, « voit scintiller la réponse dans le Mot lui-même[1] ».

Mais nous allons trop vite ; et peut-être faut-il distinguer deux styles de cette réflexion de l'art sur lui-même, et deux sources auxquelles elle s'alimente : selon que l'on considère la littérature, et tout art, comme parole ou comme langue, et donc selon que l'attention se porte sur l'artiste ou sur l'œuvre et sa structure. Il se peut en effet que l'artiste s'interroge sur lui-même, moins soucieux de ce qu'il fait que de ce qu'il est, et de l'aventure spirituelle dont il est le héros. Il peut alors avoir le sentiment, affolant ou flatteur, d'être la victime de quelque possession ou l'élu de quelque grâce : que l'inspiration soit saluée comme visitation ou maudite comme aliénation, il ne s'appartient plus, et la parole qu'il profère lui paraît étrangère comme elle peut nous paraître étrange. Qui parle en lui ? Il ne reconnaît pas
73 sa voix ou son geste, il ne sait pas ce qu'il | dit ou ce qu'il fait. Il peut bien dire alors qu'à travers lui c'est le langage qui parle, ou qu'en lui c'est l'art qui commande. Cette expérience, aussi vieille que toute création, d'une imprévisible et merveilleuse gestation, il arrive aujourd'hui qu'elle soit sollicitée plutôt que subie, et par les moyens les plus simples, qui ne sont pas pourtant ceux de l'imposture : comme l'enfant joue à se faire peur, l'artiste joue à se démettre, à perdre le contrôle de son acte ; alors que la pythie se livrait aux dieux, il s'en remet au hasard, aux puissances surprenantes de l'aléatoire matérialisées dans son corps, dans une machine ou dans un événement. Mais cet essor tumultueux de l'informel ne nous emporte-t-il pas aux antipodes de tout formalisme (y compris le formalisme de la politesse, lorsque l'exécution de l'œuvre

1. [M. Foucault,] *Les mots et les choses*, [*op. cit.*,] p. 394.

refuse l'appareil de la cérémonie et provoque le spectateur à une participation indiscrète) ? Assurément. Mais il nous fallait évoquer cet aspect de l'art contemporain pour ce qu'il semble procéder d'une abdication de l'artiste, qui, à sa façon, nie l'homme en lui[1]. D'autre part, l'informel noue avec le formalisme une relation qui n'est pas d'opposition et de complémentarité. S'il poursuit sa propre mort en vouant l'objet esthétique à l'insignifiance et à la précarité, l'art formel se joint à lui dans cette entreprise : la seule différence est qu'il abolit l'objet à force de pureté et de rigueur ; inanition au lieu d'indigestion !

La démarche de l'art formel procède plutôt d'une réflexion sur l'œuvre, sur la langue de l'art plutôt que sur la parole de l'artiste. Et cette volonté du système est parfois systématique ; c'est alors le critique qui l'inspire à l'artiste : les structures du nouveau roman sont faites sur mesures pour l'analyse structurale, de même que les toiles de Seurat, et aujourd'hui les œuvres de Pop'art, sont peintes pour une analyse optique, ou la musique sérielle composée pour une analyse harmonique, ou la musique de Xenakis pour une analyse logique. Il se peut aussi – Lévi-Strauss nous l'apprendra – que les structures soient inconscientes, [74] comme celles qui organisent les mythes ou certaines œuvres naïves et à première vue indéchiffrables, dont le structuralisme nous offre alors l'accès : l'art peut être formaliste sans le savoir – avant de le savoir et, comme aujourd'hui, de le vouloir. Le formalisme conscient et organisé de notre époque, même s'il commande la théorie plus que la pratique, a le grand mérite de faire droit à

1. Je dis : il semble, car à regarder mieux, on verrait que la conscience ne lâche pas le gouvernail : elle joue avec l'inconscient, ou avec le hasard, mais le goût garde le contrôle des produits.

l'œuvre. Le créateur s'efface totalement, il ne laisse même pas dans l'œuvre cette signature que pourrait être l'expression d'un sentiment ou d'un jugement ; il veut que l'œuvre se suffise à elle-même, qu'elle porte en elle son sens, et que, sans fenêtre comme la monade leibnizienne, elle n'ouvre ni sur le monde, ni sur son auteur ; les objets qu'inlassablement elle décrit pour assurer sa propre objectivité ne peuplent que son propre monde.

On conçoit que le critique décide de traiter ces œuvres comme le logicien les systèmes formels ; mais la critique structuraliste – moins prudente peut-être que Lévi-Strauss, qui réserve l'analyse structurale aux mythes propres à « l'aire totémique » – n'hésite pas à étendre ce traitement à toutes les œuvres littéraires. Pourtant la critique décide d'abord de son propre statut ; et c'est sa propre œuvre d'abord qu'elle considère comme système formel, c'est-à-dire comme un méta-langage dont la norme est la cohérence et non la vérité[1]. Ainsi Barthes : « le monde existe et l'écrivain parle, voilà la littérature. L'objet de la critique est très différent. Ce n'est pas le "monde", c'est un discours, le discours d'un autre : la critique est un discours sur un discours, c'est un langage *second*, ou *méta-langage* (comme disent les logiciens), qui s'exerce sur un langage premier (ou *langage-objet*)[2] ». La critique peut dès lors adopter le mot d'ordre que Carnap proposait à la logique : « en logique, il n'y a pas de morale… ». Mais on ne fait pas à la formalisation sa part : le logicien qui formalise les mathématiques intuitives tend à oublier que
75 ces mathématiques ont peut-être un contenu | matériel

1. Ceci a été fort bien vu par Doubrovsky, qui pose en tête d'un chapitre de *Pourquoi la nouvelle critique ?* [Paris, Mercure de France, 1966] la question : vérité ou validité ?

2. [R.] Barthes, *Essais critiques*, [Paris, Seuil, 1964,] p. 255.

qu'elles tiennent d'une relation primitive à l'intuition sensible. De même le critique oublie qu'il a défini la littérature par la proximité de la parole et du monde, et il confère à la littérature l'être formel qu'il a assigné d'abord à la critique, au langage-objet le caractère de système reconnu au méta-langage : « la littérature n'est bien qu'un *langage*, c'est-à-dire un système de signes : son être n'est pas dans son message, mais dans ce "système". Et par là même le critique n'a pas à reconstituer le message de l'œuvre, mais seulement son système, tout comme le linguiste n'a pas à déchiffrer le sens d'une phrase, mais à établir la structure formelle qui permet à ce sens d'être transmis[1]. » Le linguiste est ici identifié au théoricien des communications ; mais s'il se hasardait à être sémanticien ? Encore une fois le signifiant est coupé de sa relation au signifié : « c'est l'attention donnée à l'organisation des signifiants qui fonde une véritable critique de la signification, beaucoup plus que la découverte du signifié et du rapport qui l'unit à son signifiant[2]. »

C'est cette indifférence aux signifiés qui, en même temps qu'à la critique littéraire, donne sa charte à la sémiologie dont pourraient être justiciables les autres arts. Car la sémiologie se constitue comme science des ensembles signifiants sans trop poser la question de savoir si ces ensembles sont vraiment signifiants, et comment ils le sont ; il semble que l'étude du code dispense de l'étude du message ; en tout cas, l'étude du sens n'est pas entreprise en elle-même.

Notons d'ailleurs que cette mise à l'écart du sens est le fait de la théorie bien plus que de la pratique. Les

1. *Ibid.*, p. 257.
2. *Ibid.*, p. 268.

structuralistes, lorsque le dogmatisme ne les aveugle pas, ne cessent de se donner à eux-mêmes un démenti. *Felix culpa* : de même que Lévi-Strauss, nous le dirons, pratique une admirable phénoménologie du sens vécu dans les rites ou dans les mythes, Barthes a pratiqué avec le même bonheur la phénoménologie des mythes modernes, ou l'analyse dite de contenu, dans son *Michelet* et même encore dans son *Racine*; et chez lui la phénoménologie 76 | implique une attitude, sinon une doctrine, existentialiste : comme l'a bien noté Doubrovsky, « il a exprimé mieux que personne l'engagement *total* du critique dans l'aventure critique[1] ». Lorsque Lévi-Strauss écrivait : « en mythologie comme en linguistique, l'analyse formelle pose immédiatement la question : sens[2] », il ne pensait peut-être pas que cette question pût être résolue par la négative, ou du moins que la reprise du sens pût apparaître comme un luxe superflu. Mais quelque heureuse liberté que les champions du formalisme prennent avec leur théorie, il faut prendre cette théorie à la lettre, car c'est la lettre qui s'inscrit dans la philosophie de notre temps.

Or quelle conséquence emporte la neutralisation du sens ? La neutralisation de l'homme. De quel homme ? De l'écrivain ou du créateur, d'abord. Certes, dans cette direction nous ferions volontiers un bout de chemin avec la critique moderne : elle fait justice de ce psychologisme facile qui a si longtemps encombré les avenues de la critique ; elle invite à penser que la vérité de l'écrivain est dans son œuvre, et non dans les propos de sa concierge ou de son psychiatre, et que cet écrivain imaginaire dont toute

1. [S. Doubrovsky, *Pourquoi la nouvelle critique ?*,] *op. cit.*, p. 91.

2. [C. Lévi-Strauss,] *Anthropologie structurale*, [Paris, Plon, 1958,] p. 268.

la prestation est de donner un nom à une œuvre est plus réel que le personnage historique dont la biographie expliquerait l'œuvre et au terme dispenserait de la lire[1]. Mais précisément, si la lecture est irremplaçable, la critique ne peut faire aussi bon marché de l'homme qui lit. L'œuvre est un objet qui se suffit à lui-même, mais à condition qu'elle s'accomplisse par l'acte qui la promeut à son existence propre ; et c'est pourquoi elle ne cesse d'en appeler au public ; elle croit en l'homme, | même si son auteur feint de n'y pas croire. Un homme dont la conscience n'est pas donatrice de sens, mais en qui le sens se recueille et s'éprouve, – un homme qui répond à l'œuvre jusqu'à se sentir responsable de son sens, dût-il ne découvrir qu'un visage parmi d'autres de l'œuvre et ne jamais épuiser le sens qu'elle propose. Une machine peut percevoir et enregistrer un message, dès qu'elle est programmée selon le code dans lequel il est transmis, sans le comprendre ; une œuvre requiert l'homme, et cet homme à qui elle s'adresse est plus présent en elle que son auteur. Elle le requiert parce qu'elle a un sens : parce qu'elle dit quelque chose du monde. On ne peut vouloir la mort de l'homme tant qu'on ne veut pas la mort de l'art.

77

1. Cela n'exclut point que l'œuvre puisse être examinée dans sa relation avec le milieu historique et social où elle figure comme « objet de civilisation », selon le mot de Francastel ; mais c'est avec d'autres œuvres, ou avec des institutions qu'elle est alors confrontée : avec la vision du monde qui appartient à l'esprit objectif, et qui en appelle à l'esprit subjectif pour être vécue, non pour être produite. La sociologie de l'art doit garder tous ses droits ; l'histoire où elle situe l'œuvre se déploie à une autre échelle que la petite histoire où se complaisent les biographies.

le devenir dans la mesure où elles se mesurent aux normes du savoir scientifique, par exemple pour s'axiomatiser comme le veut Granger, ou pour produire la théorie de leur pratique comme le veut Althusser. Et de fait, il semble que deux notions fondamentales circulent aujourd'hui dans
80 les sciences humaines, qui prospèrent | dans le climat créé par la logique et la linguistique : les notions de structure et d'inconscient.

Au départ du structuralisme anthropologique, et puisque après la linguistique, c'est surtout dans les sciences sociales qu'il s'exerce, il faudrait d'abord évoquer la notion de culture. Une notion vieille comme le monde, et qui a servi de multiples fins, entre autres la cause de l'homme. Aujourd'hui la culture est beaucoup moins considérée selon la relation à l'homme qui la vit, et qu'elle cultive, que pour elle-même, dans son être. La sociologie française accorde peu d'audience aux recherches de l'anthropologie culturelle américaine, qui portent sur la façon dont la culture, transmise par l'éducation, informe la personnalité de l'individu, et dont cette personnalité réagit sur la culture, non seulement à l'échelle de l'individu, mais à l'échelle de la collectivité, en répondant aux institutions primaires qui la forment par des institutions secondaires où elle s'exprime. Pareillement le fonctionnalisme de Malinowski, qui suivait la leçon de Comte en faisant du biologique un *a priori* pour le social, qui cherchait comment les institutions fonctionnent en assumant des fonctions qui satisfont – en même temps qu'elles les suscitent – des besoins humains, est condamné sans ménagement par Lévi-Strauss. Ce qu'on retient de la culture – et non sans raison, bien sûr – c'est d'abord l'aspect selon lequel elle s'impose à l'homme du dehors, comme une étrangère, souverainement : règle, dit Lévi-Strauss, loi, dit Lacan ; la culture n'a de rapport à l'homme que dans la mesure où elle le contraint, sans qu'on s'intéresse à l'expérience vécue de cette contrainte, sans qu'on réfère non plus la norme à une normativité humaine. La culture a ici la même objectivité, la même autorité, on dirait presque la même inhumanité que le langage ; et Lévi-Strauss justifie ce rapprochement en suggérant d'étudier certaines institutions qui règlent les échanges – de femmes ou de biens – comme le langage par lequel s'échangent des messages, l'attention se portant toujours sur la syntaxe du phénomène, et non sur la sémantique qui introduirait la considération du sens vécu dans les actes individuels ou dans des relations humaines. Sans doute reconnaît-on « l'authenticité » du vécu : Lévi-Strauss | dit fort bien des sociétés archaïques « qu'elles **81** sont fondées sur des relations personnelles, sur des rapports concrets entre individus, à un degré bien plus important que les autres[1] » ; de là sans doute la ferveur avec laquelle, dans *Tristes Tropiques*, il rapporte son expérience vécue d'ethnologue, et la tendresse avec laquelle parfois il décrit la vie des populations primitives. Il fait alors « ce que tout ethnologue essaie de faire devant des cultures différentes : se mettre à la place des hommes qui y vivent, comprendre leur intention dans son principe et dans son rythme, apercevoir une époque ou une culture comme un ensemble signifiant[2] ». Mais il n'en reste pas là : « tout en rendant hommage à la phénoménologie sartrienne, nous n'espérons y trouver qu'un point de départ, non un point d'arrivée[3]. » La science requiert de lui une autre approche : lorsque, à propos de l'étude de la parenté, il considère les attitudes,

1. [C. Lévi-Strauss,] *Anthropologie structurale*, [*op. cit.*,] p. 400.
2. [C. Lévi-Strauss,] *La pensée sauvage*, [Paris, Plon, 1962,] p. 331.
3. *Ibid.*

il prend soin de distinguer « les attitudes diffuses et les attitudes stylisées, obligatoires, sanctionnées par des tabous ou des privilèges[1] », et son propos est alors seulement de chercher comment ces attitudes constituent un « système » qui entre en relation dialectique avec « le système des appellations » : « le système des attitudes constitue plutôt une intégration dynamique du système des appellations[2] ». Les attitudes forment un système parce qu'elles attestent des règles : « des règles de conduite entre parents… qui traduiraient une tentative pour résoudre les contradictions découlant du système terminologique et des règles d'alliance[3] ». Un système se compose avec un autre dans un système total, que c'est l'ambition de l'ethnologue de mettre au jour[4].

Et en effet l'autre aspect de la culture que l'on souligne 82 volontiers, | c'est son caractère de totalité[5], par quoi se confirme qu'elle se suffit à elle-même. Car il ne s'agit pas d'ordonner cette totalité à l'identité de la personnalité en qui la culture s'incarne ; son ressort n'est pas dans l'homme, ni son image. « L'anthropologie, disait Lévi-Strauss en 1957, voit, dans la vie sociale, un système dont tous les

1. [C. Lévi-Strauss,] *Anthropologie structurale*, [*op. cit.*,] p. 46.

2. *Ibid.*, p. 46.

3. *Ibid.*, p. 343.

4. Je n'ai ni l'envie, ni la présomption de critiquer Lévi-Strauss : je suis tout juste capable de comprendre que sa contribution à l'anthropologie est fondamentale. Je cherche seulement à discerner ce que la lecture de ses œuvres a pu enseigner, ou suggérer, à des philosophes aussi peu compétents en anthropologie que moi, et comment cette lecture s'accorde avec une certaine orientation de la philosophie contemporaine, dont Lévi-Strauss est largement l'initiateur.

5. Ce caractère était déjà mis au jour dans la première définition que Taylor a donnée de la culture : « *That complex whole which includes knowledge, belief, art, morals, law, custom, and any other capabilities and habits acquired by man as a member of society.* »

aspects sont organiquement liés… quand elle cherche à construire des modèles, c'est toujours en vue, et avec l'arrière-pensée, de découvrir une *forme commune* aux diverses manifestations de la vie sociale[1]. » L'ambition d'un système, d'un « modèle total », c'est d'être cohérent et saturé, ou si l'on préfère systématique[2], à l'image de certains formalismes ou des machines qui matérialisent ces formalismes : le fonctionnement, si on l'évoque encore, est celui « de la machine sociale[3] » ; et si l'on parle de fonctions, ce n'est point en se référant à la satisfaction des besoins humains, mais au fonctionnement de la machine (Malinowski avait d'ailleurs fort bien vu que, si les institutions sont généralement ordonnées à l'homme, certaines institutions sont au service d'autres institutions dont elles maintiennent la charte et assurent la permanence : la culture a ses propres moyens d'auto-défense).

Ainsi la théorie moderne de la culture retrouve-t-elle la leçon de Comte : l'individu est une abstraction. Et l'on conçoit que, pour l'étude de cette culture conçue comme un système, la méthode structurale soit privilégiée. Qu'est-ce en effet qu'une structure ? Le mot connaît une telle popularité que le concept | a perdu beaucoup de sa rigueur. Mais les **83** maîtres du structuralisme l'entendent au sens précis où l'entendent les mathématiciens, peut-être faut-il écrire :

1. [C. Lévi-Strauss,] *Anthropologie structurale*, [*op. cit.*,] p. 399. Peut-être Lévi-Strauss bifferait-il aujourd'hui l'adverbe organiquement, pour ses résonances vitalistes.

2. « En présence d'une culture déterminée, une question préliminaire se pose toujours : est-ce que le système est systématique ? La question doit être examinée avec une rigueur croissante, au fur et à mesure qu'on s'éloigne de la langue pour envisager d'autres systèmes qui prétendent aussi à la signification, mais dont la valeur de signification reste partielle, fragmentaire ou subjective : organisation sociale, art, etc. » (*ibid.*, p. 58).

3. *Ibid.*, p. 342.

aux sens, car les mathématiciens emploient le mot pour désigner tantôt la relation – « la structure de relation » – qui définit la possibilité pour un ensemble d'être un groupe, tantôt l'ensemble même : la structure est l'ensemble d'entités qui ont entre elles une relation consistante, c'est-à-dire soumise à des axiomes[1]. Déterminer une structure, c'est élaborer un modèle qui satisfasse à certaines conditions, dit de son côté Lévi-Strauss : « en premier lieu une structure offre un caractère de système. Elle consiste en éléments tels qu'une modification quelconque de l'un d'entre eux entraîne une modification de tous les autres[2]. » Dans une science concrète, ce modèle n'est pas arbitrairement choisi : il est construit d'après les faits observés, et pour en rendre compte. Bien entendu « les faits doivent être exactement observés et décrits, sans permettre aux préjugés théoriques d'altérer leur nature et leur importance[3] ». Mais ne se peut-il qu'ils soient choisis et saisis en fonction de ces « préjugés » ? L'ethnologue le plus probe, le plus soucieux du détail concret, ne trouve que ce qu'il cherche. Lévi-Strauss a trouvé plus qu'aucun autre – là où il cherche : les phénomènes qui puissent être assignés à un modèle, qui aient « un caractère de système », qui se situent à un certain niveau stratégique de réalité ; par exemple, tout ce qui donne lieu à la communication, la société même étant définie comme « faite d'individus et de groupes qui communiquent entre eux[4] » : des objets susceptibles d'être échangés comme des biens, ou combinés comme des phonèmes et des morphèmes, ou des mythèmes, ou des

1. [P.] Suppes, *Introduction to Logic*, [Princeton N. J., Toronto-London-Van Nostrand, 1957,] p. 252.

2. [C. Lévi-Strauss,] *Anthropologie structurale*, [*op. cit.*,] p. 306.

3. *Ibid.*, p. 307.

4. *Ibid.*, p. 326.

éléments décoratifs, ou des qualités culinaires, et de façon telle que les combinaisons soient soumises à des règles qui leur confèrent un caractère systématique[1]. Et la culture est précisément faite d'institutions qui imposent des | règles, **84** et qui peuvent faire du modèle un exemple à suivre ; mais encore faut-il que les règles qui régissent le comportement des individus soient aussi des règles qui prescrivent des combinaisons, que les règles du jeu social soient en même temps les règles d'un jeu logique. C'est l'aspect formel du jeu que l'on retient lorsqu'on le définit, à la suite de von Neumann, par « l'ensemble des règles qui le décrivent ». Et l'événement vécu : la partie ? Lévi-Strauss précise que « de ce point de vue, la nature des joueurs (dont les règles *a fortiori* sont indépendantes) est indifférente, ce qui compte étant seulement de savoir quand un joueur peut choisir, et quand il ne le peut pas[2] ». Mais précisément, on peut se demander si quelque chose de la culture – ce par quoi elle est vécue – ne se tient pas hors du niveau que privilégie l'analyse structurale. S'il y a un modèle de l'impôt, y en a-t-il un de la fraude fiscale ? Si les rites sont des règles, la ferveur est-elle de règle ? Et pour emprunter un exemple à Lévi-Strauss, peut-on dire que, si l'on étudie le suicide, « l'analyse des cas individuels permet de construire ce qu'on pourrait appeler des modèles mécaniques de suicides[3] » ? À tel ou tel niveau significatif isolé par le découpage des phénomènes, il se peut que l'approche structurale soit impraticable, sans que la science fasse pour autant faillite.

1. La théorie des modèles statistiques — qui d'ailleurs n'a pas été mise en pratique — nous semble équivoque : ne confond-elle pas régulier et réglé, probabilité et norme ?

2. [C. Lévi-Strauss,] *Anthropologie structurale*, [*op. cit.*,] p. 307.

3. *Ibid.*, p. 312.

Quoi qu'il en soit, l'analyse structurale est assurément la meilleure garantie de scientificité, pourvu qu'on entende la structure en un sens précis, comme le fait Lévi-Strauss, mais pas toujours la littérature scientifique qui se recommande de lui. Mais un problème se pose alors : où situer la structure ? Quel être lui reconnaître ? La réponse la plus simple, dans l'esprit d'une épistémologie rationaliste, est à maintes reprises suggérée par Lévi-Strauss lorsqu'il parle de modèle construit ou de « théorie fabriquée » d'après les faits : c'est de comprendre la structure comme instrument forgé par le savant pour comprendre, en les décodant, la société et la culture, et pour faire apparaître les institutions comme des règles dérivées d'un opérateur caché ; le modèle est alors inventé pour exprimer en | **85** termes intelligibles une réalité par elle-même opaque et muette. Mais cette réponse est trop simple, pour deux raisons. D'abord parce que l'objet à connaître ici n'est pas muet : le sauvage parle, et lui aussi fabrique volontiers des modèles à la demande de l'ethnologue ; ce sont ces modèles que Lévi-Strauss appelle conscients, les normes qui règlent explicitement le comportement. Ces modèles sont déjà des théories : « chaque culture a ses théoriciens, dont l'œuvre mérite autant d'attention que celle que l'ethnologue accorde à ses collègues[1] ». Mais les « normes culturelles ne sont pas automatiquement des structures[2] » : un modèle ne mérite le nom de structure que s'il offre un caractère de système, par quoi il se prête à un traitement mathématique. Et de fait entre le modèle que propose l'indigène et le modèle qu'il élabore lui-même, l'ethnologue trouve souvent, non seulement une distance, mais une contradiction. Doit-il

1. *Ibid.*, [C. Lévi-Strauss, *Anthropologie structurale*, *op. cit.*,] p. 309.
2. *Ibid.*

se dire alors que son propre modèle est seulement un outil qu'il forge et manie à sa convenance ? Non : il dira plutôt que « la structure profonde » est un « modèle inconscient ».

Pourquoi ? Pour la seconde raison qui complique l'épistémologie structurale : parce qu'il veut éviter l'accusation de nominalisme. Il ne veut pas que la structure soit importée du dehors dans les faits pour les rendre intelligibles, il veut – c'est à cette condition que le modèle est « vrai » – qu'elle soit inscrite dans les faits où il la discerne. Comment peut-elle l'être ? Il semble qu'ici l'itinéraire de Lévi-Strauss passe par deux étapes. D'abord, les faits, ce sont des comportements humains : échange, discours, relations sociales ; si la loi structurale qui organise ces comportements n'est pas projetée sur eux par l'ethnologie, si elle doit leur être en quelque sorte intérieure, et si pourtant elle n'est pas conçue par les individus qui la mettent en œuvre, il faut qu'elle soit attribuée à une instance homogène aux faits : à l'inconscient. Les « systèmes de parenté », comme les « systèmes phonologiques », sont élaborés par l'esprit à l'étage de la pensée inconsciente. La science reste ainsi en prise sur la réalité : « la phonologie a su… atteindre des réalités objectives ; | celles-ci consistent **86** en systèmes de relations, qui sont eux-mêmes le produit de l'activité inconsciente de l'esprit[1]. » L'esprit humain, dit ailleurs Lévi-Strauss ; ne voilà-t-il pas l'homme réhabilité, comme sujet psychologique ou comme *cogito* d'un *cogitatum* inconscient ? Prenons garde : l'analogie établie entre systèmes sociaux et systèmes linguistiques déboute l'homme, et l'on voit de quel poids pèse sur la pensée contemporaine une conception du langage qui met la parole entre parenthèses et réduit l'homme à être le lieu

1. *Ibid.*, p. 67.

du langage. « La linguistique nous met en présence d'un être dialectique et totalisant, mais extérieur (ou inférieur) à la conscience et à la volonté. Totalisation non réflexive, la langue est une raison humaine qui a ses raisons, et que l'homme ne connaît pas … Le discours n'a jamais résulté d'une totalisation consciente des lois linguistiques[1]. » Dès lors, l'esprit n'est pas le propre d'un sujet, transcendantal ou psychologique ; il est impersonnel, et il est vain « de s'installer dans les prétendues évidences du moi » ; l'esprit à l'œuvre dans la langue, qui n'appartient à personne, se confond avec ce qu'il produit, comme l'esprit objectif de Hegel. On oserait dire que la vérité de l'esprit conscient est dans l'esprit inconscient : un inconscient qui n'est rien d'autre que l'ensemble « des lois intemporelles de structure[2] » ; ou si l'on préfère, qui est l'institution même, la culture. Ainsi l'esprit est-il objectivé. Et par là est garantie la véracité de la connaissance : elle atteint la chose même, parce que la chose, c'est l'esprit, c'est-à-dire le système des lois que la connaissance découvre. La pensée est dans les choses, ou aussi bien dans les faits sociaux ; car, de même qu'il faut bien considérer les faits sociaux comme
87 des | choses, Lévi-Strauss l'a retenu de Durkheim, les choses, à leur tour, sont comme des faits sociaux : habitées par des structures qui ont des relations pour matière

1. [C. Lévi-Strauss,] *La pensée sauvage*, [*op. cit.*,] p. 334.

2. [C. Lévi-Strauss,] *Anthropologie structurale*, [*op. cit.*,] p. 224. On retrouve la même formule chez Foucault : « l'inconscient possède – ou plutôt *est* lui-même – une certaine structure formelle » ([M. Foucault,] *op. cit.*, p. 391). Et lorsque Foucault exalte « le prestige d'une ethnologie qui, au lieu de se définir d'abord par l'étude des sociétés sans histoire, chercherait délibérément son objet du côté des processus inconscients qui caractérisent le système d'une culture donnée », pourquoi le conditionnel ? N'est-ce pas à Lévi-Strauss qu'il rend hommage ici sans le nommer ?

première ; et Lévi-Strauss, étudiant par exemple les espèces animales ou végétales, opère souvent le passage des faits sociaux aux choses. Du même coup, la pensée du savant qui découvre la pensée dans les choses n'est que le lieu où cette pensée se réfléchit. Lorsque Lévi-Strauss écrit que les mythes se pensent entre eux, il veut être pris à la lettre : ce n'est pas lui qui pense les mythes comme se pensant entre eux ; ce n'est pas lui non plus qui pense les règles de parenté, ce sont les règles de parenté qui s'instaurent à travers les sociétés archaïques et qui se pensent en lui. La structure n'est pas la vérité de la chose, encore moins une vérité sur la chose, elle est la chose même dans sa vérité. Nous retrouvons sans peine ici le dogmatisme idéaliste propre à la philosophie contemporaine.

Mais Lévi-Strauss n'en reste pas là. Après avoir objectivé la pensée humaine dans l'institution, il esquisse, dans *La pensée sauvage*, une seconde démarche pour en faire, plus radicalement encore, un objet. L'idéalisme se convertit alors en matérialisme. La chose, c'était l'esprit, pour autant que chose et esprit s'identifient tous deux à la structure, comme la chose est concept dans une philosophie du concept. Mais pourquoi ne pas intervertir les termes et dire que l'esprit est chose, ou que la *pensée sauvage* est une fleur, ou que la structure est matérielle ? Lorsqu'on considère les messages dans leur existence objective pendant leur période de transmission, « l'univers de l'information est une partie, ou un aspect du monde matériel[1] ». L'information exemplaire, c'est finalement celle qui circule entre les cellules, utilisant par exemple le code génétique. Le fonctionnement de l'esprit, c'est l'activité des cellules du cortex cérébral. « Comme l'esprit

1. [C. Lévi-Strauss,] *La pensée sauvage*, [*op. cit.*,] p. 356.

aussi est une chose, le fonctionnement de cette chose nous instruit sur la nature des choses[1]. » Mais ce *nous* n'est-il pas de trop ? La connaissance est un rapport de chose à chose, où le sujet n'a plus de place ni d'emploi.

88 | Car ce structuralisme a deux conséquences, qu'il accepte résolument comme prix de la scientificité. En dissolvant l'objet auquel il substitue un réseau de relations, il dissout le sens, et il dissout l'homme. Le sens : bien sûr, si l'on entend par là le sens vécu dans la perception que la phénoménologie recueille et décrit, il y a longtemps que les sciences de la nature l'ont répudié. Mais les sciences de l'homme peuvent-elles oublier que l'homme en vit, même quand il est savant ? Ce sens, nous l'avons dit, Lévi-Strauss sait parfaitement en saisir la présence et la prégnance, là où il n'est pas contesté, chez les sauvages, par exemple lorsqu'il décrit leur savoir, un savoir tout mêlé à la perception, « ce savoir désintéressé et attentif, affectueux et tendre, acquis et transmis dans un climat conjugal » qu'il retrouve aujourd'hui chez les gens du cirque et les employés des zoos – personnages giralduciens ! « Sens plein », dit-il, qui transcende la distinction du réel et de l'imaginaire, et dont il semble regretter qu'aujourd'hui nous ne sachions plus guère « qu'évoquer le fantôme sur la scène réduite du langage figuré[2] ». Mais cette nostalgie bachelardienne ne doit pas nous tromper : Lévi-Strauss entend vider ce sens qui est « toujours réductible[3] ». Après qu'il a été donné dans une phénoménologie de départ, si l'on veut encore le goûter, ce doit être après coup, après l'opération de la science qui l'a « décortiqué », comme

1. *Ibid.*, [C. Lévi-Strauss, *La pensée sauvage*, *op. cit.*,] p. 328.
2. *Ibid.*, p. 351.
3. « Discussion avec Lévi-Strauss », *Esprit*, nov. 1963, p. 637.

« une saveur spécifique perçue par une conscience quand elle goûte une combinaison d'éléments dont aucun pris en particulier n'offrirait une saveur comparable[1] ». La science exige un appauvrissement sémantique radical : si par exemple la *pensée sauvage* institue un rapport métaphorique entre manger et aimer, cette homologie doit être formalisée en une « conjonction par complémentarité[2] », qui est le plus petit commun dénominateur des deux actes ; de même si tel mythe joue sur l'opposition du haut et du bas, l'analyse structurale doit dépouiller ces termes de leur surcharge polysémique (à laquelle au contraire s'attache un Mircea Eliade) pour ne retenir que leur relation même. Finalement, situer l'objet | dans un milieu d'intelligibilité, c'est renoncer **89** au sens : le sens vécu n'est jamais le bon, et « tout sens est justiciable d'un moindre sens, qui lui donne son plus haut sens[3] ». Mais ce sens ultime est le fait de la structure, « loi contingente » devant laquelle il faut s'incliner. Il y a des structures, et elles se signifient dans l'homme qui ne les pense que parce qu'il se résout en elles.

Car la dissolution du sens implique la dissolution de l'homme : dissoudre l'homme, au lieu de le constituer, c'est « le but dernier des sciences humaines[4] ». L'homme n'est plus le sujet du sens, celui qui l'éprouve et peut-être le crée, mais l'objet du sens, du sens vide d'un système formel identique à l'être-là de la matière. Pourtant le sauvage se défend, et contraint l'ethnologue à une manœuvre. Car le sauvage refuse d'être le lieu anonyme où la structure règne ; il vit un sens plein (et il invite l'ethnologue « à se mettre à sa place » pour le goûter) ; ou

1. *Ibid.*, p. 641.
2. [C. Lévi-Strauss,] *La pensée sauvage*, [*op. cit.*,] p. 140.
3. *Ibid.*, p. 338.
4. *Ibid.*, p. 326.

si l'on préfère, ce qui vit en lui, c'est une culture vivante, riche de toute la richesse du sensible, et où, comme dit Lyotard[1], le monde s'échange avec le monde. Comment dire qu'il est au service de la structure ? L'intimité qu'il a avec un réel sur-signifiant, et qui s'exprime par les pratiques les plus étranges, il faudra la mettre au compte d'un « dandysme intellectuel[2] », et il faudra identifier, au moins dans son principe, une pensée qui recense, classe et combine avec la pensée formelle qui instaure une combinatoire logique. Il faudra même aller plus loin et dire que le sauvage est structurant sans le savoir. Dissoudre l'homme, c'est d'abord l'aliéner dans l'inconscient. Mais l'ethnologue n'est-il pas consciemment structuraliste ? Une certaine philosophie du concept peut alors être invoquée, qui dépossède le sujet pensant et qui donne au concept même l'initiative. Sans doute Lévi-Strauss ne l'invoque-t-il pas ; il poursuit plutôt l'opération de dissolution en suggérant de matérialiser l'inconscient dans les processus cérébraux : c'est alors la nature même qui est non seulement structurée mais structurante : le message que recueille la science est l'épiphénomène d'une information qui circule à travers la matière. Mais, | nous l'avons dit, matérialisme et idéalisme sont deux expressions équivalentes de la même thèse : l'identité du système et de la nature. Ainsi Lévi-Strauss, renonçant à maintenir une opposition radicale entre culture et nature, propose-t-il à la science de « réintégrer la culture dans la nature, et finalement la vie dans l'ensemble de ses conditions physico-chimiques[3] ». Mais il peut en même temps assurer que dissoudre n'est pas réduire : car si la

1. [J.-Fr. Lyotard,] « [Les Indiens ne cueillent pas les fleurs] À propos de Lévi-Strauss », *Annales* 1, 1965 [p. 62-83].
2. [C. Lévi-Strauss,] *La pensée sauvage*, [*op. cit.*,] p. 118.
3. *Ibid.*, p. 327.

pensée est identifiée au système et le système à la nature, le chemin inverse peut être parcouru, la nature peut être identifiée au système et le système à la pensée. Mais ce n'est la pensée de personne. Lévi-Strauss peut bien réhabiliter l'idée d'une nature pensante sans être accusé d'humanisme.

de ce que, suscitées par ce mouvement de pensée qui a mis au centre l'image de l'homme, elles portent aujourd'hui ce mouvement à son terme, en effaçant cet encombrant simulacre. N'allons point croire en effet que ces sciences, auxquelles Foucault joint bientôt la linguistique, étudient l'homme et nous en proposent une théorie. Ce ne sont **92** point des sciences de | l'homme, mais plutôt des « contre-sciences », dont la vocation est de défaire l'homme. Ce que la psychanalyse (pour nous limiter maintenant à elle) explore, ce sont les figures de la finitude : Mort, Désir, Loi. Or – c'est là un thème central chez Foucault – la finitude est devenue le transcendantal. Mort, Désir, Loi « désignent les conditions de possibilités de tout savoir sur l'homme[1] », et, loin de dire quelque chose de l'homme, ce « qui permet à l'homme d'être connu » est en même temps ce qui lui interdit d'être à jamais, pour lui-même, objet de la connaissance, ce qui récuse le concept d'homme. Les sciences de l'inconscient sont telles « non parce qu'elles atteignent en l'homme ce qui est au-dessous de sa conscience, mais parce qu'elles se dirigent vers ce qui, hors de l'homme, permet qu'on sache, d'un savoir positif, ce qui se donne ou échappe à sa conscience[2] ». *Hors de l'homme* : c'est toute la question. Pourquoi faut-il que le transcendantal soit désormais situé hors de l'homme et lui interdise le statut d'un sujet transcendantal ? Pourquoi l'homme n'est-il pas défini par sa finitude même ? Je reviendrai sur cette question. On voit bien, en tout cas, à quoi cette affirmation conduit Foucault. D'abord, évidemment, à souligner que le *cogito*, perdant sa belle transparence et sa souveraineté, devient opaque à lui-même, toujours hanté par la nuit insistante de l'impensé. Mais

1. [M. Foucault,] *Les mots et les choses*, [*op. cit.*,] p. 386.
2. *Ibid.*, p. 390.

davantage : à situer cet impensé hors de lui, à le définir comme son double proche, mais étranger, « l'Autre, qui n'est pas en lui, mais lié à lui dans une dualité sans recours[1] ». Et certes, il n'est pas difficile de montrer que l'étude positive de la vie, du travail et du langage – les trois termes sur lesquels nous avons vu que s'articule toujours l'analytique de la finitude – fait apparaître l'inconscient : quelque chose qui échappe à l'homme, qui le porte, qui le surplombe, qui l'inspire sans jamais lui appartenir totalement, quelque chose même qui l'arrache à soi, comme la Mort, le Désir, le Langage. Mais il est difficile peut-être, pour consacrer l'altérité radicale de l'inconscient où l'homme doit se perdre dans l'inhumain, de rompre totalement les liens qui | unissent l'homme à **93** *son* désir ou aux œuvres de *son* travail. On ne le peut qu'à condition d'annuler les différences entre vie, travail et langage, et de concevoir ces trois instances sur le modèle encore une fois privilégié du langage. C'est pourquoi la Loi, dans la trilogie des expressions de la finitude : Désir, Mort, Loi, n'est pas un instant évoquée comme loi sociale, témoin d'une transcendance de la société par rapport à l'individu, ni comme loi morale, témoin de l'autorité de quelque faculté supérieure, comme disait Kant, dans le sujet transcendantal; elle est appelée, mystérieusement, « Loi-Langage ». Ce n'est pas seulement qu'il y a des lois du langage, c'est que le langage fait la loi : il la fait dans la psychanalyse moderne. L'inconscient aujourd'hui est en effet toujours posé en référence au langage, selon ce qu'enseigne la linguistique, qui « ne parle pas plus de l'homme que la psychanalyse ou l'ethnologie[2] ».

1. *Ibid.*, p. 337.
2. *Ibid.*, p. 393.

Tel est bien en effet le leitmotiv majeur du néo-freudisme, dont la charte est le texte de Lacan : « fonction et champ de la parole et du langage en psychanalyse ». Mais quoi ! La parole ici est jointe au langage : va-t-on nous annoncer le retour de l'homme, un retour à l'homme ? La psychanalyse n'y invite-t-elle pas dans la mesure où elle est une thérapeutique, sollicitée par un « sujet » qui veut en avoir pour son argent et ne paie pas pour être dissous ? Foucault pouvait se permettre de passer un peu vite sur cet aspect de la psychanalyse (qui l'obligeait au moins à évoquer au passage « l'individu »), un psychanalyste ne le peut pas. S'il se réfère au langage, il ne se peut qu'il n'évoque le sujet parlant. De fait, Lacan a parfaitement conscience de « la *responsabilité* de l'analyste » chaque fois qu'il intervient par la parole : « la fonction décisive de ma propre réponse n'est pas seulement comme on le dit d'être reçue par le sujet comme approbation ou rejet de son discours, mais vraiment de le reconnaître ou de l'abolir comme sujet[1] ». Il reconnaît par là le pouvoir de la parole, capable, « par le don qu'elle constitue », de « transformer le sujet à qui elle s'adresse[2] ». Et en même 94 | temps il fait droit à la subjectivité : les sciences de l'homme sont « les sciences de la subjectivité[3] ». D'une « subjectivité créatrice », qui « milite dans la culture[4] » ; car Lacan n'admet point que « notre culture se poursuive dans les ténèbres extérieures à la subjectivité créatrice ». Il refuse aussi bien – loué soit-il ! – que la fin de la cure soit, comme pour la psychanalyse américaine, de remettre l'individu

1. [J. Lacan,] « Fonction et champ de la parole et du langage en psychanalyse », *in* [J. Lacan,] *Écrits*, [Paris, Seuil, 1966,] p. 299.

2. *Ibid.*, p. 296.

3. *Ibid.*, p. 285.

4. *Ibid.*, p. 283.

en communication avec la collectivité où il s'aliène et de le rallier au conformisme régnant. La fin de la cure est ailleurs, dans le salut de la subjectivité par la découverte de « sa vérité » : « l'analyse ne peut avoir pour but que l'avènement d'une parole vraie et la réalisation par le sujet de son histoire dans sa relation à un futur[1] ». Sommes-nous si loin de Sartre ? L'homme n'est-il pas sauvé comme sujet irréductible, qui a sa vérité et son destin propres ? Mais alors, faut-il dire que les prophètes de la mort de l'homme se trompent sur le compte de Lacan quand ils se recommandent de lui ? Faut-il dire que Lacan se trompe sur lui-même lorsque, en même temps qu'il invoque la subjectivité, il se recommande de Saussure et de Lévi-Strauss, lorsqu'il propose de prendre la linguistique « comme guide » pour avancer vers « une anthropologie authentique[2] » ?

Mais c'est peut-être nous qui nous trompons si nous pensons que cette anthropologie lacanienne va vraiment faire droit à l'homme, sous les espèces d'un *ego* parlant, ou d'un être de désir, ou d'un inconscient singulier. En premier lieu, dans la philosophie qui sous-tend cette psychanalyse, le réel est dévitalisé. Or il nous semble (et nous tenterons de le justifier plus tard) qu'on ne peut prendre l'homme au sérieux que si l'on prend d'abord au sérieux le réel. Parce que l'homme est au monde, et ne s'affirme, par la *praxis* autant que par la parole, que dans sa relation polémique avec le monde. L'idéalisme n'a guère souci de l'homme. Et précisément, quel que soit le sort que le freudisme fasse au principe de réalité, Lacan ironise sur l'analyste qui « préfère se rabattre sur son Moi, et sur

1. *Ibid.*, p. 302.
2. *Ibid.*, p. 284.

95 la réalité | dont il connaît un bout[1] ». Pour sa part, dans la stratégie de la cure, il ne cherche pas tellement à remettre le sujet au contact du réel ; il note bien que Freud « commence par introduire le patient à un premier repérage de sa position dans le réel[2] », mais ce n'est pour lui qu'un premier pas, et le développement du transfert montre aussitôt qu'il s'agit « de bien autre chose que des rapports du Moi au monde ». Lacan souscrit en effet à cette philosophie idéaliste du concept dont nous avons vu l'empire : « par ce qui ne prend corps que d'être la trace d'un néant et dont le support dès lors ne peut s'altérer, le concept, sauvant la durée de ce qui passe, engendre la chose. Car ce n'est pas encore assez de dire que le concept est la chose même, ce qu'un enfant peut démontrer contre l'école. C'est le monde des mots qui crée le monde des choses[3]. » Et, tant qu'à faire, le langage constitue l'homme aussi : « l'homme parle donc, mais c'est parce que le symbole l'a fait homme[4] ». On voit qu'ici encore voisinent concept et langage, sans d'ailleurs que soit particulièrement éclairé – porté au concept, comme on dit aujourd'hui – le rapport du concept au mot, assez toutefois pour que nous discernions dans quel contexte philosophique l'accent est mis sur le langage.

En second lieu, l'inconscient, qui est « tout l'objet de la psychanalyse », est dépersonnalisé : le problème de l'être de l'inconscient est tout entier reporté sur le langage ; le langage est toujours cet objet extérieur à la conscience, anonyme, opaque et lourd de sens, qui non seulement illustre l'inconscient, mais qui le constitue. Comme chez

1. [J. Lacan,], « La direction de la cure et les principes de son pouvoir », *ibid.*, p. 591.

2. *Ibid.*, p. 596.

3. [J. Lacan,] « Fonction et champ… », *ibid.*, p. 276.

4. *Ibid.*

Lévi-Strauss, on passe délibérément de l'idée que les lois du langage sont inconscientes (sans qu'on ait d'ailleurs considéré l'apprentissage de ces lois, à quoi la conscience peut-être n'est pas étrangère) à l'idée que ces lois constituent l'inconscient ; et pareillement passe-t-on des lois du langage, innocemment formulées par la linguistique, au langage de la loi. Pour que lui soit identifié l'inconscient, le langage | est en effet investi d'une dignité extraordinaire, et – de **96** Foucault à Althusser – ses noms auréolés de majuscules : il est la Loi[1], il est l'Ordre ; une législation dont « l'efficace est absolu », plus impérieuse et tout aussi formelle que l'impératif catégorique, car « cette Loi fait, comme Loi, abstraction de tous les contenus, n'existe et n'agit comme Loi que par et dans cette abstraction[2] ». Tel est « l'Ordre du signifiant, indifférent aux signifiés ; et le discours de cet Ordre… c'est le *discours de l'inconscient*[3] ». Oui, cette forme, qui est discours (mais comment l'est-elle, ailleurs que dans les formalismes logiques ?), c'est l'inconscient lui-même. L'inconscient qui se trouve ainsi purgé de toute référence à la réalité individuelle, qui

1. *Cf.* [J.] Lacan, « La loi de l'homme est la loi du langage » (*ibid.*, p. 272.) ; elle s'impose « au nom du père » (*ibid.*, p. 278.), elle est le père ou le phallus qui le symbolise.

2. [L.] Althusser, « Freud et Lacan », *La Nouvelle Critique*, déc. 1964, p. 17. Ce primat de la structure formelle du langage rend-il compte de « l'hominisation forcée du petit animal humain » mieux que les patientes études de l'anthropologie culturelle ? Les « modalités empiriques de cet Ordre constituant » ne sont-elles que « menue monnaie » ? Althusser exprime, en note, un remords dont l'aveu pourrait apaiser les mânes de Marx. « La loi de culture, dont le langage est la forme et l'accès premiers, ne s'épuise pas dans le langage : elle a pour contenu les structures de la parenté réelles, et les formations idéologiques déterminées dans lesquelles les personnages inscrits en ces structures vivent leur fonction » (*ibid.*, p. 16).

3. *Ibid.*, p. 18.

devient « transindividuel », qui « est le discours de l'autre[1] ». Comme dit Lacan « de façon simple » (une fois n'est pas coutume !) : « l'inconscient est cette partie du discours concret en tant que transindividuel, qui fait défaut à la disposition du sujet pour rétablir la continuité de son discours conscient[2] » ; et c'est pourquoi la cure consistera à combler ce défaut, à « libérer la parole du sujet », à lui restituer « une parole pleine ».

La lui rendra-t-on en l'initiant à la structure formelle du langage ? C'est douteux. Au reste, Lacan nous en avertit, c'est le discours concret qu'il faut considérer. Ne sommes-nous pas invités à sortir du formalisme, à rendre au discours, sinon une individualité, du moins un contenu ? Regardons mieux. D'abord, la notion de langage risque de se brouiller. Car ce qui atteste | l'inconscient, Freud l'a assez dit, ce sont les symptômes, qui sont ici « les signifiants d'un signifié refoulé dans la conscience du sujet[3] » : rêve, acte manqué, tic, mot d'esprit. Ces symptômes sont des symboles, ou des signifiants, mais qui ne sont pas nécessairement verbaux : une image n'est pas un mot, un rêve n'est pas une chaîne verbale. L'être de l'inconscient, si l'inconscient est le système ou l'ordre des signifiants, ne coïncide donc pas entièrement avec l'être du langage, même si, parmi les symptômes, on accorde comme Lacan une place privilégiée au mot d'esprit. Certains disciples de Lacan l'ont reconnu plus volontiers peut-être que le maître : « quant au *statut ontologique de l'inconscient* ainsi constitué, faut-il rappeler que, si c'est un statut de langage, ce langage ne peut absolument pas être assimilé à notre

97

1. [J. Lacan,] *Écrits*, [*op. cit.*,] p. 265.
2. *Ibid.*, p. 258.
3. *Ibid.*, p. 280.

langage verbal[1] ? ». Qu'importe cette extension du concept de langage ? Pour qu'on puisse parler de « la langue première des symboles », il suffit, à la formule trop stricte : l'inconscient est discours, d'en substituer une plus souple, et dont on connaît la fortune dans certains cercles : « l'inconscient a la structure radicale du langage[2] ». Commentaire d'un disciple : même si l'on doit admettre l'antériorité de certains signifiants non verbaux, même si la matière spatiale de l'image impose, dans le rêve, des conditions très particulières au procès de signification, « les *rapports structuraux* qui intéressent l'analyste sont appréhendables sans distorsion en amenant à jour le discours implicite de l'image[3] ». C'est donc la structure qui importe : le formalisme est sauvé, et l'on pourra toujours se réclamer, sinon du discours, du moins du vocabulaire de la linguistique, pour nommer, dans la combinatoire du rêve, métonymie le déplacement, et métaphore la condensation. Ira-t-on beaucoup plus loin sur cette voie ?

Mais encore une fois, à ce discours dont on saisit la forme, peut-on dénier tout contenu ? Qui va remplir cette parole, si l'on veut qu'elle soit pleine, sémantiquement aussi bien que | grammaticalement, et qu'elle donne au **98** psychanalyste quelque chose à déchiffrer ? Le Désir. Ce qui apparaît dans les symboles, c'est « le langage premier du Désir » ; autrement dit le Désir est « le sens singulier du discours de l'inconscient du sujet humain[4] ». Faut-il saluer ici un retour au sens, et à l'homme qui le vit ? Prenons

1. [J.] Laplanche et [S.] Leclaire, « l'Inconscient », *Temps modernes*, 1961, p. 118.

2. [J. Lacan,] « La direction de la cure… », *op. cit.*, p. 594.

3. [M.] Tort, « De l'interprétation, ou la machine herméneutique » [1], *Temps modernes*, 1966, [n° 237,] p. 1484.

4. [L.] Althusser, [« Freud et Lacan »,] art. cit., p. 17.

garde encore une fois. À être le sens d'un discours, voilà déjà le désir bien formalisé : il n'est qu'apparemment biologique, il se distingue radicalement du besoin organique d'essence biologique ; ce Désir a les mains pures, comme on l'a dit à propos d'un autre formalisme. Quel est en effet l'objet du Désir ? Deux réponses nous sont offertes : c'est le langage, et c'est l'Autre. Le langage – le vrai, celui de la linguistique – n'est pas tout bonnement pour le Désir un moyen d'expression, comme lorsqu'on raconte un rêve, il est le ressort même du Désir : « le Désir est moins passion pure du signifié que pure action du signifiant[1] ». Mais ce signifiant doit se dire, et c'est en l'Autre comme lieu de la parole qu'il se dit : le Désir se tourne donc vers l'Autre (la majuscule désigne le psychanalyste visé par le transfert). De plus, comme ce signifiant désigne une absence, – le signifié n'est jamais là dans ce qui le nomme – le Désir signifie le manque à être (la minuscule sur être dissimule une présence absente, celle de Heidegger) : si le rêve « est la métaphore du Désir », « le Désir est la métonymie du manque à être[2] ». Comme il se peut que cette théorie du Désir paraisse obscure, citons plus longuement :

« – si le Désir est un effet dans le sujet de cette condition qui lui est imposée par l'existence du discours de faire passer son besoin par les défilés du signifiant ;

– si d'autre part… en ouvrant la dialectique du transfert, il faut fonder la notion de l'Autre avec un grand A, comme étant le lieu de déploiement de la parole (l'autre scène, *eine andere Schauplatz*, dont parle Freud dans la *Traumdeutung*) ;

1. [J. Lacan,] « La direction de la cure… », *op. cit.*, p. 629.
2. *Ibid.*, p. 622 et 623.

– il faut poser que, fait d'un animal en proie au langage, le Désir de l'homme est le Désir de l'Autre[1] » – de l'Autre non | pas en tant qu'il est désirable, mais en tant qu'il est **99** lui-même manque à être, victime « de la même béance ouverte par l'effet des signifiants[2] ». Car il nous faut encore introduire le manque à être, un manque qui est moins ontologique, encore moins ontique, que linguistique : « le Désir est ce qui se manifeste dans l'intervalle que creuse la demande en deçà d'elle-même, pour autant que le sujet en articulant la chaîne signifiante, amène au jour le manque à être avec l'appel d'en recevoir le complément de l'Autre, si l'Autre, lieu de la parole, est aussi le lieu de ce manque[3] ». Mais pourquoi ce manque, ainsi lié au langage ? N'est-ce point parce que l'inconscient n'est que discours, comme un célèbre perroquet : « tu causes… » ? Et parce que la quête du signifiant est substituée à la quête du signifié, abandonnée au « biologique » ? Toutefois n'allez pas croire, comme je l'ai suggéré un peu vite, qu'à être ainsi suscité par le signifiant, le Désir soit émasculé. Car le signifiant suprême, celui qui livre « la clef de ce qu'il faut savoir pour terminer ces analyses[4] », c'est le phallus, « un signe du Père, un signe du droit, un signe de la Loi, autour de qui le langage de l'inconscient se centre tout entier », comme dit Althusser[5]. Mais ce phallus, réduit au statut de signifiant, il ne s'agit pas pour le sujet de l'avoir (ce qui « ne va pas de soi pour une femme »), ni d'en faire quelque chose, mais de « l'être[6] ».

1. *Ibid.*, p. 628.
2. *Ibid.*
3. *Ibid.*, p. 627.
4. *Ibid.*, p. 630.
5. [L.] Althusser, [« Freud et Lacan »,] art. cit., p. 18.
6. [J. Lacan,] *Écrits*, [*op. cit.*,] p. 632.

Le sujet le sera-t-il jamais ? Ou bien le vide d'un langage dont on a cherché l'essence formelle le voue-t-il à rester manque, et à n'assumer que son « être-pour-la-Mort » ? Dans la doctrine, en tout cas, il lui faut payer son salut de son décentrement. Sa réalité, il la tient du discours, de ce « discours concret en tant que champ de la réalité transindividuelle du sujet[1] ». « La relation du Désir à cette marque de langage (que sont "les mécanismes dits inconscients") spécifie l'inconscient freudien et décentre notre conception du sujet[2] » ; le sujet a sa conscience de soi ailleurs, dans le discours ; il n'est atteint que | [100] « décentré de la conscience de soi[3] ». Même si sa parole est pleine, il nous semble que le sujet est aliéné dans le langage. Au reste, sur le sort que le néo-freudisme fait à la subjectivité, l'équivoque est levée chez les épigones qui, pour n'avoir pas affaire à des patients, peuvent être plus intransigeants. « Le décentrement du sujet, dit Tort, consiste… à supprimer le centre en lui-même comme organisation, pôle, noyau, profondeur, source… Le sujet apparaît, dans la connaissance et dans le Désir, comme n'étant pour rien dans le déroulement rigoureux de ces opérations, seule position que, d'une manière générale, il puisse, comme y insiste J. Lacan, revendiquer[4]. » C'est pourquoi Tort refuse avec énergie qu'on puisse dédoubler le sujet et isoler un sujet transcendantal responsable de la connaissance : le sujet de la connaissance n'est pas plus responsable que le sujet du Désir. Non que le premier doive être conçu à l'image du second ; c'est bien plutôt l'inverse : le néo-freudisme

1. *Ibid.*, [J. Lacan, *Écrits*, *op. cit.*,] p. 258.

2. *Ibid.*, p. 622.

3. *Ibid.*, p. 292.

4. [M. Tort, « De l'interprétation, ou la machine herméneutique »,] art. cit., p. 1492.

s'inspire d'une philosophie de la connaissance qui a déjà liquidé le sujet. Y a-t-il d'ailleurs un avenir pour le sujet, un progrès qui le rende maître du langage dont il est la proie ? « Que, sur d'autres points (autres que les investissements qui témoignent de la perpétuation de la chaîne inconsciente), le sujet ne soit plus le même, qu'il ait progressé, c'est ce qui n'importe absolument pas au psychanalyste[1] ». Reconnaissons que ce n'est pas un psychanalyste qui le dit ! Mais ce disciple vend allégrement la mèche…

1. [M. Tort, « De l'interprétation, ou la machine herméneutique », 2, *Temps modernes*, 1996, n° 238,] p. 1641.

LA PHILOSOPHIE DE L'HISTOIRE

Le poids de l'inconscient immobilise l'homme. Il se peut que l'homme n'ait pas d'histoire, du moins que toute téléologie soit vaine, qui ferait de l'histoire le lieu d'un progrès. C'est en effet un autre leitmotiv de la philosophie contemporaine que de contester ou de négliger l'histoire, c'est-à-dire le lieu où l'homme est toujours engagé dans un débat avec le monde et avec lui-même, où il s'affirme et où depuis Hegel il tâche à se penser. Ce refus de l'histoire est profondément lié au reniement de l'homme. Car une philosophie de l'homme, nous le répéterons encore, ne peut être que réaliste, elle doit faire droit à l'histoire, à la contingence et à la pesanteur de l'événement, à sa nécessité brute, exactement comme elle doit faire droit au corps qui est, selon une célèbre formule, « la forme contingente que prend la nécessité de notre contingence ». Pour l'homme, pas d'historicité sans histoire : sans cette histoire positive, objet d'un savoir positif, de tout ce que l'homme trouve devant lui lorsqu'il agit et laisse derrière lui sitôt que ses actes lui échappent et se retournent contre lui. Cette historicité annonce à l'homme sa finitude, au cœur de laquelle peut apparaître le transcendantal. Et précisément, de façon symétrique, une philosophie de l'histoire doit faire droit à l'homme : il est, et sous les espèces de l'individu, l'agent de l'histoire, comme il est le corrélat du monde, en même temps qu'il est pris dans l'histoire, comme il l'est dans le monde; la notion d'historicité exprime cette situation ambiguë d'un être qui est à la fois sujet et objet de l'histoire, pour parler en des termes qu'Althusser désavoue | énergiquement[1]. Or, c'est bien d'un même mouvement que la philosophie contemporaine dénonce à la fois l'idée de l'homme et l'idée de l'histoire. Mais ce mouvement s'oriente en sens inverse selon qu'il s'agit de Heidegger ou de la philosophie du concept. Chez Heidegger, qui semble d'abord faire la part belle à l'homme comme historique, c'est paradoxalement l'historicité de l'homme qui revient à subtiliser l'histoire, et du coup à émasculer l'homme. Pour la philosophie du concept, c'est l'exclusion de l'histoire réelle, dont s'accommode mal la pureté du concept, qui suggère l'élimination de l'homme comme capable d'histoire.

102

Heidegger en effet, méditant sur les rapports de la *Geschichte* et de l'*Historie*, et cherchant le fondement de l'histoire dans l'historicité de l'homme, en vient à privilégier l'historicité aux dépens de l'histoire : l'histoire perd sa positivité, elle cesse d'être ce destin qu'elle figurait chez Hegel, cet irrécusable être-là de l'événement où la conscience doit reconnaître son autre, et l'historicité dispense l'homme d'être la proie, en même temps que l'agent, de l'histoire, et elle semble se réduire à assumer les extases de la temporalisation. Alors l'homme lui-même, qui n'est plus lesté par le poids de l'histoire, bientôt se

1. *Cf.* [L. Althusser,] *Lire le Capital*, [*op. cit.*,] I, p. 69, et *passim*.

dissipe et s'évanouit : c'est le temps, plutôt que la conscience, qui temporalise, et l'historicité est assignée à l'Être, selon qu'il se révèle ou se dissimule; les éclipses du feu ontologique déterminent les époques d'une histoire dont l'Être a l'initiative et où, à travers l'homme, il se met en question. Quant au néo-positivisme, il évoque plus volontiers la science que l'Être, et l'histoire que l'historicité; mais il en vient aussi à débouter l'homme parce qu'il se refuse à lier l'histoire à l'historicité de l'homme; la seule historicité qui le concerne est celle du système; et parce que le système semble échapper à l'histoire, si l'on fait une histoire, ce sera une histoire sans historicité : une histoire qui a honte d'elle-même comme elle a honte de l'homme.

Cette répudiation de l'histoire concrète apparaît d'abord avec la philosophie du concept, toujours tentée de penser *sub specie* | *aeterni*. Le système est intemporel, les **103** déductions n'y sont pas des successions, ni les conséquences des séquences, sa genèse n'est pas une naissance. Le logique est irréductible au chronologique, la logique est « absolue » : alors que le vrai – la vérité matérielle – doit être laborieusement conquis sur l'erreur et l'illusion, et se trouve toujours remis en question, le valide – la vérité formelle – vaut de tous temps, même s'il n'est pas formulé. Si la logique comme discipline a en fait une histoire, cette histoire est l'image mobile de l'éternité; elle constitue le reflet dans le temps d'un mouvement logique – « enchaînements essentiels » dialectique du concept – qui de droit n'appartient pas au temps. Il y a un en-soi du système qui n'est pas subordonné à un pour-nous : telle est sans doute, dans la querelle des universaux que le positivisme logique a ranimée, l'affirmation du « réalisme » où Quine salue l'ancêtre du moderne « logicisme[1] ». L'indépendance principielle du logique par rapport à l'historique, et donc par rapport à une subjectivité historique, c'est en tout cas ce que Cavaillès oppose à Husserl. Car Husserl maintient l'histoire dans ses droits et sauve la subjectivité : « l'Idée, dit Derrida, n'est pas un absolu existant *d'abord* dans la plénitude de son essence et descendant en une histoire où il se révélerait à une subjectivité dont les actes ne lui seraient pas intrinsèquement indispensables[2] ». Son historicité profonde, l'Idée la tient de la subjectivité transcendantale, qui est une subjectivité concrète et historique, dont la Raison « est une forme de structure essentielle et universelle[3] ». Sans doute le concret garde-t-il ici ses distances à l'égard de l'empirique, et la subjectivité à l'égard du sujet : son historicité est une historicité rationnelle, celle d'une « vie constituante universelle », et **104** l'histoire qu'elle fonde et dans laquelle elle | s'insère est l'histoire du *logos* animée par la téléologie de la Raison. Par contre, comme dit Derrida, « l'histoire empirique ne se distingue pas essentiellement d'une non-histoire[4] ». Ainsi Husserl, à l'avance, défère aux exigences de Cavaillès. Mais ne peut-on dire, inversement, que l'histoire rationnelle

1. [W. V. O.] Quine, *From a logical point of view*, [Cambridge, Harvard Univ. Press, 1953,] p. 14. Certes, la philosophie du concept se refuse à des « engagements ontologiques » présomptueux et inutiles; son réalisme du formel n'est pas naïf; mais elle affirme au moins que la logique est contraignante, et que ses normes ne sont pas produites par une subjectivité historique et subordonnées à l'histoire.

2. [J. Derrida,] Introduction à [E. Husserl,] *L'origine de la géométrie*, [Paris, P.U.F., 1962,] p. 156.

3. [E. Husserl,] *Méditations cartésiennes*, trad. [G. Peiffer et E.] Levinas, [Paris, Vrin, 1953,] p. 48.

4. [J. Derrida, Introduction à E. Husserl, *L'origine de la géométrie*,] *op. cit.*, p. 143.

du concept est une non-histoire ? Car où est ici le poids de l'histoire vécue ? Cette historicité qui ouvre l'histoire pure du sens, comme l'opération idéaliste « du penser pur » qui instaure la géométrie, est en quelque sorte sans histoire ; et la subjectivité constituante, qui n'est aussi constituée et passive que dans la mesure où se sédimente le sens qu'elle constitue, n'est pas encore tout à fait une subjectivité humaine, son présent vivant n'est pas tout à fait temporel dans la mesure où lui est épargnée la promiscuité avec le devenir des choses ; il est plutôt la forme universelle d'une conscience qui n'est pas compromise par ses contenus. La philosophie du concept a peine à inscrire l'activité conceptualisante dans une histoire concrète.

Elle a peine aussi à y inscrire la *praxis* humaine. Car elle est toujours tentée de méconnaître ce qui, selon Foucault, vient à la lumière au XIXe siècle : « une forme nue de l'historicité humaine – le fait que l'homme en tant que tel est exposé à l'événement[1] ». En effet ce qui, dans la pensée moderne, dresse un barrage contre la montée de l'histoire, ce n'est pas seulement, comme le dit Foucault, l'analytique de la finitude, lorsque cette analytique se donne pour transcendantale et prétend fonder les positivités, c'est d'abord, et chez Foucault lui-même, la volonté de promouvoir le système et de le protéger contre l'érosion de l'histoire, jusqu'à le soustraire à l'initiative toujours incertaine de l'homme. Et comment ? En situant le système, immobile et immuable, au cœur même du réel, et en tenant pour superficielle et négligeable la contingence de l'événement qui risquerait de l'altérer. Et s'il s'altère quand même ? Faute de pouvoir nier l'histoire, tantôt on l'escamote en ne considérant que des états successifs du système sans

1. [M. Foucault,] *Les mots et les choses*, [*op. cit.*,] p. 381.

s'interroger sur le passage d'un état à l'autre, tantôt on la 105 neutralise en la logicisant, | en la réduisant au devenir interne du système qui obéit à sa propre logique : entreprises fort légitimes, à condition qu'elles aient conscience des limites qu'elles s'imposent, et que la totalité, comme dirait Sartre, ne dissimule pas la totalisation.

Ces deux entreprises, sur le plan de la science, ont été poursuivies, en recourant à la méthode structurale, par la linguistique et par l'ethnologie. On sait comment la linguistique s'est attachée à l'étude de la synchronie, sans doute pour des raisons de doctrine autant que de stratégie : parce que le caractère systématique d'une langue apparaît mieux à l'examen d'une coupe instantanée qu'à l'étude de son évolution. Cette étude, les linguistes ne s'y dérobent pourtant pas, et Martinet a traité de « l'économie des changements phonétiques ». Mais comment ? Les linguistes iraient-ils jusqu'à ratifier cette assertion de Foucault : « le langage ne se modifie pas tellement avec les migrations, le commerce et les guerres, au gré de ce qui arrive à l'homme ou à la fantaisie de ce qu'il peut inventer, mais sous des conditions qui appartiennent en propre aux formes phonétiques, grammaticales, dont il est constitué[1] » ? Ils s'efforcent en tout cas de substituer à la causalité externe qui risque de désagréger le système une causalité interne pour laquelle le système reste responsable de son devenir, par la logique propre de son fonctionnement : ce qui est sans emploi s'élimine, ce que l'emploi requiert s'invente. Mais ce fonctionnalisme ne se réfère pas, comme chez Malinowski, aux besoins de l'homme, ou aux intentions de la parole ; ce sont plutôt les besoins du système (dont Malinowski d'ailleurs tenait compte aussi) qu'il invoque :

1. *Ibid.*, [M. Foucault, *Les mots et les choses*, *op. cit.*,] p. 379.

la fonction est toujours fonction de l'élément dans le système. Genette nous apprend que les formalistes russes ont usé déjà de cette même notion pour étudier ce qu'il appelle « la dynamique structurale de la littérature » ; en replaçant un thème ou une forme littéraire dans le champ littéraire d'une époque, ils déterminaient sa fonction et expliquaient son devenir comme changement de fonction : « tel élément qui a sa valeur déterminée à une certaine époque changera complètement de fonction | à une autre **106** époque. Les formes grotesques qui étaient considérées à l'époque du classicisme comme des ressources du comique, sont devenues, à l'époque du romantisme, l'une des sources du tragique. C'est dans le changement continuel de fonction que se manifeste la vraie vie des éléments de l'œuvre littéraire[1]. » Or, qu'elle soit invoquée par la linguistique ou la critique, cette dynamique se heurte à deux difficultés que nous avons déjà rencontrées : d'une part, peut-on sans artifice tenir le langage pour une positivité qui s'isole et se replie sur elle-même, comme dit Foucault ? Peut-on le séparer de cette vie sociale dont il est partout l'artisan, et le mettre à l'écart des événements historiques dont il est le témoin ? D'autre part, peut-on ignorer l'homme parlant ? Cette seconde objection prend ici un sens précis : le changement, dit-on, est lié à la fonction, telle qu'elle se manifeste dans un état donné du système ; en comparant les états successifs on s'efforce de reconstituer le mouvement avec des immobilités. Mais Bergson n'a-t-il pas raison de Zénon, et déjà surtout Leibniz de Descartes ? On ne peut instaurer une dynamique à partir de la statique, sans en appeler à une force vive qui soit principe de mouvement.

1. [B.] Tomachevski, cité par [G.] Genette, *Figures*, [Paris, Seuil, 1966,] p. 167.

À traiter le langage comme une machine dont on analyse la structure et le fonctionnement, on oublie l'avertissement que Canguilhem donne aux mécanistes : « mécanisme n'est pas moteur… Une machine ne se suffit pas à elle-même, puisqu'elle doit recevoir d'ailleurs un mouvement qu'elle transforme. On ne se la représente en mouvement, par conséquent, que dans son association avec une source d'énergie[1]. » La source ici, c'est l'homme parlant, pour qui et par qui le langage parle, et change, et par qui aussi le devenir du langage est associé au devenir du monde humain et trouve son histoire dans l'histoire ; c'est l'historicité de l'homme qui anime et conjugue toutes les histoires, qui est énergisante et totalisante. L'homme écarté, la structure est inerte (pratico-inerte, pour parler comme Sartre), et elle échappe à la temporalité vivante.

107 | L'exemple de la linguistique a cependant été largement suivi par les sciences humaines sitôt qu'elles se sont voulues structurales. Lévi-Strauss en donne un exemple, qui, à mesure qu'il s'est assuré de sa méthode et qu'il a circonscrit son objet, a distendu les liens de l'ethnologie avec l'histoire. Car d'une part, les sociétés archaïques, dont il s'applique à recueillir le message jusqu'à en retrouver l'écho dans nos sociétés, semblent n'avoir pas d'histoire, ni d'historiens, tant qu'elles n'ont pas inventé l'écriture ; d'autre part, ces sociétés dérobent leur passé à la science de l'histoire : *ignoramus, ignorabimus*, disait Malinowski. Au début de sa carrière pourtant, Lévi-Strauss n'accepte pas la démission de l'historien : « très peu d'histoire vaut mieux que pas d'histoire du tout[2] » ; la recherche de l'origine reste aussi

1. [G. Canguilhem,] *La connaissance de la vie*, [Paris, Vrin, 1965] p. 126 et 197.

2. [C. Lévi-Strauss,] *Anthropologie structurale*, [*op. cit.*,] p. 17.

valable que celle de la fonction[1]. Mais déjà Lévi-Strauss se tourne vers la linguistique, et découvre avec Boas que « dans l'ensemble, les catégories du langage restent inconscientes[2] » ; il en infère qu'il y a « une structure inconsciente, sous-jacente à chaque institution ou à chaque coutume ». Que cette structure, qui lui paraît d'abord le produit « d'une activité inconsciente de l'esprit », devienne ensuite pour lui l'expression d'une propriété de la matière, importe peu. L'essentiel est que cette découverte de structures impose désormais à la recherche la méthode structurale, et l'induise à privilégier l'étude « des structures synchroniques ». L'objet déterminé par cette procédure, c'est le système, l'ensemble d'éléments invariants dont le jeu, la présence ou l'absence déterminent en même temps les variations décelables, « la structure sous-jacente à des formations culturelles, et permanente à travers une succession d'événements ». Dès lors, le recours à l'histoire change radicalement de sens : si l'ethnologue l'invoque, ce n'est pas pour qu'elle explique, c'est pour qu'elle soit expliquée, pour « fournir une architecture logique à des développements historiques qui | peuvent être imprévisibles **108** sans être jamais arbitraires[3] », dont il s'applique « à éliminer tout ce qu'ils doivent à l'événement et à la réflexion ». Il ne s'agit plus seulement pour l'ethnologue d'une décision stratégique parfaitement légitime : l'histoire n'est pas seulement écartée, elle est contestée. Au moins dans ses prétentions les plus grandes ; car « l'ethnologue la respecte,

1. Ainsi Lévi-Strauss regrette-t-il que, dans notre société, « bien des coutumes soient observées scrupuleusement par chacun, sans que leur origine et leur fonction réelles aient fait l'objet d'un examen réfléchi » (*ibid.*, p. 25).

2. *Ibid.*, p. 28.

3. *Ibid.*, p. 30.

mais ne lui accorde pas une valeur privilégiée », et il attaque les philosophes, comme Sartre, « aux yeux (de qui) la dimension temporelle jouit d'un prestige spécial, comme si la diachronie fondait un type d'intelligibilité, non seulement supérieur à celui qu'apporte la synchronie, mais surtout d'ordre plus spécifiquement humain[1] ». À la limite, l'histoire n'explique rien, elle sert seulement à inventorier les éléments d'une structure quelconque : « loin que la recherche de l'intelligibilité aboutisse à l'histoire comme à son point d'arrivée, c'est l'histoire qui sert de point de départ pour toute quête de l'intelligibilité[2] ». Mais peut-être l'histoire n'est-elle ainsi disqualifiée que parce qu'elle est réduite à sa caricature : parce qu'en effet « le fait historique n'est pas plus *donné* que les autres[3] », et doit aussi être construit, en utilisant un code, Lévi-Strauss réduit l'histoire à un codage par dates, c'est-à-dire à une chronologie. Ceci lui permet d'abord de décourager l'espoir que l'histoire puisse s'installer dans le continu, qui est tout juste bon à servir de toile de fond à des figures discontinues ; car toutes les dates assignées à ces figures ne forment pas une série : le codage consiste en classes de dates différentes, qui fournissent des systèmes de références différents pour des époques différentes, par exemple pour la préhistoire où l'on code par millénaires ou pour l'histoire contemporaine, par années ou, aux moments les plus chauds, par journées. En outre, parce qu'il récuse la continuité, Lévi-Strauss peut aussi « récuser l'équivalence entre la notion d'histoire et celle d'humanité[4] ». Car si l'on tient au contraire à assurer à l'historique sa plénitude et sa continuité en dépit

1. [C. Lévi-Strauss,] *La pensée sauvage*, [*op. cit.*,] p. 339.
2. *Ibid.*, p. 348.
3. *Ibid.*, p. 340.
4. *Ibid.*, p. 347.

du découpage qu'y introduit inévitablement l'historien, il faut | sans doute imputer ses traits à la temporalité même, **109** – je dirais avec Kant : à l'universalité du temps sans laquelle on ne saurait penser l'univers (et on le pense encore quand on y renonce, quand on le dit à structures fibreuses). Mais quand il s'agit de l'histoire humaine, il faut aussi invoquer l'expérience que fait l'homme de sa temporalité, qui définit son historicité.

Lévi-Strauss aussi bien n'y manque point : il définit les sociétés « chaudes », qu'il oppose aux sociétés « froides », par le fait qu'« elles intériorisent résolument le devenir historique pour en faire le moteur de leur développement[1] ». Cette intériorisation n'est-elle pas ce que Sartre appelle totalisation ? Et peut-elle s'opérer sans que l'homme lui-même – entendez les individus – d'une façon ou d'une autre y ait part ? Précisément lorsque les sociétés cessent d'être froides, lorsque naît une histoire qui concerne l'homme, c'est que l'homme le veut parce qu'il se veut. Ce qui donne un enjeu et un sens à l'histoire, c'est ce que l'homme veut lorsqu'il se découvre livré à lui-même, – et aussi bien ce qu'il ne veut pas : le hasard et le poids des choses que son vouloir lui révèle. Il se peut d'ailleurs que l'histoire ait toujours été là, parce que l'homme n'a jamais été si bien inséré dans le monde qu'en même temps il ne s'en soit posé comme le corrélat, comme le sujet d'une pensée et d'une *praxis* humaines. Quand l'homme écrit son histoire et l'inscrit dans une histoire du monde, dans l'histoire des positivités comme dit Foucault, c'est qu'il prend conscience de sa différence. Alors la science même, aussi bien dans son principe que dans son développement, manifeste l'historicité de l'homme. Et la

1. *Ibid.*, p. 310.

science de l'histoire nous invite à dire ce qu'on peut dire de toute science : que le ressort de la science n'est pas dans la science, qu'il faut sortir de la science pour la comprendre, à la fois pour comprendre que, par l'homme, elle puisse être, et que, par son rapport au réel, elle puisse être vraie. Sans doute cette réflexion appartient-elle déjà à la philosophie : le savant, linguiste ou ethnologue, fait ce qu'il veut, et il peut fort bien choisir une approche qui **110** laisse de côté l'histoire. Mais le philosophe, | qui n'a pas non plus à pratiquer l'histoire, peut-il s'autoriser de cette décision méthodologique du savant pour neutraliser la réalité de l'historique et contester en même temps l'historicité de l'homme ? C'est bien le parti que prend la philosophie contemporaine ; elle volatilise ce que l'on tenait pour la substance même de l'histoire : le surgissement de l'événement, sur un fond de continuité temporelle, dans l'épaisseur du réel. Ainsi de Foucault et d'Althusser.

Foucault, on le sait, détache soigneusement l'*épistémè* de tout contexte, en particulier de cette réalité socio-économique à laquelle Leroi-Gourhan prête tant d'attention ; les seuls événements qu'il considère concernent des concepts et non des hommes, pas même ce que l'homme pense, encore moins ce qu'il fait ou ce qu'il subit. Aussi bien ces événements font-ils figure de mutations brusques et imprévisibles dans le parcours souterrain de l'*épistémè*. Ils ne gardent de sens qu'à condition que soit dévalorisée toute leur signification sociale ou humaine, tout ce par quoi ils peuvent être « historiques ». Et par exemple Foucault écrit allégrement : « Peu importe l'alternative entre le "pessimisme" de Ricardo et la promesse révolutionnaire de Marx[1]. » Ou encore : « les débats (de

1. [M. Foucault, *Les mots et les choses*,] *op. cit.*, p. 273.

l'économie bourgeoise et de l'économie révolutionnaire au XIXe siècle) ont beau émouvoir quelques vagues et dessiner des rides à la surface : ce ne sont tempêtes qu'au bassin des enfants[1] ». De fait, situer le marxisme dans l'*épistémè* seule, c'est le rendre inoffensif : « il y est comme poisson dans l'eau », en paix avec les autres éléments du système. Mais que le marxisme ait pu être autre chose qu'« une figure pleine, tranquille, confortable à l'intérieur d'une disposition épistémologique », précisément parce qu'à la fois il inaugurait une réflexion sur l'histoire concrète et voulait peser sur cette histoire, Foucault veut l'ignorer : il n'y a d'histoire véritable que pour le système, comme il n'y a d'action véritable que de la pensée, ou mieux peut-être de l'impensé dans la pensée.

Althusser ici est-il si éloigné de Foucault ? Certes, loin de neutraliser le marxisme, il veut lui découvrir une nouvelle | **111** signification ; mais n'est-ce pas une signification qui le fait apparaître historiquement insignifiant ? Et le marxisme ne serait-il pas alors puni là où on le fait pécher : parce qu'il méconnaîtrait la réalité de l'histoire ? La théorie de l'histoire dont Althusser découvre les « symptômes » chez Marx est une théorie de l'histoire comme science. Cette théorie renvoie à l'idéologie toute référence à l'historicité de l'homme, mais aussi au contenu concret, à la matière historique de l'histoire. On retrouve ici la conséquence la plus décisive du thème directeur de l'épistémologie qu'Althusser prête à Marx, celui qui engage le combat contre l'empirisme (et, pour faire bonne mesure et garder allégeance au matérialisme, contre « l'idéalisme absolu ») : la distinction du concept et de l'objet, ou du concret-de-pensée et du concret-réel, qui interdit de servir deux maîtres

1. *Ibid.*, p. 274.

parce qu'on ne peut être à la fois « dans la connaissance » et « dans le réel[1] ». La distinction maintenant s'opère entre le logique et l'historique, « entre le développement des formes » du concept dans la connaissance et le « développement des catégories réelles dans l'histoire concrète[2] ». Entre ce qu'il appelle aussi l'ensemble théorique, c'est-à-dire la théorie de l'histoire, et l'ensemble empirique *réel*, c'est-à-dire l'histoire concrète, Althusser refuse aussi bien toute adéquation à la façon du rationalisme classique que toute identification dialectique à la façon de Hegel. Il refuse même que la théorie puisse être interprétée comme « modèle », parce que cette conception réduit la théorie au statut d'un instrument empirique, et suppose « que soit incluse dans la théorie elle-même la distance qui la sépare du concret empirique[3] ». Il s'agit au contraire pour lui de maintenir à tout prix cette distance pour préserver la pureté du concept, jusqu'à nier son instrumentalité, qui mesure pourtant sa véracité. Mais à quoi aboutit-on ? Que peut alors viser la science ? « L'objet de l'histoire au sens propre n'est pas ce qui se passe *dans l'histoire* (cette définition tautologique !), comme si ce mot d'histoire avait d'emblée le sens de son concept, tout au contraire, l'objet | 112 | de l'histoire est le concept d'histoire lui-même dans sa détermination spécifique ; l'objet de l'histoire, est, au travers de l'investigation historique même, *la production, la construction du concept d'histoire*[4]. » Qu'est-ce à dire ? Que l'objet de la géométrie soit la production du concept de géométrie, soit ; au surplus, comme la géométrie se détermine en déterminant l'objet géométrique qui a le statut du concept, on dirait

1. [L. Althusser,] *Lire le Capital*, [*op. cit.*,] II, p. 58 et *passim*.
2. *Ibid.*, II, p. 67.
3. *Ibid.*, II, p. 70.
4. *Ibid.*, II, p. 59.

mieux que son objet est la production des concepts de la géométrie. Mais peut-on étendre cette formule à l'histoire ? Assurément l'histoire comme science doit élaborer son appareil conceptuel ; mais ses concepts, comme en toute science non formelle, ne constituent pas un objet spécifique et ne sont pas sa fin ; ils sont les moyens de connaître, et peut-être finalement de maîtriser, une réalité qui n'est pas de la même race qu'eux, et l'objet véritable de l'histoire est cette réalité-là. Il semble que pour Althusser, quand « on est dans la connaissance », on n'en puisse sortir, pas plus qu'on ne franchit jamais la clôture du langage selon une certaine philosophie ; en sortir, ce serait « précipiter la théorie de l'histoire dans l'histoire *réelle*..., confondre donc l'objet de connaissance avec l'objet réel... : chute dans l'idéologie empiriste[1] ».

Ainsi de même que le concept efface en quelque sorte l'objet, le logique oblitère le chronologique. En condamnant l'historicisme, Althusser nous semble refuser l'histoire ; il jette le bébé avec l'eau du bain. De fait, il s'emploie très longuement, et avec une admirable subtilité, à faire le procès de l'historicisme, et de son complice l'humanisme, mais il ne nous dit pas ce qu'est l'histoire réelle ; il laisse entendre ce qu'en est la théorie : l'histoire pour la science est « ce dont *les rapports de production* sont proprement les metteurs en scène[2] » (thème qu'il développe ailleurs), et l'essentiel est toujours de ne point réduire ces rapports à des rapports humains. Je veux bien que la science ne puisse dire qu'elle-même ou l'objet qu'elle conçoit ; mais si Althusser peut au moins nommer l'autre de la science, | l'histoire concrète, c'est que quelque expérience l'atteste, **113** qui pourrait aussi se dire dans un autre langage non encore

1. *Ibid.*, II, p. 94.
2. *Ibid.*, II, p. 103.

scientifique. Mais si ce langage, aux yeux d'Althusser, ne mérite pas d'être parlé, du même coup l'expérience qu'il exprime, celle de l'homme vivant le devenir du monde et de soi, ne mérite point d'être prise au sérieux, ni la *praxis* d'être invoquée et orientée. Alors il n'y a pas plus de politique marxiste que de politique bourbakienne ou einsteinienne.

On ne prête qu'aux riches. Si nous sommes tentés de prolonger aussi indûment la réflexion d'Althusser, c'est en raison même de sa cohérence. En tirant en elle ce fil de l'histoire, nous avons retrouvé la plupart des thèmes qui s'affirment dans la philosophie contemporaine : primat du concept, réalité du système, et de la structure qui le constitue, antériorité du discours sur l'expérience, insignifiance du vécu, irréalité du sujet… Nous avons tant bien que mal exposé ces thèmes au cours de cette première partie, moins pour eux-mêmes que pour souligner leur convergence dans le thème central d'un désaveu de l'homme ; tâchons maintenant d'aller un peu au-delà.

SECONDE PARTIE

APPROCHE D'UNE RÉFLEXION SUR L'HOMME

LA PHILOSOPHIE ET L'HOMME

Nous avons parcouru les thèmes principaux qui orientent la pensée contemporaine vers le reniement de l'homme. Encore une fois ces thèmes appartiennent à des réflexions différentes qu'il serait injuste de confondre ; l'examen de leurs différences autoriserait sans doute à prévoir, entre les doctrines qui s'accordent aujourd'hui, des différends prochains. Mais mon propos n'était pas de scruter les divergences : seulement de souligner une convergence, qui au surplus s'affiche avec quelque éclat, pour défendre l'homme contre ceux qui déjà l'enterrent. Cette entreprise, pourtant, n'est-elle pas dérisoirement présomptueuse ? La vie et l'histoire n'ont jamais attendu la philosophie, et l'homme se défend très bien tout seul ; nous relèverons plus tard quelques indices de sa vitalité, dans une civilisation qui pourtant semble le vouer à abdiquer. Au vrai, il s'agit moins ici de défendre l'idée de l'homme que le droit de la philosophie. Car le destin de la philosophie est lié à l'intérêt qu'elle porte à l'homme.

On dira pourtant qu'à renier l'homme, la philosophie aujourd'hui prospère. Assurément ; certains tirages l'attestent, et le succès des œuvres ne signifie pas qu'elles aient transigé avec la qualité. Mais d'abord renier l'homme, c'est encore une façon de s'intéresser à lui. Et d'autre part, dans ces œuvres, la philosophie est bien en question. Lorsque le néo-positivisme s'y avoue franchement, la philosophie y est réduite à l'épistémologie ; Althusser la rattrape de justesse en en faisant la théorie de la pratique théorique. D'autres prétendent la dépasser, et parlent de méta-**118** philosophie, d'ontologie. Heidegger déclare : | « Il n'y a pas de philosophie de Heidegger, et même s'il devait y avoir quelque chose de tel, je ne m'intéresserais pas à cette philosophie[1]. » Et sans doute, dans notre temps, est-ce surtout Heidegger qui a appris aux philosophes à s'interroger sur la philosophie. Sur un autre ton, certes, que ne s'interroge le positivisme logique dont le siège est fait, tandis que Heidegger n'entend pas liquider la philosophie ; il ne la dépasse que parce qu'il se sent dépassé par elle, et pour pouvoir remonter à sa source et laisser résonner la question : qu'est-ce que la philosophie ? Mais convient-il de se laisser fasciner par cette question ? La réponse après tout est à portée de la main : la philosophie est dans l'œuvre des philosophes. « Ce qu'il faut entendre par philosophie, c'est ce que fut, depuis son origine, jusqu'à Zarathoustra, cette lumière dont quelques-uns seulement sont les phares. Platon et Aristote dans l'éloignement du début grec et, tout près de nous, Hegel, Schelling, Marx, Nietzsche[2] ». Heidegger souscrirait à ce texte de Beaufret, et sans doute aussi à la dénonciation, qui l'accompagne, de « ce que la philosophie a bien pu devenir dans notre monde et sous nos yeux ». Mais pour qu'un philosophe parle – pour que Heidegger règne –, ne faut-il pas qu'autour de lui beaucoup balbutient ? Comme il faut beaucoup d'athlètes pour que se produise

1. Cité par [J.] Beaufret, préface à [M. Heidegger,] *Essais et Conférences*, [*op. cit.*,] p. VIII.
2. *Ibid.*, p. IX.

un champion. De toute façon, la philosophie se prouve en marchant, dût-elle revenir sur ses pas vers son origine grecque, plutôt qu'en piétinant sur place comme elle le risque si elle n'a plus d'autre objet qu'elle-même[1].

Mais a-t-elle un objet ? Elle n'en a point qu'elle détermine et qu'elle maîtrise, comme la science. Si elle est savoir, n'est-ce pas savoir de soi ? Pourtant le savoir de soi est conscience d'un devenir plutôt que savoir d'une essence. Et le rapport à soi n'est pas plus réflexion sur soi que la conscience de soi n'est connaissance de soi, comme l'a montré Sartre. La philosophie ne prend conscience de soi qu'en s'exerçant, en visant | un objet. Mais cet objet **119** en effet ne cesse de lui échapper : ne pouvant le fixer pour assurer sa prise et capitaliser son savoir, la philosophie en est toujours au commencement (et de là vient sans doute qu'elle se cherche des modèles parmi ceux qui se situent au commencement). La philosophie aujourd'hui consent à son impuissance. Les progrès de la science l'ont obligée à prendre sa mesure, elle a renoncé au dogmatisme, elle sait qu'elle ne saura pas, au sens où la science sait. Ce qui anime le philosophe, ce n'est pas la passion de savoir, c'est la passion de la vérité : il ne sait rien de plus que ce que tout le monde sait, mais il s'étonne de le savoir, il se demande comment c'est possible; il s'intéresse à ce qui semble aller de soi, à ce qui s'instaure et se manifeste dès le commencement. S'il en est toujours au commencement, c'est peut-être que son objet même est le commencement, ce qui est toujours déjà là, mais qui, par une invincible puissance de recommencement, ne peut jamais être rangé parmi les affaires classées. « Le philosophe, dit Merleau-

1. La réflexion sur soi est encore plus clairement le piège que notre époque tend à l'art : poésie de la poésie, est-ce encore poésie ? L'art ne risque-t-il pas d'être stérilisé par l'exhibition de son projet ?

Ponty, est l'homme qui s'éveille et qui parle[1] »; faut-il ajouter : qui parle de son éveil ? Mais aussi : que son éveil contraint à parler. Car il parle, et jusqu'à être tenu pour bavard, d'autant qu'il ne pose ni surtout ne résout de problèmes ; il parle pour dire ce que tout le monde sait et qui peut-être n'a jamais été dit, pour découvrir ce qui est en pleine lumière et qui peut-être n'a jamais été vu.

Mais par qui y a-t-il toujours un commencement ? Pour qui la mer est-elle toujours recommencée, le matin toujours auroral, l'instant toujours neuf, le mot toujours inouï – sinon pour l'homme ? Si le philosophe est capable de s'étonner, c'est l'homme en lui qui s'étonne, et d'abord de ce que l'homme est capable d'étonnement. C'est pourquoi il ne se peut que la philosophie ne rencontre l'homme : comme son objet par excellence, le seul objet qui ne soit pas un objet, et qui par là justifie son travail de Sisyphe, l'objet dont la méditation doit être toujours recommencée parce que avec lui tout commence et rien n'est assuré. Sans **120** doute, tant que la philosophie était | dogmatique, à la fois parce que la religion l'inspirait et parce qu'elle ne se discernait pas de la science, pouvait-elle traiter l'homme comme un objet parmi les autres, encore qu'elle fût toujours soucieuse de le distinguer. Mais il est incontestable que nous vivons la mort d'une certaine philosophie : la philosophie renonce au dogmatisme lorsque, s'interrogeant en effet sur elle-même, elle se découvre historique et finie ; elle renonce à nommer ce qui pourrait la constituer en système achevé, causes premières ou fins dernières, *gesta Dei per philosophum* ; elle revient sur terre, trouve à s'y étonner, et découvre que ce qu'elle cherchait au ciel était le moyen d'exprimer cet étonnement ; du même coup elle

1. [M. Merleau-Ponty,] *Éloge de la philosophie*, [Paris, Gallimard, 1953,] p. 51.

revient à l'homme, à cet être qui vit sur terre et invente le ciel, et qui invente aussi la philosophie.

On nous dit que la philosophie est souci de l'Être : pourquoi pas ? Et comment peut-elle l'être sinon parce que l'homme se soucie de l'Être ? Et même si c'est l'Être qui appelle l'homme à se soucier de lui, la question s'impose : qui est l'homme pour concevoir ce souci ? On dira encore qu'il ne suffit pas que l'homme soit le sujet ou la condition de la philosophie pour qu'il en devienne l'objet privilégié, et que précisément, à réfléchir sur ses conditions, la philosophie n'avance pas. Mais une pensée critique n'est pas une pensée piétinante ; ce n'est pas la même chose de s'interroger sur des conditions de possibilités et de se demander indéfiniment : qu'est-ce que la philosophie ? Je ne prétends d'ailleurs point que la pensée critique soit toute la pensée philosophique, et que l'homme en soit l'objet exclusif ; disons plutôt qu'il est un point de passage obligé, qui peut donner accès à de multiples avenues. Car l'homme est au monde, et du même coup le monde entier s'ouvre à la philosophie. Mais pas de la même façon qu'à la science : en tant que l'homme y est, en tant qu'il est pour l'homme un destin. Que la science explore le monde et que la technique l'aménage, ce mouvement de la vie peut s'accomplir de façon irréfléchie ; et même s'il devient à son tour objet de connaissance pour l'histoire ou la sociologie, c'est encore de façon irréfléchie. La philosophie commence lorsqu'on s'interroge sur le sens du monde ou de l'histoire, et dans la mesure où le sens « fait sens », implique | à la fois un fondement et une justification : **121** lorsque Spartacus se demande si cela a un sens de travailler comme il travaille, ou Oppenheimer de fabriquer la bombe atomique, c'est toujours un homme qui pose cette question du sens – du sens de toutes choses –, cette question qui roule comme un écho tout au long de l'aventure humaine, et c'est de l'homme que la philosophie la recueille.

Pourquoi la recueille-t-elle ? Pourquoi épouse-t-elle ainsi la cause de l'homme ? Parce qu'elle veut faire elle-même sens : se justifier en étant « une pensée appliquée ». Il n'y a pas de honte à viser la pratique ! C'est à ses fruits que se juge l'arbre de la connaissance. Savoir pour pouvoir : la fin de la science – son intérêt, comme dirait Kant – est dans la technique, comme sans doute son origine. N'est-ce pas là où la vérité scientifique s'éprouve ? La vérification qui consacre la vérité philosophique n'est pas exactement du même ordre, bien sûr ; elle réside moins dans le pouvoir que dans le vouloir. Le philosophe ne rêve plus d'être roi pour accomplir la philosophie, comme les surréalistes ont rêvé d'accomplir la poésie, mais il peut encore être juge. Exercer son jugement, c'est poser ou reconnaître des valeurs, et cette pratique des valeurs « réalise » la philosophie et engage le philosophe. Le sens commun ne se trompe pas en personnalisant la philosophie, et en faisant, pour la définir, le portrait du philosophe. L'application ici n'est pas procédé, recette, utilisation du savoir pour la production d'un effet, mais plutôt manière d'être, et à la limite style de vie. On n'attend pas du savant qu'il soit lui-même un technicien, à la fois parce que le savoir scientifique n'engage pas aussi profondément la personne et parce que l'application n'est pas immédiatement liée à ce savoir, elle peut s'opérer à échéance, à travers des médiations successives, comme il se peut aussi que le pouvoir précède le savoir ; tandis qu'on attend du philosophe qu'il témoigne de sa philosophie en la vivant. Certes le moralisme aujourd'hui n'a pas bonne presse ; il est facile de dénoncer un mythe du philosophe ou un recours abusif à des valeurs qui sont trop souvent les valeurs établies ; il est tentant aussi pour le philosophe de se retrancher dans le confort d'une pensée | spéculative, oraculaire et irresponsable, qui **122** dépasse l'éthique aussi bien que l'anthropologie. Mais nul n'est philosophe impunément, et la preuve de la philosophie reste dans le philosophe. Sans doute la vie du philosophe peut-elle être parfaitement discrète et silencieuse ; sans doute aussi ne nous instruit-elle pas de ce qu'est sa philosophie. Mais l'essentiel est que la philosophie débouche sur la vie. Toute philosophie authentique, même si elle ne s'intitule pas *Éthique*, comporte au moins implicitement une éthique. Cette éthique peut n'avoir pas de nom ; ou bien elle peut s'appeler métaphysique des mœurs, manifeste communiste, gai savoir ; elle atteste toujours que, au lieu que le savant s'adresse à des savants ou à des écoliers, le philosophe est un homme qui s'adresse à des hommes, et qui les provoque à être hommes – ou surhommes. Sinon vaudrait-elle une heure de peine ?

Mais elle vaut cette peine parce que, se justifiant en quelque sorte à inspirer la pratique, elle justifie en retour la pratique qu'elle inspire. Car la philosophie n'est pas pour autant une entreprise qui permette de moraliser à peu de frais, ni d'apporter une caution à l'ordre établi ; elle n'engage pas l'homme à la légère, car elle ne renonce nullement aux exigences de la spéculation ; l'éthique n'est pas un additif surajouté à la spéculation pour mettre la philosophie en règle avec les pouvoirs ou avec la tradition. S'il lui arrive de ne point obtenir une place réservée dans l'œuvre, c'est qu'elle est présente à toute l'œuvre : elle est la spéculation elle-même en tant qu'elle engage l'homme, car il ne se peut que cette spéculation ne rencontre les valeurs et n'aide à les élucider. À quelque niveau qu'elle se situe, fût-ce le plus abstrait, elle est à sa façon normative : elle s'adresse à l'homme, comme c'est de l'homme qu'elle procède. Elle ne le peut que parce qu'elle parle du monde, de ce monde où l'homme fait son destin.

La philosophie n'exige donc pas que l'homme soit mis entre parenthèses, ou placé au service de quelque instance transcendante, et par exemple de la philosophie elle-même. Au contraire, la philosophie ne garde son sens que si elle est le discours d'un homme qui s'adresse à des hommes **123** et leur parle du monde | et de l'homme. Mais ce n'est pas seulement le sort de la philosophie qui est en jeu aujourd'hui ; c'est en même temps le sort de l'homme, en tant qu'il est confronté au système, ou au concept. Et c'est d'abord dans sa relation au système qu'il faut réhabiliter la subjectivité.

| 2

LE SUJET ET L'OBJET

Si la philosophie a souci de l'homme, c'est de l'homme concret. Bien sûr, il ne s'agit pas pour elle de l'assister matériellement, mais de le penser. Elle ne peut le penser que comme réel, comme un étant, pris dans la totalité non dénombrable des étants. Cet homme réel vit dans le monde et pense le monde ; l'avalanche peut l'écraser, il sait qu'elle l'écrase. C'est donc le rapport de l'homme au monde qu'il faut examiner en premier, avant même de considérer le rapport de l'homme à l'homme. Alors que l'examen de ce second rapport nous imposera une approche phénoménologique, l'examen du premier peut se faire en quelque sorte du dehors, selon l'opposition traditionnelle du sujet et de l'objet.

Or ce que cet examen nous enseigne, pour le dire en un mot, c'est l'ambiguïté fondamentale de la condition humaine : l'homme est au monde comme partie du monde, et comme corrélat du monde, comme sujet empirique et comme sujet transcendantal ; la subjectivité est à la fois inaliénable et toujours compromise. Cette idée assurément n'est pas neuve ; ce qui est plus neuf peut-être, c'est l'idée, dont on peut trouver la racine chez Kant, que le sujet n'est transcendantal qu'à condition d'être empirique ;

Merleau-Ponty dira plus nettement que l'empirique constitue le champ transcendantal, entendant par là soit le corps vécu, soit la totalité que forme le corps avec son milieu. Foucault reprend l'idée, mais sans la prendre à son compte, en assignant à la finitude la fonction transcendantale. Mais ce qu'il importe est de bien voir les implications de cette notion. Elle suppose d'abord que le *cogito* est imprescriptible, **126** | que toute pensée est le fait d'un homme pensant, et par là elle désarme tous les assauts livrés aujourd'hui au « je pense » sous prétexte qu'on « pense » ou que « ça parle ». Mais ce *cogito* inengendrable est au monde parce qu'il vient au monde. Il a une naissance, et le pour-soi surgit sur un fond d'en-soi. L'en-soi corrélatif du pour-soi, c'est le monde habité par l'homme que la science pense comme univers, totalité inassignable des objets. La pensée de l'homme dans son rapport au monde nous installe donc dans le dualisme du sujet et de l'objet (qui trouve un écho en l'homme même, dans le dualisme de l'âme et du corps). Mais l'en-soi n'est pas seulement tout ce que l'homme tient à distance comme un spectacle ou comme le théâtre de ses opérations, il est aussi ce qui porte l'homme et lui donne naissance. Le fond comme origine, la Nature naturante, on ne peut en rigueur la penser puisqu'il n'y a point d'homme pour la penser ; il faudrait au moins penser l'insertion de l'homme dans le monde comme Nature naturée, qui appelle la réflexion au monisme. La pensée de l'homme, nous le vérifierons à maintes reprises, est donc vouée à osciller entre le dualisme et le monisme.

Cette difficulté est l'expression d'une autre, que Kant assumait en conjuguant idéalisme transcendantal et réalisme empirique. Une philosophie de l'homme doit reconnaître ce privilège qu'a l'homme d'être corrélat du monde, elle doit rendre justice à ses actes intentionnels comme à sa *praxis*, et mesurer partout leur vertu constituante. Mais elle doit aussi, si l'on peut dire, rendre justice au monde, à la pesanteur du réel et à la puissance du devenir. Parce que l'homme est au monde, et aussi parce qu'il peut être dans la vérité : de quelque façon qu'on la définisse, il ne se peut que la vérité n'ait quelque rapport à la réalité. La pensée de l'homme ne peut donc s'accommoder de l'idéalisme qui néglige cette référence, et dont nous avons cru déceler la tentation permanente dans la philosophie contemporaine. Faire droit à l'homme, ce n'est pas le proclamer mesure de toutes choses, et donateur de sens. Il faudrait alors montrer que, dans l'univers du discours où s'explicite le sens, l'homme est omnipotent : concepts et systèmes, c'est lui qui | les fabrique, comme les phares **127** qui font surgir la route sous les roues de l'auto. N'allez point les chercher dans quelque ciel intelligible, car ils n'existent que par la grâce de la pensée, mais n'allez pas les chercher non plus dans la réalité, car l'outil n'est pas à confondre avec la matière qu'il maîtrise. Cette voie, qui est celle de l'intellectualisme et à la limite de l'idéalisme, me semble dangereuse : sauve-t-on l'homme en lui prêtant une activité démiurgique ? Certes, on ne saurait trop souligner le caractère opératoire de la connaissance, qui n'accède au réel qu'à travers les manipulations théoriques et pratiques auxquelles elle le soumet ; au point que le réel pour l'homme est toujours ce qu'il en fait et ce qu'il en pense. Mais n'est-il que cela ? Le concept est aussi l'occasion de faire l'épreuve d'un donné non conceptuel, qui pourtant se prête à la conceptualisation ; alors que l'outil n'opère que pour transformer l'objet, le concept opère pour le révéler. Ce qui définit l'homme, ce n'est pas qu'il impose aux choses sa vérité, c'est qu'il découvre leur vérité, avec des instruments dont les choses mêmes suggèrent l'élaboration et l'usage. Le vêtement d'idées qui couvre le monde, c'est une tunique de Nessus : elle adhère au monde par toutes les fibres du vrai, et l'homme ne la tisse que parce que le monde lui donne ses mesures. Pour faire droit à l'homme, il ne faut pas d'abord le couper en deux ; et c'est précisément ce qu'on est tenté de faire si l'on ordonne le monde ou la pensée du monde à l'opération de l'homme. C'est d'ailleurs de cet homme-là que le philosophe revendique secrètement la position lorsque, surplombant le champ épistémologique, il entre dans le conseil des dieux pour annoncer que Dieu est mort et que l'homme va mourir. Son assurance, sa superbe, la pensée contemporaine ne peut les arborer que parce qu'elle revendique pour un homme au moins des privilèges considérables. Ce qui s'exprime en elle, dans le mode majeur du discours technocratique, c'est un idéalisme : l'exaltation d'une pensée souveraine. Ainsi Foucault assure-t-il que la véritable action est le privilège de la pensée. Il suffit de s'installer dans le méta-langage, selon la position confortable qu'adoptent les critiques, et l'on peut alors rendre contre **128** l'homme une sentence de mort. | Car précisément, s'il y a un homme maître du système, il y a aussi l'homme soumis au système, l'homme que le système dissout : on n'a libéré l'homme en la personne du philosophe que pour l'asservir en la personne de l'homme quelconque. Mais n'est-ce pas dans la même personne que l'homme à la fois ordonne à lui le monde et est ordonné au monde ? N'est-ce pas en tout homme que se produit ce paradoxe ? Foucault le sait bien, mais il tient que cette idée de l'homme est seulement un accident dans l'histoire de l'*épistémè*. Prenons-la pourtant

qu'elle s'installe dans le concept, c'est-à-dire dans un certain style scientifique qui rompt avec l'idéologie. Soit. Mais pour que cette pensée soit vraie, il faut qu'elle soit adéquate à son objet. Althusser l'accorde sans doute, mais sans accorder que cette adéquation fasse problème ; sans doute parce qu'il est sensible au fait que la théorie détermine son objet, que le fait scientifique est toujours conceptualisé. Il distingue bien l'objet réel et l'objet de pensée, mais le souci de rendre justice à la pratique théorique et aux pouvoirs de la théorie le conduit à négliger l'objet réel : il « reste ce qu'il est », intouchable, inintéressant, incapable en tout cas de susciter par lui-même le concept. Aussi, pour combattre l'empirisme qui subordonne le concept à l'objet, Althusser propose-t-il le rapport inverse : il subordonne l'objet au concept, jusqu'à les identifier, et cette identification efface toute différence, annule la réalité du réel. Ainsi le réel, auquel s'est substitué le « concret de pensée », est-il annexé au concept. Pour ma part, je voudrais dire que le concept, au lieu d'être l'objet, est *dans* l'objet : il ne le produit pas, ni ne l'aliène ; il est plutôt appelé par l'objet parce qu'il y est en quelque sorte déjà : l'*a priori* objectif habite l'objet, l'espèce l'individu, le genre la chose.

Considérons d'abord les concepts de la pensée formelle. Ils vérifient aisément la première condition que nous avions posée : ils supposent l'activité d'une pensée qui opère des choix, qui prend des risques, et qui se manifeste d'abord par un effort systématique d'abstraction qui coupe radicalement l'objet formel de ses origines concrètes, qui substitue à l'objet perçu un objet pur dont le surgissement inaugure l'expérience proprement mathématique. Et la seconde condition ? Quelle que soit l'activité du mathématicien, on ne peut dire qu'en mathématique les concepts soient

subordonnés et que les décisions subjectives | soient 130
« effectivement posantes[1] ». Ce qui est posé par les actes du mathématicien, dans les définitions et les critères, c'est seulement « un dispositif représentationnel nécessaire pour que puisse se manifester la forme[2] » : les moyens d'une objectivation, non l'objet lui-même. C'est pourquoi, ces actes, « une présence objective les habite et les finalise[3] » ; dans toutes les démarches de la pensée mathématique, une fois rompues les attaches avec l'expérience perceptive, « c'est toujours l'objet qui commande[4] ». Sans doute le royaume infini de la *mathesis universalis* ne se dévoile-t-il jamais totalement ; la diversité des approches ne signifie pas que l'objet soit subordonné à la méthode, et doive perdre son indépendance, elle en atteste plutôt la complexité, « elle fait apparaître simplement une organisation interne du champ mathématique dont la pensée classique n'avait tout au plus que le pressentiment[5] ». Il est donc vrai qu'en mathématique le progrès est d'essence, comme disait Cavaillès, mais il faut ajouter – et Cavaillès y souscrirait– qu'il en est ainsi parce que c'est la réalité qui commande, et que « l'objectivité (aussi) est d'essence[6] ». L'être mathématique est donc autonome à l'égard des activités de pensée. Cette thèse met évidemment en jeu toute une

1. [J.] Ladrière, « Objectivité et réalité en mathématiques », *Dialectica* 2, 1966, p. 224.

2. *Ibid.*, p. 225.

3. *Ibid.*, p. 223.

4. *Ibid.*, p. 228.

5. *Ibid.*, p. 225.

6. *Ibid.*, p. 240.

métaphysique[1]. Ce que nous en retenons ici, c'est qu'elle nous invite à « rejeter toute assimilation entre la réalité mathématique et la pensée, soit que l'on prenne celle-ci 131 | du côté de l'activité, soit qu'on la prenne du côté du contenu, c'est-à-dire au niveau du concept[2] » : la conceptualisation porte sur un corrélat extérieur à la pensée. Le mathématicien est au monde mathématique comme l'homme est au monde : opérant parce que quelque chose sollicite son opération, connaissant parce que quelque chose se donne à connaître.

Considérons maintenant en effet les concepts matériels, et singulièrement, comme nous y invite Canguilhem[3], les

1. D'autant que Ladrière affirme aussi l'autonomie de l'être mathématique à l'égard de la nature. Cette a priorité des mathématiques ne peut s'entendre au sens kantien, puisque a été écartée l'idée d'une condition subjective assignée à la constitution de l'objet; il faut donc l'interpréter en un sens plotinien : la participation – platonicienne – de l'être physique à l'être mathématique est l'effet d'une procession; c'est le dynamisme interne de la mathématique qui constitue la *physis* en déterminant l'ensemble des structures où elle se déploie; la tâche de la pensée est de parcourir le chemin inverse en remontant du conditionné au conditionnant, et de reproduire ainsi, dans ces opérations mêmes, les conditions de la genèse des objets physiques. Cette théorie ontologique de l'*a priori* peut faire l'économie du dieu leibnizien parce que les mathématiques sont plus qu'un champ de possibles dans l'entendement divin, elles sont elles-mêmes un champ de réalités, directement constituant à l'égard du monde existant. Si nous nous permettions d'interpréter librement cette doctrine, nous pourrions aussi faire l'économie de la thèse de la procession, c'est-à-dire d'une priorité de l'ontologie formelle, et nous pouvons y trouver l'idée d'une Nature naturante qui porterait en soi une mathématique implicite sans être constituée par elle : l'être mathématique exprimerait la structure formelle de la réalité plutôt qu'il n'en explique la genèse. Mais ceci n'est pas de notre propos.

2. *Ibid.*, p. 234.

3. Dans l'article sur « Le concept et la vie » que nous avons déjà cité. Il y a dans cet article très dense deux thèmes, qui se recoupent, dont nous n'examinons ici que le premier, celui qui donne son titre à l'essai; le second porte sur le sujet comme vivant, et il intéresse une réflexion sur l'enracinement du transcendantal dans l'empirique.

concepts par lesquels le vivant pense la vie. Que l'élaboration et le maniement de ces concepts mettent en jeu la *praxis* théorique d'un sujet, on en conviendra sans doute. Lévi-Strauss pourtant tient que la taxinomie et la combinatoire chères aux cultures archaïques sont l'œuvre d'un inconscient logique : la « pensée sauvage » est une pensée sans sujet. Mais le « dandysme logique » qu'il prête à certaines ethnies n'implique-t-il pas une activité singulière, et consciente ? Au reste, il s'agit peut-être moins ici de définir le sujet comme pensant que comme vivant, et de savoir si c'est la vie, dans le vivant, qui connaît la vie, si la science est une activité de la vie elle-même. Mais il faut d'abord savoir si et comment, par le concept, la vie est en effet connue. Le meilleur moyen de répondre à cette question est de s'assurer que le concept est dans la vie, ou mieux qu'il est la vie même. Cette thèse apparaît déjà chez Aristote, pour qui, comme dit Canguilhem, « le concept du vivant, c'est finalement le vivant lui-même ». En écho à Aristote, Hegel dira que l'auto-mouvement du concept est le devenir même de l'objet, et par excellence | le mouvement même de la **132** vie dans le vivant, l'individu qui contient l'universel. Ce mouvement par lequel l'être se déploie et assume l'universel est aussi le sens ; et Goldstein dira pareillement que « le sens de l'organisme est son être ». Encore une fois la connaissance s'enracine dans l'être. Mais cette formule est équivoque : signifie-t-elle que la connaissance se joue dans l'être, ou qu'elle saisit l'être ? On peut dire que les *patterns* instinctifs inscrits dans la structure du vivant commandent la connaissance qu'il prend du milieu ; aujourd'hui on dit davantage : que la cellule est informée, selon un certain code chimique, du programme qu'elle doit exécuter. Mais faut-il en conclure que la vie connaît ? De quelle nature est ce *logos* inscrit dans le vivant ? La transmission d'un message et l'exécution d'une consigne n'équivalent pas à une connaissance : la cellule ne sait pas ce qu'elle fait, pas plus que le fil téléphonique ne sait ce qu'il véhicule, ni le téléscript ce qu'il enregistre ; l'essentiel est que quelque chose se fasse, synthèse de protéines ou régulation de fonctions : le sens est agi dans l'organisme, sans être vécu ni pensé. Il y a toujours un décalage entre la vie comme connaissance et la connaissance de la vie, entre le concept *dans* la vie et le concept *de* la vie qui est, comme dit Canguilhem, concept du concept. Certes la connaissance de la vie est bien un phénomène de la vie : elle est le fait du vivant, mais de ce vivant humain dont Leroi-Gourhan a si bien montré la spécificité. Les autres vivants sont bien déjà des sujets, en ce sens qu'ils portent en eux les *a priori* matériels qui leur permettent d'ordonner à eux le monde, mais cet *a priori* en eux n'est pas subjectif, il n'est pas principe de connaissance : les animaux ne pensent pas le monde qu'ils vivent. On en conclura que la connaissance requiert une subjectivité humaine. Mais il faut aussi, d'abord, en conclure que la connaissance mord sur l'objet ; il n'est pas indifférent qu'on soit tenté de confondre le concept agi et le concept pensé : cela signifie que la pensée met au jour un sens qui est dans le réel, un réel conceptualisable.

Dans le vivant au moins. Et dans les choses ? Peut-être suffit-il ici d'observer que les choses, comme les espèces et comme les individus, sont discernables et identifiables. **133** Qu'on | puisse les reconnaître, cela implique qu'elles se prêtent à la connaissance, et d'abord à cette connaissance selon laquelle l'homme livré au monde s'y retrouve et s'y reconnaît. Si l'exotique, l'insolite, l'étrange ont tant d'attrait, c'est que nous rêvons parfois de nous égarer, et que nous ne le pouvons pas, à moins que ne soit franchie une invisible ligne au-delà de laquelle la conscience même de se perdre radicalement se perd ; aussi la conscience est-elle vouée à la ruse, sinon à la mauvaise foi, comme on le voit, depuis le surréalisme, dans l'art contemporain : si elle cessait de jouer, prise au jeu, elle s'abolirait. Elle ne peut s'exercer que dans un monde qui lui soit familier ; que l'imprévisible surgisse, et elle s'évanouit. Il ne suffit donc pas de dire, avec Bergson, que la vie travaille comme si elle mimait les concepts : la matière aussi. D'autant que cette matière, dans le monde humanisé où nous vivons, est toujours matière ouvrée, sur laquelle la *praxis* a apposé le sceau du concept : l'homme a travaillé « pour que… » Mais même à prendre les choses à l'état de nature, là où c'est possible, elles portent des formes qui, sans être des formes spécifiques, sont pour elles de bonnes formes qui permettent de les identifier et de généraliser. Entre deux cailloux, entre deux nuages, entre deux points d'eau, s'il n'y a pas d'*a priori* morphogénétiques qui imposent leur ressemblance, on saisit tout de même quelque ressemblance. Bien sûr ces essences sont inexactes, et, comme dit Husserl, ces concepts sont flous : on n'ose dire qu'il s'agit d'un *logos* inscrit dans la matière, mais on peut dire que le monde donne à connaître du connaissable.

Sans doute aussi y a-t-il une histoire humaine du concept : lorsque la pensée cesse d'être sauvage, la connaissance s'épanouit en fleurs de serre, en concepts lentement, ascétiquement conquis dont le sens se révèle dans des opérations toujours plus abstraites ; le concept d'entropie ne réside pas dans un système physique comme le concept du genre dans l'individu ; et les événements physiques ne sont pas gouvernés par des lois qui seraient inscrites dans les choses comme la loi morale est supposée l'être dans une conscience kantienne. Mais il reste qu'à la fois l'origine et la fin de ces concepts sont dans le contact ou la visée du réel : quelle que soit la mutation brusque par laquelle | elle devient adulte, la mathématique est née de l'arpentage, du commerce ou de la musique, et elle s'applique aujourd'hui à la physique ; et les concepts de la physique sont ratifiés par une expérimentation qui évidemment les présuppose en construisant les objets qu'elle requiert, mais qui laisse à la nature le dernier mot : la connaissance ne trouve que ce qu'elle cherche, mais il arrive précisément qu'elle le trouve.

Ainsi peut-on dire que le concept est dans la chose. Au reste, tout ce qu'on veut indiquer par là, c'est que le monde est tel que l'homme puisse être dans la vérité. Mais de ce rapport à la vérité, l'homme n'a pas toute l'initiative : il ne fait pas la vérité, il est dans la vérité, d'une part parce que le monde s'y prête, d'autre part parce qu'il est aussi dans l'erreur. Car il peut errer : cela atteste sa mobilité, et peut-être sa liberté, cette liberté dont se grisait Bachelard en lâchant la bride à l'imagination poétique, et qui est peut-être la même que saluait Cantor dans le mathématicien qui pose souverainement la totalité des types d'ordre d'ordinaux pour en opérer ensuite la génération. Dans la pensée rêveuse comme dans la pensée conceptualisante se manifeste une subjectivité irrépressible. On pourrait évidemment montrer cette subjectivité à l'œuvre dans l'élaboration du concept. Mais peut-être vaut-il mieux la déceler là où il semble qu'elle est plus compromise : dans sa relation au système, puisque aussi bien le système est un maître mot de la philosophie contemporaine. Le système peut d'ailleurs désigner aussi bien une organisation de concepts qu'une réalité matérielle : ce sera donc encore une occasion d'évoquer le rapport de l'homme au monde.

2. *Système et subjectivité.*

Il faut en effet d'abord s'entendre sur le sens du système : matériel ou formel. La première expérience du système, ce peut être celle du héros du *Procès*, qui se trouve pris dans l'engrenage | d'une procédure dont il ne comprend **135** ni les détours, ni les raisons : tout se tient et tout se brouille, la logique qui assure la cohésion du tout est une nécessité muette, inintelligible et implacable : *Anankhé*. Ce sont alors seulement sa pesanteur et son opacité qui définissent le système. Tel est bien le visage que peuvent tourner vers nous certaines institutions ou certaines réalités sociales, dont les effets restent à la fois irrépressibles et absurdes : lorsque se déclenche une crise économique, lorsque se déploie l'appareil policier, lorsque se perpétue une guerre que tout condamne. Nous dénonçons un système quand nous ne pouvons pas répondre à la question : pourquoi ? alors qu'un mécanisme se déclenche – jeu des institutions, suite d'événements, enchaînement de violences –, qui nous contraint, nous emporte et pourtant n'a pas de sens ; nous pouvons, ou nous pourrions, connaître les lois de son fonctionnement, mais non sa finalité ; et pourtant tout se passe comme s'il y avait au moins une finalité interne, car le système constitue une totalité qui persévère dans son être et semble défier toutes les tentatives pour le modifier aussi bien que pour y échapper. Nul ne veut la guerre, mais elle se veut elle-même. Nul ne veut la bureaucratie, mais elle se perpétue elle-même, par des fonctionnaires dont il semble parfois que toute la fonction soit de la faire fonctionner, comme l'observait déjà Marx, en sorte que la loi qu'elle applique ne semble plus être l'œuvre d'un législateur : au demi-dieu que célébrait Rousseau se substitue un dieu méchant ou fou. Ainsi le système se définit sans référence à la subjectivité ; il n'est pourtant pas sans aucun rapport avec elle, puisqu'elle le nomme, et qu'il l'opprime, au point qu'elle ne peut pas toujours se libérer par le rire ou la révolte.

Cet antagonisme du système et de la subjectivité joue encore pour des systèmes dont l'expérience est moins traumatisante. Je pense aux trois « positivités » qu'évoque longuement Foucault : vie, travail, langage, dont la prise de conscience a suscité pour lui l'invention de l'idée de l'homme. Ces positivités ne sont-elles pas aussi des systèmes ? Sans doute Foucault interdit-il de les penser comme des objets ou des concepts : « ce sont des modes **136** fondamentaux du savoir » dont « la constitution est | enfouie loin dans l'épaisseur des couches archéologiques[1] ». Mais les figures et les mutations de l'*épistémè* sont mystérieuses, et ce qui nous importe est ce qui se produit au jour : l'expérience que fait la conscience de certaines totalités consistantes et insistantes qui s'imposent, jusqu'à les déconcerter, à la pensée et à l'action. Il n'est d'ailleurs pas évident, si l'on cherche à déceler cette expérience en deçà de son expression dans l'*épistémè*, qu'elle n'apparaisse qu'à l'aube de notre modernité. Et peut-être aussi convient-il de la différencier : de ne pas situer sur le même plan la vie qui nous porte, le travail qui nous contraint, le langage qui nous sert ; ce n'est pas de la même façon que l'homme « s'éprouve dominé par la vie, par l'histoire, par la langue[2] ». Du système au sens où nous l'avons entendu, ces trois totalités ont en commun un trait : elles sont pressantes et injustifiables comme des figures du destin. Pourquoi faut-il que la vie ne cesse de grouiller et que pourtant, pour moi,

1. [M. Foucault,] *Les mots et les choses*, [*op. cit.*,] p. 245.
2. *Ibid.*, p. 346.

vivre soit être condamné à mort ? Pourquoi faut-il que je sois aussi condamné au travail et que, par mon travail, je sois pris dans un cycle d'échanges qui n'a point d'égards pour mes efforts et mes besoins ? Pourquoi faut-il encore que je sois condamné à parler une certaine langue dont les règles m'astreignent, et qui, depuis Babel, ne me joint aux uns qu'en me séparant des autres ? Mais le destin ici a des visages différents, dont on pourrait mesurer la diversité à la distance qui s'établit entre le nom et le verbe. La vie se manifeste à moi comme *la* vie et comme *ma* vie : d'une part un universel concret, qui n'a point d'égards pour ma personne ni même peut-être pour mon espèce, que sa puissance et sa prodigalité m'invitent à célébrer par des hymnes et par des rites, mais que son indifférence identifie au cours contingent des choses : « c'est la vie » ; d'autre part, sagesse de mon corps, à laquelle je dois me confier, bien qu'elle ne soit pas infaillible et que Descartes ait pu observer les illusions de l'hydropique comme on observe aujourd'hui les erreurs du métabolisme, que pourtant je puis dans une certaine mesure aider par mon savoir et mon vouloir-vivre ; mais la marge de mon pouvoir est ici si | restreinte que, pour exprimer mon acte singulier de vivre, **137** je n'ai d'autre verbe qu'emprunté à l'universel où il s'insère. C'est de la même façon, que, pour dire que je travaille, j'évoque le travail : c'est-à-dire soit une contrainte anonyme et torturante, soit aujourd'hui l'ensemble de ses conditions et de ses effets à l'échelle de la collectivité. Pour désigner le système comme objet d'étude, on a d'ailleurs inventé un autre mot : la production. Mais il est remarquable aussi que la langue ait d'autres mots pour dire : je travaille (je produis, j'œuvre, je crée) et que l'argot – la langue vraiment vivante – ne cesse d'en inventer. Cela ne signifie-t-il pas que l'individu peut prendre du recul par rapport au système

– le travailleur peut faire grève –, et peut-être que sa *praxis* est irréductible, comme le veut Sartre ? Même si le système se constitue en échappant à l'homme et en se retournant contre lui, l'étude du système n'est pas justifiée à liquider l'homme. Peut-on d'ailleurs faire une théorie de la production sans évoquer la productivité, et une théorie de la productivité sans en appeler à l'homme, à l'homme qui produit, à l'homme qui investit, comme à l'homme qui consomme et dont on ne manipule les besoins qu'en les reconnaissant comme ses besoins ? Quant au langage, si quelques philosophes ont pu former l'affreux néologisme : langagier, ils n'ont pas proposé le verbe langager ; on dit : je parle, et l'acte ici s'affirme indépendamment du système. Le lexique ratifie donc la distinction saussurienne, mais il ne suggère pas pour autant, ni de faire abstraction de la parole pour comprendre la langue, ni de faire abstraction de la langue pour comprendre la parole. Assurément, parmi tous les phénomènes que nous évoquons, c'est la langue qui assume le plus manifestement un caractère systématique, tel qu'on peut se demander si la syntaxe n'y met pas en jeu la logique, et si la contrainte qu'il impose à la parole n'est pas l'effet de la nécessité logique qui le gouverne. Mais précisément cette contrainte est aussi une chance pour la liberté : c'est parce que nous devons obéir au langage que nous pouvons aussi lui commander et le mettre à notre service ; sa systématicité cautionne sa disponibilité, et l'homme parlant, lorsqu'il l'a appris et s'il veut en 138 respecter les règles, peut en user comme d'un outil | efficace et maniable ; sa parole est alors sienne et il peut la donner comme telle ; c'est à cette condition que des énoncés peuvent être performatifs.

On voit donc que les trois positivités constituent des réalités bien différentes : elles n'affectent pas le sujet de la même façon, et l'on pourrait montrer qu'elles requièrent pour leur étude des approches différentes. Parmi elles, le langage obtient un statut privilégié parce qu'il réunit en lui deux visages opposés du système : il surplombe et contraint, de tout le poids d'une nécessité aveugle et arbitraire, mais aussi il oblige par l'autorité de la logique qu'il laisse pressentir dans son organisation. C'est qu'il y a en effet un second aspect du système, lorsque le système n'est plus conçu comme totalité matérielle, mais comme totalité pensée : lorsqu'il est système d'idées, et singulièrement système formel dont la matérialisation est figurée par un calculateur. Le système alors n'est pas une inintelligible et pesante totalité « pratico-inerte », comme les voies de la justice dans le monde de Kafka, ou les effets qui font boule de neige, comme la déforestation en Chine ou l'accumulation d'or en Espagne évoquées par Sartre. Il se constitue au contraire à partir d'une analyse et d'un choix : le système abélien, par exemple, lorsqu'on considère des groupes à relations quaternaires et lorsqu'on décide qu'il existe une et une seule quatrième proportionnelle. La systématicité procède ici de la logicité : le système formel est constitué par une écriture, des règles de déduction et des axiomes, il se développe par l'enchaînement des théorèmes que l'on peut dériver des données initiales ; la déduction est le ressort de la totalisation.

Une première question nous arrête : Y a-t-il quelque rapport entre ces deux types de systèmes, entre le système dans l'ordre de l'être et le système dans l'ordre du discours ? Or, pour la pensée contemporaine, la réponse est affirmative. D'une part en effet, très sensible à la rigueur et à la fécondité de la pensée formelle, elle tend à concevoir les systèmes matériels sur le modèle des systèmes formels. Et certes, au-delà de l'expérience vécue où s'éprouvent sa consistance et sa pesanteur, une totalité matérielle n'est pensée comme 139 système que par une pensée | systématisante, donc à la lumière d'une théorie qui cherche elle-même à se formaliser. Mais l'intellectualisme moderne va plus loin, jusqu'à flirter avec l'idéalisme : il tend à ontologiser le système formel, à inscrire la théorie dans la réalité jusqu'à substituer la première à la seconde. D'autre part, si la réflexion maintient quelque différence entre les deux modes du système, elle leur trouve au moins un trait commun : ils déboutent tous deux la subjectivité, ou si l'on préfère, ils la revendiquent pour eux-mêmes. En termes hégéliens, on dirait que le système est sujet, comme on pourrait dire en termes heideggériens (mais que Heidegger désavouerait) que l'Être est sujet. Et en effet un certain platonisme de la mathématique, tel que l'expose Ladrière, peut conduire à restreindre au moins l'initiative et la responsabilité du mathématicien. En substituant une dialectique du concept à une philosophie de la conscience, on nie que l'essence des mathématiques soit la liberté. Du moins la liberté humaine. Ou bien la liberté est identifiée à la nécessité logique selon laquelle le système déploie ses conséquences et se reprend pour se comprendre. Les décisions que prend le mathématicien, il semble qu'elles ne lui appartiennent pas, qu'elles lui soient soufflées par la réalité mathématique à mesure que celle-ci se dévoile ; les choix du mathématicien ne sont pas tout à fait ses choix, et leur pouvoir aussi est renié : ils ne portent pas sur le contenu, mais sur la stratégie de l'approche. « Il y a une liberté de l'axiomatique, certes, mais elle concerne l'ordre des moyens, non l'ordre des fins… C'est la réalité qui commande[1] », la réalité du

1. [J.] Ladrière, [« Objectivité et réalité en mathématiques »,] art. cit., p. 217.

système. Pareillement des systèmes matériels : il ne suffit pas d'éprouver qu'ils dominent, oppriment ou aliènent l'homme – encore que cette expérience, vivement ressentie par notre époque depuis l'existentialisme, soit sans doute une des sources de la notion de système –, on nous invite encore à comprendre qu'ils se substituent à l'homme, qu'ils prennent en main les rênes de leur propre histoire dont l'homme est l'instrument, ou le jouet. Ainsi l'homme ne parlerait que pour que le langage soit, ou plutôt pour rendre hommage à son être ; et n'est-ce pas vrai au surplus | d'une **140** certaine poésie contemporaine ? N'est-ce pas vrai de certains artistes contemporains que, se vouant à l'Art et, voulant que leur œuvre soit une trace de son fulgurant et silencieux passage, ils en viennent à ne plus faire de la peinture ou de la musique ? De même l'homme ne travaillerait – sans jamais, Dieu l'en garde, être créateur[1] – que pour satisfaire aux lois de la production, même s'il croit travailler pour gagner sa vie. Et sa vie même est-elle sienne ? Le système qui définit l'espèce se dépose en lui sous la forme d'un code génétique dont les variations seules le différencient ; et le système spécifique n'est-il pas lui-même un élément du système écologique par quoi se manifestent l'équilibre et le devenir de la vie ?

Je sais bien que pour Foucault l'apparition de ces systèmes dans l'*épistémè* du XVIIIe siècle finissant, et précisément parce que l'homme avec eux prend conscience de sa finitude, a suscité l'avènement de l'homme comme sujet transcendantal. Le système alors est brusquement dramatisé dans le discours de Foucault par le surgissement

1. La substitution du terme de production au terme de création est proposée dans un livre récent de Macherey sur *La production littéraire* [P. Macherey, *Pour une théorie de la production littéraire*, Paris, F. Maspero, 1966].

de mots à majuscules : « la Vie… vient se fonder dans la Mort[1] », le travail dans le Désir, le langage devient Loi. Mais suffit-il de cette métamorphose pour fonder l'homme ? Ne faut-il pas, on l'a déjà dit, que l'homme ait déjà été inventé pour qu'on le découvre fini ? Foucault pratique ici une opération de style heideggérien : l'adjectif substantifié est investi d'un pouvoir extraordinaire ; la finitude crée l'homme : « la finitude *à partir de quoi nous sommes, et nous pensons, et nous savons*[2] ». En particulier la finitude devient le transcendantal : Mort, Désir, Loi « ne peuvent se rencontrer à l'intérieur du savoir qui parcourt en sa positivité le domaine empirique de l'homme[3] » ; autrement **141** dit ce ne sont point des caractères observables | de l'homme qui nous autoriseraient à naïvement le dire mortel, désirant ou soumis à la loi[4] ; et « la raison en est qu'ils désignent les conditions de possibilités de tout savoir de l'homme » (et Foucault précise : « la Mort n'est-elle pas ce à partir de quoi le savoir en général est possible[5] ? »). Curieuse conception de la finitude que voici érigée en absolu ! Curieuse conception du transcendantal, qui n'est plus un pouvoir de l'homme, le jeu de ses facultés en accord peut-être avec une nature complaisante, mais le pouvoir

1. [M. Foucault,] *Les mots et les choses*, [*op. cit.*,] p. 387.

2. *Ibid.* Je souligne cette expression équivoque. Équivoque aussi l'expression : sur fond de : « Chacune de ces formes positives où l'homme peut apprendre qu'il est fini ne lui est donnée que sur fond de sa propre finitude » ([*ibid.*,] p. 321). Ce qui est clair c'est la nominalisation du prédicat – mais comment justifiée ?

3. *Ibid.*, p. 386.

4. Saluons ici au passage un thème lacanien : le Désir est désir de l'Autre, non seulement en ce que je désire l'Autre, mais en ce que l'Autre désire en Moi. Mais ici la vérité du sujet n'est pas dans l'Autre comme son image inversée, elle est dans la finitude qui le fonde.

5. *Ibid.*

de ce qui nie l'homme et le voue à être fini ! Rien d'étonnant à ce que cet homme défini comme « figure de la finitude » soit du même coup voué à une fin prochaine : on ne l'a fait apparaître que pour annoncer sa disparition, puisqu'on a identifié son être transcendantal à la finitude. Au total, on n'est pas allé au-delà de cette expérience aliénante du système, ici conçue comme cette positivité épaisse où l'homme ne se reconnaît pas. Si l'on veut faire droit au sujet, et sans que ce soit pour lui faire tort aussitôt après, il faut définir le transcendantal autrement que par la seule finitude : la finitude est la condition sous laquelle le sujet exerce son activité, mais c'est cette activité qui le définit comme transcendantal dans la mesure où, animée par de l'*a priori*, elle fonde l'expérience qu'il a du monde tout en étant au monde.

Cette activité du sujet face au système, elle apparaît partout. On peut par exemple reconnaître avec Ladrière l'objectivité des mathématiques sans disqualifier les « ressources inépuisables de l'activité créatrice de l'esprit[1] ». De fait, Ladrière fait pleinement droit à l'activité du mathématicien ; il montre seulement qu'elle est finalisée par l'objet qu'elle vise, et qu'elle ne possède jamais totalement. La multiplicité des approches et des choix, si elle révèle la finitude de la pensée, atteste aussi son initiative. Simplement faut-il dire que cette initiative n'est pas radicale : le sens qui se révèle au mathématicien n'est pas un sens qu'il | invente ou qu'il impose, c'est le sens de la **142** chose même, de la réalité mathématique.

Face aux systèmes matériels, l'homme est aussi capable de vouloir, et son activité se désigne par des verbes

1. [J.] Ladrière, [« Objectivité et réalité en mathématiques »,] art. cit., p. 217.

pronominaux. Le vivant ne persévère dans son être qu'à condition de bien « se porter », le locuteur parle pour « s'exprimer » ou « s'expliquer » ; et la *praxis*, pratique ou théorique, est désignée par des verbes transitifs : travailler prend son sens le plus plein lorsqu'on travaille le bois, la pierre ou le fer, comme on « fait » de la mathématique ou de la politique. Et précisément la différence, et la relation, entre systèmes formels et systèmes matériels se mesurent à la part qui y revient au faire. À considérer la vie, il semble que cette part soit mince ; encore faut-il s'aider pour que nous aide la *vis medicatrix naturae*, avoir l'appétit de vivre pour rester en vie ; encore faut-il faire l'amour pour perpétuer l'espèce, et aujourd'hui à condition de le vouloir puisqu'on a les moyens de le refuser, des moyens qui ne sont plus précaires, improvisés et honteux, en sorte que l'acte d'engendrer n'est plus laissé au hasard ni à l'instinct, mais peut être prémédité : c'est là un fait métaphysique, si l'on ose dire, aussi important que la possibilité de détruire la planète par l'explosion atomique : l'homme devient responsable. Mais en même temps cette responsabilité peut lui être déniée, pour être confisquée par les pouvoirs ; car l'expert en eugénisme ou en démographie peut prétendre substituer sa volonté à la mienne, et ce n'est pas le citoyen quelconque qui a le contrôle de la bombe atomique. Ce retournement caractérise les systèmes matériels comme la production ou même le langage. Sartre l'a bien montré du travail : c'est toujours la *praxis* qui a l'initiative, mais une initiative qui lui échappe et se retourne contre elle ; non seulement ma *praxis* m'amène à me faire l'instrument de toute instrumentalité, à me rendre inerte pour agir sur l'inerte, mais la *praxis* des autres, toujours au pluriel, m'oppose une matière ouvrée qui me renvoie mon image aliénée et me voue à la passivité[1] : | les actions des hommes 143 se limitent en même temps qu'elles s'additionnent, et par surcroît la rareté altère les relations humaines de réciprocité et y introduit la violence qui « nie la liberté par l'intermédiaire de l'inertie d'extériorité » ; dans le champ pratico-inerte de la rareté, l'homme n'est pas condamné à la liberté, mais à la servitude ; il est de trop, non plus par rapport à la plénitude opaque de l'en-soi, mais parce que la coexistence est impossible tant que sévit la rareté. Mais le mal n'est pas absolument le dernier mot ; car c'est toujours une libre *praxis* qui est hantée par l'*anti-praxis*, et c'est sur le fondement d'une réciprocité première entre le moi et l'autre que la relation devient antagonistique : aussi peut-il se créer, dans le groupe assumé par ses membres où le serment crée une sorte de pacte social, une réciprocité médiée qui fonde une liberté commune : l'histoire, lieu de la violence, est aussi, parfois, le lieu de la solidarité, où s'efface un moment pour l'homme « la structure inerte d'inhumanité ». Du système qu'elles essaient de maîtriser et d'aménager, il est naturel que la pensée scientifique et la pensée technocratique ne voient que l'aspect collectif et inhumain ; mais la réflexion philosophique décèle à son origine la libre *praxis*, et elle ne décourage pas l'espoir d'un « règne

1. On sait quel prix les lacaniens attachent au stade du miroir. Lacan oublie que le miroir est une « matière ouvrée » dont la fabrication requiert une certaine industrie. Si le miroir m'offre de moi une image non seulement inversée, mais aliénée, c'est par la médiation de la matière, et dans le contexte du « collectif » ; l'aventure de l'homme se joue dans un monde humanisé. Il est peut-être bon de dénoncer une certaine anthropologie américaine dans la mesure où son propos est de justifier le conformisme ; il ne faut pas pour autant oublier premièrement que l'expérience du désir est d'abord le besoin vital de l'objet complémentaire – le sein de la mère –, deuxièmement que le rapport à soi est commandé par le rapport à l'autre qui est d'abord précisément l'objet complémentaire.

de l'humain », même quand elle enregistre l'échec de ces entreprises où se nouent entre les hommes de libres relations.

En est-il de même pour le langage ? Il n'est évidemment pas créé par la libre *praxis* de l'individu. Mais c'est sur la parole qu'on le saisit, quitte, lorsqu'on l'étudie pour lui-même, à en éliminer tous les aspects non pertinents, toutes les singularités de la prononciation : car c'est dans la parole **144** que la langue s'accomplit ; | elle est le moyen, pour un sujet parlant, de dire ce qu'il veut dire. Sans doute ce vouloir-dire est-il à la fois orienté et trahi par la langue ; nul ne veut dire que ce qu'il peut dire, et qu'il sait déjà pouvoir dire ; et pourtant ce qu'il dit n'est pas exactement ce qu'il voulait dire, parce que les mots disent encore autre chose. Poète, celui qui se confie à cette puissance du langage et rend aux mots leur liberté, mais c'est une liberté surveillée, et les mots ne parlent que pour qui les en conjure et, parlant, assume leur parole. Il n'y a de langage que réactivé par le sujet parlant. La langue ne suscite et ne forme, jusqu'à la contraindre, la pensée que parce qu'elle est aussi formée par elle. Si la langue est un système, c'est pour donner prise à la parole, comme l'outil doit être consistant pour donner prise à la main, et le concept pour donner prise à la pensée. Au reste, sa rigueur n'est pas telle que la parole ne puisse y introduire, mieux que des variantes individuelles, des changements durables : une langue vivante, ce sont des initiatives singulières, fameuses ou anonymes, qui l'animent et la chargent d'historicité ; la parole authentique ne réinvente pas seulement pour son propre compte un langage déjà inventé, il arrive qu'elle invente. Et si le système intègre l'invention, il la consacre du même coup.

Quelles que soient leurs relations avec la subjectivité, les systèmes n'en sont donc point indépendants : ils la présupposent autant qu'ils en sont la condition de possibilité. Nous verrons que la science n'est nullement astreinte à ignorer cette double relation. Mais la philosophie d'abord peut tenter de la cerner, dans un langage plus simple, en décrivant l'être au monde de l'homme.

| 3

LE MOI ET L'AUTRE

Risquons-nous donc à parler de l'homme. On va nous demander aussitôt d'en donner la définition ou, comme on dit aujourd'hui, d'en produire le concept. Et nous voici forcés à un aveu : nous ne le pouvons pas. Et ce n'est pas notre faute : si le concept est une idée ou un nœud d'idées qui fait apparaître un objet dont on n'avait pas encore conscience, comme sont les concepts de réflexe, d'évolution, d'inconscient ou d'entropie, l'homme n'est pas un concept, bien qu'on ait toujours parlé de lui, et précisément parce qu'on a toujours parlé de lui : on n'a cessé d'élaborer *des* concepts à propos de l'homme, comme ceux de raison, d'âme, de personne, mais ces concepts médiatisaient tant bien que mal un savoir immédiat, sans âge, qui n'était solidaire d'aucun moment de l'*épistémè*. L'homme n'a pas toujours connu la gravitation ou l'électricité, il a toujours reconnu l'homme, sans attendre l'avènement des sciences humaines. C'est cette vérité première de l'homme, spontanément et passionnément vécue, que la philosophie doit s'efforcer de déceler. Aux yeux des sciences, il se peut que cette vérité première soit erreur première, encore que ce ne soit pas sûr, comme j'essaierai de le montrer ; car les concepts scientifiques l'explicitent bien plutôt qu'ils ne la désavouent. Dans la vie quotidienne en tout cas, cette vérité ne perd jamais ses droits, et rien ne l'entame ou ne l'obnubile. Et c'est pourquoi il importe à la philosophie de la dévoiler.

Mais comment le peut-elle ? Ici trouverait à s'employer cette archéologie authentique que suggèrent certaines œuvres de Husserl et de Merleau-Ponty. Elle aurait à creuser **146** sous les | institutions et sous les concepts pour découvrir le lieu de la première rencontre de l'homme avec l'homme et pour saisir ce qui est en jeu dans cet échange : une compréhension immédiate, on peut bien dire *a priori*. Le plus profond ici, aussi dissimulé soit-il par toutes les sédimentations culturelles, c'est, au moins dans le premier moment de l'analyse, le plus apparent : ce qui se joue au ras du perçu. Et c'est là qu'apparaît l'homme, parce qu'il a commerce avec le monde et parce qu'il y découvre son semblable ; l'homme apparaît comme celui à qui toutes choses apparaissent, leur partenaire loyal, mesuré et mesurant, responsable et solidaire. Certes, dans ce royaume de la lumière naturelle, il y a des zones d'ombres, de l'inconnu, du caché : encore des horizons à atteindre, des profondeurs à explorer. Mais ces explorations ne conduisent pas la pensée plus bas, vers la lumière plus souterraine d'une autre vérité dont la science aurait le monopole ; si quelque connaissance nouvelle peut être conquise, c'est toujours à la lumière de ce qui est d'abord reconnu.

1. *La rencontre de l'autre.*

Comment vais-je rencontrer l'autre ? Je suis au monde, mais sans le savoir encore : j'ai bien d'autres soucis ! La vie s'affirme en moi, le besoin me presse, le danger me menace, le travail m'appelle, de toutes parts des choses se donnent à voir et à manier. Ce n'est point, surtout en ce moment de ma naissance, qu'elles se donnent à moi comme un spectacle; l'objet du besoin ou de la *praxis* est plutôt l'objet complémentaire que j'attends et que je connais du fond de ma chair, par une sorte de connivence tacite. Plutôt que je ne connais le monde, c'est le monde qui se connaît en moi, les choses qui se mesurent en moi. Mais si je ne suis pas souverainement mesure de toutes choses, ce commerce que j'ai avec elles, et qui m'engage et me compromet, ne m'aliène pas pour autant, car l'intentionalité n'exclut pas | la familiarité, et le besoin implique la **147** jouissance. Je suis aux choses, je me sens chez moi dans le monde. « Contentement du fini, sans souci de l'infini », dit Levinas qui ajoute : « la conscience retourne à elle-même, tout en se fuyant dans la vision[1] ». Oui, la conscience se fuit, et c'est presque trop dire que, dans la quiétude du contentement ou de la contemplation, elle se retrouve. Elle est bien conscience de soi, comme le veut Sartre, mais de façon latérale et comme accessoire; et Sartre distingue bien conscience de soi et connaissance de soi. Dans cet homme tout mêlé au monde, la conscience est avant tout conscience de l'objet; en elle-même, elle n'est rien – rien que cette double ouverture du regard et du désir portés sur le monde, rien que cette recherche et cette attente, ignorantes de l'*a priori* qui les oriente, tout entières aimantées par l'objet qu'elles visent. Sans doute cette intentionalité qui constitue la conscience n'est-elle point celle d'un spectateur ou d'un acteur abstrait et désintéressé : l'homme est déjà cet être de chair, avide et vulnérable, que le besoin transit, que la douleur blesse, que le plaisir épanouit, que les passions agitent; ce moi que le monde ne cesse de mettre à l'épreuve, il ne se peut qu'il ne l'éprouve comme soi.

1. [E. Levinas,] *Totalité et Infini*, [La Haye, M. Nijhoff, 1961,] p. 166. Nous allons cheminer un long moment avec ce maître livre.

Ce soi, c'est le corps, le corps vivant et vécu, consubstantiel au monde, capable d'actions et de passions, le corps qui est conscience pour autant qu'il est du monde et que le monde le hante et le met à l'épreuve. Mais ce soi tout occupé de vivre, tout plein des choses, cet instrument si bien accordé par qui la nature vient au jour et qui s'oublie dans son opération, il ne se connaît pas lui-même. Autrement dit ce n'est pas de soi que l'homme apprend ce qu'il est : un homme, et qui pourra revendiquer la dignité humaine.

Mais voici que surgit l'autre : toutes mes défenses s'effondrent, la rencontre de l'homme est sans commune mesure avec la rencontre des choses. Car ici va apparaître vraiment la notion de la transcendance, et l'exigence éthique qu'elle comporte. L'étonnant, c'est que je le reconnais, **148** comme si je l'avais toujours | déjà connu, quelle que soit la façon dont cette reconnaissance m'induise à réagir. Si étrange que soit l'étranger, qu'il soit traité comme un sous-homme ou un sur-homme, comme un chien ou comme un dieu caché, il m'apparaît toujours comme un homme. Mon semblable ? C'est déjà trop dire : semblable à qui ? L'*ego* a besoin de se connaître d'abord comme *ego* pour reconnaître ensuite l'*alter ego*, et c'est bien plutôt lui-même qu'il découvrira comme l'autre de l'autre, c'est-à-dire le semblable de l'autre ; c'est sur le modèle de l'autre que, s'il en a plus tard le loisir et le goût, ou si quelque oracle le lui prescrit, il apprendra à se connaître ; alors seulement, peut-être, recourra-t-il à l'analogie, et de ce qu'il perçoit sur l'autre inférera-t-il ce qu'il est, encore que l'autre lui serve plutôt d'exemple pour lui inspirer ce qu'il veut être que de témoin pour lui enseigner ce qu'il est. En tout cas, ce n'est pas de l'*ego* à l'*alter ego* que l'inférence d'abord peut s'instituer : comment le pourrait-elle lorsque l'*ego* s'ignore lui-même ? Autrui, c'est vraiment l'autre, non pas l'autre de ou l'autre que, comme lorsqu'on prend une autre route ou qu'on boit un autre verre, mais l'autre absolument incomparable, inchangeable, intransitif (lorsqu'on demande ou choisit un autre homme, ce n'est plus de l'homme comme tel qu'il s'agit : c'est d'un rôle ou d'un numéro). Autre, cela signifie qu'il est unique, mais aussi qu'il est extérieur. En face de moi, il est pour moi l'étranger, l'inaccessible, protégé par une infranchissable distance. Il est au monde non pas comme une chose, mais comme un être d'exception.

À quoi donc puis-je le reconnaître ? À trois traits : que se révèle une intériorité, mais qui s'ouvre à la communication, et qui me mette en question. Et en effet ce qui est radicalement extérieur ne peut être qu'une intériorité. La chose n'est jamais si lointaine que je ne puisse l'atteindre, ni si étrange que je ne puisse la saisir, ni si rebelle que je ne puisse la maîtriser, au moins par la pensée. Mais pas l'autre ; si proche qu'il soit, il garde sa distance, son secret. Certes, la chose est inépuisable, et la perception ne parvient jamais à la coïncidence, comme Husserl l'a bien montré ; du moins le concept peut-il saisir ce que le regard ne peut embrasser. Ce n'est pas de la même façon | que l'autre se **149** dérobe. Mais il faut bien comprendre ce qui s'annonce dans cette expérience de l'intériorité de l'autre. La réflexion que Sartre appelle impure définit l'intériorité par l'incommunicabilité et l'attribue au psychologique, dont les défenses ne peuvent alors être percées que par l'opération d'une inférence analogique. Mais cette réflexion se fait du psychologique une idée doublement fausse, en supposant à la fois que la conscience, définie comme propriétaire de ses états et non comme puissance d'actes, est close et que, opaque aux autres, elle est pourtant transparente à elle-même et se connaît elle-même. Certes, éprouvant une souffrance, je puis dire aux autres : vous ne savez pas ce que je souffre ! Mais le sais-je moi-même ? Je suis ma souffrance, d'autant plus entièrement qu'elle est plus vive, et je *le* sais, mais je ne *la* sais pas. Et les autres ? Ne savent-ils pas que je souffre ? « Essayez seulement – dans un cas réel – de douter de la peur ou de la douleur d'autrui ! » dit Wittgenstein[1].

C'est là précisément tout le paradoxe de l'autre : il est une intériorité qui s'extériorise et qui se révèle, une intériorité ouverte. Ce qui, de son expérience privée, est incommunicable, n'interdit nullement toute communication. Davantage, c'est dans la mesure où il s'exprime que nous décelons en lui, ou plutôt sur lui, de l'inexprimé et de l'imprévisible. Et comment en serait-il autrement ? Il est au monde, offert sur fond de choses à notre regard ; ce que nous percevons de lui, c'est un visage, et un corps qui peut encore avoir l'éloquence d'un visage. Ce que nous voyons de lui, c'est qu'il voit ; ces choses qui l'investissent et peut-être le bousculent, elles s'ordonnent aussi à son regard ; il est au monde comme principe d'un monde. Et cela nous signifie une intériorité – mais l'intériorité d'une visée et non d'un état, et pourtant une intériorité qui se laisse voir, qui, loin d'être la vertu d'un *cogito* intouchable et souverain, est le propre d'un corps que le monde assiège pour s'y
150 réfléchir[2]. | Ce qui donne l'illusion d'une intériorité

1. [L. Wittgenstein,] *Investigations philosophiques*, trad. [P.] Klossowski [, *op. cit.*,] par. 303, p. 255.

2. On voit que je conjugue, ici comme en d'autres lieux, Merleau-Ponty et Sartre. Entre les deux, je me refuse à un choix radical. Merleau-Ponty a raison en ce qu'il nous ramène près de l'origine et nous invite à penser le monisme. Sartre a raison en ce qu'il nous considère dans le présent et nous invite à penser le dualisme. Ne pouvons-nous être à la fois poètes de l'origine et artisans de l'histoire, assumant ce statut ambigu d'un être qui appartient à la Nature et que la Nature veut séparé ?

psychique, où quelque chose pourrait se cacher, échappant à toute prise, c'est le corps, non plus perçu comme vivant mais conçu comme objet, qu'on est toujours tenté de distinguer de la conscience, et qu'il faut bien en effet considérer comme objet lorsqu'on y cherche la cause ou le corrélat d'un état psychique ; alors, de ce que la cause d'une douleur ou d'un besoin est invisible, on conclura que la douleur ou le besoin sont invisibles. Mais pour l'homme qui a une rage de dents, la douleur est encore une façon d'être au monde, le monde entier se concentre dans cette dent mauvaise, comme pour l'homme qui a soif dans cette boisson qui lui manque : ce mal qui le possède a encore le visage du monde ; même s'il le coupe des autres, parce qu'il l'a choisi pour l'habiter, il le laisse ouvert au monde. Mais aux autres aussi, et c'est pourquoi la communication n'est pas rompue. Car si cet homme peut cacher qu'il a mal, il peut aussi le montrer ou le dire, et s'il peut encore feindre, feindre suppose montrer. L'important, c'est que la communication soit possible ; que les messages transmis – passions ou pensées, mouvements ou visées d'une conscience intentionnelle – aient un caractère privé importe peu, s'ils peuvent être rendus publics. Sans doute faut-il pour cela que l'homme parle ; mais déjà le monde aussi parle. « Avant autrui, dit Merleau-Ponty, la chose réalise ce miracle de l'expression : un intérieur qui se révèle au-dehors, une signification qui descend dans le monde, qui se met à y exister et qu'on ne peut comprendre pleinement qu'en la cherchant du regard en son lieu[1] ». C'est au milieu du monde que l'homme se connaît, mais peut-être aussi sur le monde ; autant que ce qu'il éprouve

1. [M. Merleau-Ponty,] *Phénoménologie de la perception*, [Paris, Gallimard, 1945] p. 369.

du fond de lui-même, le psychique est ce qu'il lit sur la surface des choses : la colère, dans les remous de la tempête, la majesté, dans la hauteur des cimes, le bonheur, dans 151 l'harmonie d'un | paysage serein. Oui, la Nature nous parle par de grandes images, et nous dirons que c'est peut-être sur ce langage que se fonde le langage humain ; mais il faut bien reconnaître la spécificité de ce langage humain : il se fonde sur l'expression, mais d'une intériorité. « La différence absolue, dit Levinas, ne s'instaure que par le langage[1] » : parce qu'il n'y a proprement langage que lorsque s'exprime une intériorité, qui est seule capable d'instituer une distance entre un signifiant et un signifié, parce qu'elle se tient elle-même comme intériorité à distance de ce monde où elle est immergée, seule capable d'assumer l'arbitraire d'une langue parce qu'elle est un libre arbitre.

Et en effet cette intériorité ouverte, si elle ne révèle pas une *psyché*, révèle une liberté. La liberté d'un être qui « dans l'expression se présente lui-même », comme dit Levinas[2], et qui est présent au monde de telle façon que le monde s'aimante à lui ; je le vois voir et je vois que, même s'il ne parle pas un langage de propriétaire qui annexe le monde, le monde est sien en quelque sorte : orienté selon sa perspective, articulé selon ses entreprises, pauvre ou riche selon ses besoins. Mais cette liberté encore formelle d'un sujet qui se pose en corrélat du monde est aussi la liberté matérielle d'un individu qui peut m'opposer, dit encore Levinas, « l'imprévisibilité de sa réaction[3] », c'est-à-dire « l'infini de sa transcendance ». Car la transcendance ici ne définit pas seulement le rapport de l'autre à moi, mais aussi le rapport, dans l'autre, de soi à

1. [E. Levinas, *Totalité et Infini*,] *op. cit.*, p. 168.
2. *Ibid.*, p. 174.
3. *Ibid.*, p. 173.

soi, le pouvoir de se transcender qui constitue sa liberté et qui s'annonce dans son comportement, moins comme un non-être que comme un pouvoir, préparé peut-être aux racines de la vie. L'autre peut toujours feindre, dissimuler, surprendre. Me voici devant lui comme devant un animal sauvage : affamé ou repu ? pacifique ou agressif ? Mais plus déconcerté encore, car je ne puis me fier, comme devant l'animal, à ce que je puis savoir de l'espèce ; la communication est toujours indiquée et toujours compromise, parce que chaque homme est un être singulier.

Du même coup, et c'est encore à quoi je le reconnais, l'autre | me met en question. Il n'est pas celui qui me ressemble, il est celui qui me concerne. Il suffit qu'il s'exprime, que son visage s'ouvre, que sa forme éclate, et à plus forte raison qu'il prenne la parole, pour que je me sente convié à une nouvelle relation qui est sans commune mesure avec la représentation ou avec la jouissance que les choses me proposent. Cette relation, il ne faut pas la dramatiser comme l'a fait Sartre un moment. La liberté inaliénable que je lis sur le plus humble visage, sur le comportement le plus accablé, que les bourreaux lisent dans le regard du nègre qu'ils supplicient, elle n'est pas nécessairement une atteinte à la mienne, et je n'ai pas nécessairement l'impression que l'autre me vole mon monde ; car son monde reste le mien, et je ne me sens sous son regard entrer dans son monde que si je le vois me regarder, si par là il a place dans mon monde. Certes, chaque conscience peut poursuivre la mort de l'autre. Mais que mon regard, croisant celui de l'autre, lui jette un défi, et je me sens coupable : je trahis une certaine attente, je romps une relation qui déjà se nouait et qui n'était pas de négation réciproque ; car « autrui ne nie pas purement et simplement le moi ; la négation totale dont le meurtre est

152

la tentation et la tentative renvoie à une relation préalable… (qui) luit dans l'expression d'autrui[1] ». Et en effet ce que l'autre attend de moi, c'est que je lui réponde et, pour lui répondre, que je le comprenne. Chaque message, le plus emporté comme le plus timide, le plus clair comme le plus confus, me dit : comprends-moi.

Et je ne puis accepter la communication avec cet autre, qui n'entre pas dans la sphère du même, qu'à condition de le reconnaître comme autre. Cependant ne l'ai-je pas déjà reconnu ? Mais reconnaître veut dire aussi respecter : saluer en l'autre un autre moi, mon semblable et mon égal, celui qui me résiste non pas de toute sa force, mais de toute son intériorité, de toute sa liberté, et qui m'interdit de le traiter comme moyen et de le nier. « Tu ne tueras point », voilà ce que me dit « la résistance de ce qui n'a pas de **153** résistance – la résistance | éthique[2] ». Et me voici mis en question par cette question décisive que me pose l'autre : es-tu capable de me reconnaître ? C'est ainsi que la civilisation du XVIIIe siècle fut bouleversée par la rencontre du sauvage. Certains préfèrent nier le sauvage : au Vietnam, les Américains refusent la communication et organisent la tuerie au Nord, la jouissance au Sud. Mais la violence, surtout lorsqu'elle a bonne conscience, n'élude pas le défi véritable que me lance l'autre. Car sa liberté veut promouvoir la mienne, il ne me provoque pas à lui disputer le sens que son intériorité confisquerait pour l'éprouver solitairement, il me provoque à être moi-même, à lui ressembler en l'acceptant comme homme, en instaurant le règne de la justice qui « est un droit à la parole[3] ». J'apprends de lui ma propre intériorité, non d'un être clos, mais d'un être

1. *Ibid.*, [E. Levinas, *Totalité et Infini*, *op. cit.*,] p. 168.
2. *Ibid.*, p. 173.
3. *Ibid.*, p. 274.

autre ; j'apprends que je suis incomparable et pourtant ouvert à la communication, que je m'exprime et que l'autre à son tour peut me répondre. Si je puis me replier sur moi-même pour monologuer, c'est parce que je puis d'abord dialoguer. Vais-je accepter le dialogue ? L'autre ainsi m'oblige à prendre ma propre mesure.

Cette mesure est éthique. L'idée du semblable est révélée par la rencontre de l'autre comme une obligation – la seule peut-être : reconnais l'autre, et *fac quod vis*. Constatation essentielle. Elle conduit Levinas à se séparer de Heidegger : « au dévoilement de l'être en général, comme base de la connaissance et comme sens de l'être, préexiste la relation avec l'étant qui s'exprime ; au plan de l'ontologie, l'éthique[1] ». À ce texte auquel je souscris on me permettra d'ajouter deux remarques. D'abord l'étant qui s'exprime, c'est aussi le monde, qui dans la gloire de l'apparaître tourne vers nous un visage sensible. Sans doute ce visage n'est-il pas ordonné à la parole : le monde s'exprime par des images et non par le langage ; le langage seul est l'instrument et le témoin d'une liberté (d'autant que, comme l'a si bien montré Leroi-Gourhan, en même temps que le visage se délivre pour assurer la phonation, la main se libère pour manier l'outil, le corps se structure pour permettre le | geste). Et cette différence suffit pour **154** reconnaître l'homme, pour lui assigner une différence irrévocable, et pour placer les relations humaines sous le signe de l'éthique. Mais il reste que, parce que le monde aussi s'exprime à sa façon, il n'est pas entièrement justiciable de la représentation et de la jouissance ; il peut nous inviter – il invite le poète, et ce poète qui est en chacun de nous – à prendre à son égard une autre attitude, qui

1. *Ibid.*, p. 175.

n'est pas sans analogie avec celle que l'autre sollicite de moi, et à lui donner alors un autre nom : pourquoi pas celui de Nature ? Peut-être n'est-il pas sans importance qu'une philosophie de la Nature – de l'étant qui s'exprime –, dont le ressort sera une esthétique en même temps qu'une éthique, s'oppose à une philosophie de l'Être qui est une philosophie du Neutre : Levinas lui oppose plutôt une philosophie du Tout Autre. Mais – c'est ma seconde remarque – il ne me paraît pas nécessaire d'infléchir l'expérience de l'autre vers une révélation du Tout Autre, ni de mettre à la transcendance qui dit l'extériorité une majuscule qui l'hypostasie et qui interdit de la concevoir comme Nature. Quoiqu'il en soit, l'important est que l'épiphanie du visage et l'avènement de la parole instaurent l'ordre éthique, et que l'homme, toujours déjà reconnu, ne puisse être pleinement reconnu que dans cette lumière. Peut-être même cette lumière doit-elle encore éclairer la représentation lorsque la pensée passe de la reconnaissance à la connaissance : nous verrons que les sciences humaines ne peuvent qu'elles ne soient encore orientées par un parti pris sur l'homme qui est éthique. Si la philosophie de la pensée formelle se refuse à reconnaître l'homme, à prendre son parti, c'est qu'elle refuse l'éthique. L'histoire – des idées ou des événements – montre assez que cette décision est facile, et que l'homme abdique volontiers en face du système.

Mais qu'apprenons-nous à respecter l'autre ? L'idée du semblable nous introduit-elle à l'idée d'une nature humaine, d'un genre humain ? Pas exactement. Mais il ne s'agit pas tellement, à mon sens, de contester l'idée de nature pour affirmer la liberté ; car c'est seulement une liberté formelle qui exige d'être opposée à la nature ; et 155 lorsque la liberté s'éprouve dans le comportement, | elle s'exerce dans la nature, elle se fait elle-même nature, il y a comme une nature singulière de la liberté en chacun. Mais précisément ce qui nous oblige aussi à accueillir avec réserve l'idée d'une nature humaine, c'est la singularité de l'homme. L'autre n'est le semblable qu'en étant différent, et l'idée de ressemblance est plutôt conquise sur l'expérience de la différence, comme le concept sur l'intuition, ou l'affirmation éthique sur le premier mouvement. Certes, nous sommes en mesure de reconnaître l'homme en tout homme, et il y a par conséquent quelque nature commune à tous qui différencie les hommes des bêtes ou des choses; c'est pourquoi la réflexion a élaboré des concepts de l'homme. Mais la différence ici est plus profonde que la différence spécifique; elle s'inscrit dans la nature même. Il appartient à cette nature qu'elle se refuse à être commune, ou plutôt c'est d'abord la singularité qui est commune : le même est toujours, en lui-même, l'autre, celui qui s'affirme d'autant plus impérieusement qu'il est rebelle au concept. Bergson l'exprimait en disant que chaque homme est une espèce à lui seul; de même parle-t-on d'individu ou de personne. La première ressemblance que les hommes aient entre eux, c'est qu'ils sont chacun unique. Altérité radicale et toujours revendiquée, puisque chacun dit : je, et se trouve prêt à souligner et à justifier sa différence, et qui pourtant n'interdit pas la communication, puisque chacun dit aussi : tu. Car cette altérité, encore une fois, n'est point celle de deux monades repliées sur elles-mêmes entre lesquelles ne s'aménage qu'une harmonie pré-établie; ce sont plutôt deux regards qui se croisent, deux libertés qui s'affrontent, deux partenaires qui engagent le dialogue. Même la violence, qui s'efforce de méconnaître l'homme, qui refuse la justice, ne peut qu'elle ne l'ait d'abord reconnu.

Tel est le premier point que nous voulions proposer : loin que l'homme soit l'éphémère invention d'un moment de l'*épistémè*, une archéologie qui ne se limite pas à être épistémologique le découvre toujours présent aux premières expériences de la conscience : l'homme est cet animal qui est toujours capable de reconnaître l'homme. L'homme, **156** et non pas cet être | humain que Foucault invoque sans prendre la peine de le définir ; car l'être humain est bien un concept, qui situe l'homme par rapport à d'autres êtres pour lui donner place dans une théorie, par exemple à mi-chemin de l'ange et de la bête ; mais l'homme est cet être incomparable qui porte un nom propre, qui n'en appelle pas au concept, dont la nature est d'avoir si peu de nature qu'il menace toujours de déjouer notre attente et de rompre la communication que sa présence instaure.

2. *Nature et culture.*

Si peu de nature aussi qu'il est toujours disponible pour la culture. Et l'on comprend qu'il ait sans le vouloir inventé la culture. Car la culture, c'est avant tout l'aménagement de ces échanges que la singularité et l'imprévisibilité rendent toujours difficiles et aléatoires, c'est l'organisation de l'intersubjectivité. Sans doute y a-t-il déjà, comme Comte l'a souligné, une organisation naturelle des rapports humains selon laquelle l'autre n'est déjà plus cette subjectivité totalement ouverte, insaisissable, rebelle à toute détermination, mais paraît à ses proches investi de caractères déterminés. L'autre, pour l'enfant, c'est la mère ou le père, puissances d'autant plus incompréhensibles et redoutables qu'il en est plus passivement dépendant, mais dont la figure se précise à mesure qu'elle suscite des relations d'amour, de conflit ou de rivalité. L'autre devient plus intelligible en prenant du relief, du caractère, et surtout en paraissant assumer un rôle ou une fonction qui lui sont assignés par la culture. La culture s'emploie donc à dissiper le mystère de l'autre et l'anarchie des relations humaines ; à cet *a priori* qui révèle l'autre sans le faire comprendre, elle ajoute une familiarité qui a son commencement dans la famille ; elle impose à chaque individu la marque qui le définit comme personne, elle institue des rôles, elle règle les échanges et les relations. Il semble, on l'a remarqué, qu'elle soit plus soucieuse d'ordonner les rapports | des **157** hommes entre eux que les rapports des hommes avec les choses, plus attentive à la civilité qu'à la technique ; et c'est d'ailleurs pourquoi la pensée en vient aisément à concevoir l'ordre naturel que la culture explore sur le modèle de l'ordre humain que la culture instaure. Dans cette régulation des statuts et des échanges (des hommes entre eux, puis des hommes avec le monde), le structuralisme se plaît à voir une pensée formelle à l'œuvre dans une immense combinatoire. Sans doute. Mais il faut observer que ce jeu n'est pas gratuit, non seulement parce que les hommes ne peuvent pas exister sans coexister, parce qu'ils ne peuvent pas vivre sans aménager des échanges, mais parce qu'ils ne peuvent accéder à une communication efficace des messages et des biens qu'à condition de dépasser cette forme première de communication où ne se révèle qu'une altérité déconcertante et sans issue, où l'autre n'est connu que comme l'inconnu qui nous met en question. Lorsqu'on a reconnu l'autre qui est toujours les autres, il faut encore s'y reconnaître parmi eux, il faut donc apprivoiser la différence radicale par des différences instituées, masquer le psychologique (ce qui apparaît comme tel à la réflexion, et qui est d'abord l'imprévisibilité d'une nature singulière) par du social. Les différences peuvent alors jouer sur un fond de ressemblances : nous sommes de la même race, du même peuple ; mais cette ressemblance elle-même, parce qu'elle est instituée, a des limites qui lui interdisent de définir une humanité : les étrangers ne sont pas vraiment des hommes. Pour définir l'humanité, Bergson l'avait bien vu, il faudra faire un saut, peut-être revenir à ce commencement où, maintes enquêtes en témoignent, les petits Blancs jouent avec les petits Noirs sans savoir qu'ils sont noirs. L'homme socialisé, c'est l'homme identifiable, qui porte un nom, qui occupe un rang, qui a ses droits et des devoirs, à l'égard de qui j'ai des droits et des devoirs : entre lui et moi, si des rapports privés se nouent, c'est sur un fond de rapports publics, et si la nature singulière s'y exprime, c'est en compromis avec la fonction sociale, et peut-être sur un fond de nature sociale. Car le caractère de l'individu se saisit alors surtout par son accord et son contraste avec le rôle, en tout cas **158** par une | certaine façon de tenir ce rôle : c'est comme père ou comme oncle que l'homme est indulgent ou sévère, comme guerrier qu'il est lâche ou courageux, comme voisin qu'il est bruyant ou tranquille. Ainsi se dessine le visage de l'autre ; et s'il garde toujours quelque chose de son mystère, comme sur les portraits, la parure et le décor identifient le personnage en désignant son statut. Est-ce toujours l'homme qui s'annonce sous les espèces du personnage ? Toujours déjà reconnu, il se donne maintenant à connaître par le moyen de la grille que propose la culture : la connaissance du psychologique passe par le social, la connaissance du fait par l'institution de la norme. Mais qu'en est-il alors de la nature, et de cette première nature où l'homme révèle à l'homme son insondable altérité ? Le social ne va-t-il pas l'annuler ? Il semble bien difficile de concevoir ou d'accepter une norme qui ne soit pas socialement instituée. On le voit assez aujourd'hui aux avatars de la psychanalyse américaine, où la thérapeutique sombre dans le conformisme. Qu'en est-il de l'homme, si l'expérience de l'autre est masquée par celle du *socius*, si toute sa vocation est d'être un bon citoyen, si la détermination empirique de l'altérité autorise et justifie la ségrégation et la guerre ?

La question théorique est celle-ci : comment la culture opère-t-elle sa médiation ? Comment vient-elle se greffer sur la Nature ? Est-elle vraiment, dès l'origine, extérieure et étrangère à la Nature ? Nous pouvons approcher cette question par une autre : la culture est-elle encore justiciable de l'archéologie qui sert à déceler la nature ? Il nous semble que oui, au moins si nous considérons, distincte de la nôtre, la culture sauvage ; et peut-être appartient-il à l'ethnologie de se faire archéologie pour éclairer cette distinction essentielle. Il nous faut ici retenir la leçon de Lévi-Strauss, telle du moins que, dans un très remarquable article, Lyotard l'a entendue. Entre la culture sauvage et la culture domestiquée, la différence est aussi profonde que l'identité[1]. Identité, parce que la même pensée formelle est à | l'œuvre **159** dans les deux, parce qu'en fabriquant les structures qui sont ses hypothèses, l'ethnologue rend compte des faits qui sont ses données et obtient que se rencontrent le sujet

1. Le passage d'une culture où l'homme habite poétiquement le monde à une culture où il se rend maître et possesseur de la nature constitue une mutation autrement profonde que celles que décrit Foucault. L'archéologie, si elle se faisait historique, pourrait en chercher la date : serait-elle celle de la révolution copernicienne ou celle de la Révolution française en laquelle Comte voyait le moment décisif de l'âge métaphysique, c'est-à-dire de la transition entre l'état théologique et l'état positif ? Mais peut-être l'archéologie ne peut-elle pas se réduire à l'histoire, pas plus pour saisir l'avènement de la civilisation technologique que pour saisir l'origine de la géométrie.

et l'objet d'une ethnologie qui est à bon droit structuraliste. Différence, parce que la même structure dans un cas est « cet ensemble de règles de la sémantique implicite qui fait parler le monde et la société dans cette langue muette ou dans ce second corps qui est une culture vivante[1] », dans l'autre cas un instrument pour résoudre le problème du sens ; dans un cas, elle est si profondément vécue qu'elle s'ignore elle-même, dans l'autre, elle est si ingénieusement conçue qu'elle reste extérieure à la vie, comme le formel l'est au matériel. Des sauvages, Merleau-Ponty disait que « la structure "les a" plutôt qu'ils ne l'ont[2] » ; des ethnologues, on peut dire qu'ils l'ont. C'est pourquoi l'ethnologue authentique joue sur deux tableaux : il est structuraliste, mais aussi phénoménologue ou si l'on préfère archéologue, il utilise les ressources de la pensée moderne pour déceler les structures, mais il s'efforce aussi de décrire ces structures comme vécues, de les vivre lui-même avec le primitif, de retrouver avec lui l'intimité pleine de sens de l'homme et du monde.

Et en effet, sous sa forme originaire, la culture est presque contemporaine de la nature, de cette première relation de l'homme à l'homme que nous avons évoquée et qui fait droit à l'homme sans le couper du monde. C'est pourquoi, on l'a noté, nous n'avons pu séparer l'expérience primitive de l'autre, de la parole qui déjà implique une institution. La culture sauvage est encore vécue comme **160** l'expérience d'un monisme. Elle | constitue un système de correspondances entre les choses du monde, entre les membres de la société, et entre le monde et la société, par

1. [J.-Fr.] Lyotard, « Les Indiens ne cueillent pas les fleurs [...] », [art. cit.], p. 81.

2. Cité par [J.-Fr.] Lyotard, *ibid.*, p. 81.

lequel tout objet et tout individu, tout événement et toute activité sont lourds de sens : « en elle, dit très bien Lyotard, tous les sensibles sont signifiants, et tous les signifiants des sensibles ; elle transcrit le soleil en danse, l'ancêtre en ours, le serpent en phallus, le ciel et la terre en village[1] » ; elle a réponse à tout, mais cette réponse n'est pas donnée comme une explication, elle est assumée avec la même évidence tacite que le corps vit le monde, ou plutôt est le monde qui se recueille en lui et s'épanouit jusqu'au visible. Mieux qu'une seconde nature, la culture est un second corps et en même temps un second monde, réciproque (mais en deçà d'une dualité expresse) de ce second corps. Et l'on comprend que, sur l'autre, statut et fonction soient très bientôt perçus : c'est par là, autant que par son corps, que son comportement est signifiant, qu'il s'intègre au monde, à ce tout des significations qui est toujours immanent à chaque élément. Cependant – et je suis encore ici Lyotard –, si spontanément vécue qu'elle soit, si profondément enracinée dans la nature, la culture est seconde. Alors que la perception laisse le corps en prise directe avec le monde, la culture suppose ce minimum de distanciation qui donne du jeu à l'homme et ouvre un espace pour le fait spécialement humain de l'apprentissage : « le sens du haut et du bas, du loin et du près, du vert et du jaune ne s'apprend pas, il s'établit en même temps que le corps comme structure des correspondances sensibles se parachève. Mais le sens de la lune, de l'aigle, de l'épouse et du cuivre s'institue comme une langue maternelle s'apprend ; et l'apprentissage trouve consécration dans l'initiation[2]. »

1. [J.-Fr.] Lyotard, *ibid.*, p. 75.
2. *Ibid.*, p. 77.

Ainsi les rapports de l'homme avec l'homme cessent de se jouer dans le corps à corps de la reconnaissance immédiate et peuvent être réglés. L'autre, ce sensible extraordinaire, est doté de significations et de rôles qui achèvent de l'individualiser, et les actes sociaux aussi, qui **161** ne sont pas seulement fonctionnels, | mais chargés d'un sens symbolique qui ancre la société dans le monde[1]. Mais précisément l'ordre humain ne s'institue pas en rompant avec l'ordre naturel. Cette rupture s'accomplira peut-être avec le contrat où s'accordent deux volontés pures, lucides et désincarnées, pour inaugurer le règne de la loi, de l'universalité abstraite, c'est-à-dire pour convenir des règles d'un jeu formel; alors en effet prétend s'instaurer un ordre nouveau, artificiel et arbitraire puisqu'il est l'œuvre du libre arbitre. Et c'est peut-être l'honneur de l'homme de le vouloir : au prix de renoncer à la nature et de se dénaturer? Rousseau l'a pensé, et l'on comprend son tourment; car si Rousseau n'a jamais commis l'erreur de penser que l'homme naturel est historiquement antérieur et extérieur à la société, il a pensé qu'on ne pouvait

1. Mais ces actes sociaux sont fonctionnels aussi. Si on est naturaliste – ou aussi bien matérialiste –, on ne peut l'être à demi, on ne peut faire la petite bouche devant le besoin et par exemple le distinguer radicalement du désir comme fait Lacan; certes le besoin prend pour l'homme qui l'éprouve un sens qu'il n'a pas pour l'animal, et se dépasse dans le désir; mais c'est comme besoin qu'il se dépasse. Comte le disait, on ne peut imaginer une civilisation qui ne déférerait pas en quelque façon aux impératifs biologiques. On ne peut récuser le fonctionnalisme, même s'il est trivial. C'est pourquoi Lyotard reconnaît « partir d'une problématique qui n'est pas celle de Lévi-Strauss » lorsqu'il évoque les appels fondamentaux auxquels répond la culture : « enfanter, aimer, se nourrir, demandent à être accomplis… » ([*ibid.*,] p. 71). Ceci dit, l'intéressant est que la réponse ne soit pas simplement organique et qu'elle introduise dans le comportement besogneux un jeu de significations qui bouleverse l'expérience même du besoin.

comprendre et peut-être corriger les maux inhérents à la vie sociale qu'en séparant l'artificiel de l'originaire, et donc en faisant la théorie de l'originaire comme la phénoménologie aujourd'hui la fait à sa façon, mais aussi en consentant à l'artificiel et en fondant l'état civil sur le pacte. Mais peut-être – et Rousseau ne l'eût pas nié – cette rupture et cet avènement du formalisme juridique ne sont-ils ici nécessaires que parce que l'humanité a pris un jour un mauvais chemin; peut-être y a-t-il eu pour elle un moment plus proche de cet originaire théorique ou mythique où la société s'enracinait spontanément | dans la nature. **162** On sait que les sociologues opposent le statut au contrat; et les juristes, pareillement, l'institution au contrat. Il se peut que l'institution représente une organisation quasi spontanée des rapports humains dans laquelle l'individu se trouve immergé, et qu'il vit sans la mettre en question aussi naturellement que son corps vit le monde des choses; à une condition toutefois, nous l'avons dit : c'est qu'il y ait été initié par l'éducation; et donc avec une différence : c'est que cette vie sociale se connaît comme instituée, – mais sans se réfléchir, sans s'interroger sur elle-même, car le sauvage suit les coutumes comme l'animal son instinct, et laisse l'étonnement à l'ethnologue. Si la culture est ainsi vécue, c'est bien parce que, malgré tout ce que l'observateur étranger lui trouve d'artificiel, de relatif et de bizarre, elle s'accorde profondément avec la nature, et peut-être sans tellement contraindre la nature, par l'éducation, à s'accorder à elle. Elle ne se contente pas d'aménager des correspondances, un lien religieux, entre sociétés et nature, de transmuer le social en nature, comme le village en cosmos, et aussi bien la nature en social, comme fait le totémisme; elle fonde le social sur la nature. Linton a remarqué que les sociétés primitives semblent bien plus capables que les nôtres d'inventer pour les individus les rôles qui conviennent à leur nature, jusqu'à faire place aux déviants que nos sociétés au contraire vomissent, comme dit Lévi-Strauss[1]. Pareillement le symbolisme social dont les choses sont chargées, quelle qu'y soit la part de la fabulation, est sans doute au moins suggéré par leur apparence sensible : si l'oiseau-tonnerre annonce l'orage, c'est qu'il vole comme la foudre ; et si l'arbre joint la terre au ciel, c'est que le regard s'élève pour suivre son essor. Ce que Durkheim appelle naturalisme, et qu'après lui tout le monde réfute, n'est pas totalement faux. Que la perception soit toute mêlée d'imagination au point de susciter les métaphores les plus étranges signifie seulement que l'homme est tout entier présent au monde. Et c'est bien sur cette présence, sur cette foi originaire qui habite la perception, que s'édifie **163** la culture. | Elle implique, comme dit encore Lyotard, « l'assentiment de la corporéité… le transport en elle d'un signifiant plus vieux qu'elle parce qu'il procède de la conjuration du corps et du monde[2] ». En ce sens elle est profondément naturelle.

Il faudrait en dire autant du langage, qu'il faut bien évoquer sitôt qu'on parle de la culture, puisqu'il en est à la fois une partie et la condition. Lui aussi est naturel, ou plus exactement se situe à une distance minimale de la nature : cette même distance qu'il faut assigner à la culture, et qui signifie à l'homme dans le monde son destin de corrélat du monde, sa vocation d'être séparé qu'il accomplira aussi bien en inventant la pensée formelle que la civilisation mécanique. Pour le langage, cette distance est tout

1. [C. Lévi-Strauss,] *Tristes Tropiques*, [Paris, Plon, 1955,] p. 418.
2. [J.-Fr. Lyotard, « Les Indiens ne cueillent pas les fleurs […] »,] art. cit., p. 75.

simplement celle qui sépare le signifiant du signifié, et qui permet au premier de se substituer au second. Cette distance, la pensée contemporaine tend à l'exagérer, on l'a vu, parce qu'elle est soucieuse de penser la langue comme une totalité autonome, douée d'une objectivité intrinsèque ; mais du même coup, si le système des signifiants se suffit à lui-même et se referme sur lui-même, la distance est abolie, du fait que le signifié est captif dans l'enceinte du signifiant : la signification est conçue comme grammaticale et définie différentiellement par le jeu des oppositions et des combinaisons à l'intérieur du système des signes ; le monde est pris dans les rets du langage ; mais pour habiter ainsi le langage, il faut qu'il soit dépouillé de sa substance et de son extériorité, qu'il ne soit plus que l'Être. Pourtant, à considérer la parole, il semble que l'écart entre signifiant et signifié, s'il tend à se combler, c'est d'une autre façon : au bénéfice du signifié. Car la parole traverse le signifiant pour aller aux choses mêmes qu'elle vise ; l'outil s'oublie dans son opération lorsqu'il accomplit sa fonction, qui est essentiellement sémantique. Parler est encore une façon d'être au monde pour le dire. Et c'est pourquoi la langue n'est pas vraiment un outil ; ou si l'on veut cet outil a avec qui l'emploie une proximité que nul autre ne peut revendiquer : il est en nous et nous sommes en lui ; un Français ne parle pas | avec le français, il parle en français, c'est-à-dire **164** qu'il est présent à un monde français. Est-ce à dire que la langue articule le monde, comme on l'a dit si souvent, ou au contraire que le monde suscite en quelque sorte la langue ? Pour répondre à cette alternative, et peut-être en la refusant, considérons un phénomène inverse.

Il arrive que l'outil, au lieu de s'effacer dans son acte, cherche à valoir par lui-même, exhibant sa propre chair, la matière même du signe, dont le pouvoir signifiant n'est plus alors porté par son insertion dans le système et sa nature diacritique, mais par la vertu même de ses qualités sensibles. Le verbe conjure l'objet par sa musique propre : ceci définit la poésie ; elle est cet usage du langage, peut-être premier et lui aussi justiciable de l'archéologie, où, indépendamment de toutes les motivations qui coordonnent et justifient les signes à l'intérieur du système (comme lorsque l'arbre à poires s'appelle poirier), l'arbitraire du signe semble dépassé : comme si la palme chez Valéry ne pouvait avoir d'autre nom que palme. De nouveau tend donc à s'annuler la distance entre signifiant et signifié, mais il semble maintenant que l'initiative de ce rapprochement appartienne au signifié lui-même : non pas au concept, qui reste à l'intérieur du langage, mais au monde lui-même ; comme si la palme demandait en effet à s'appeler palme, comme si elle imposait au poète son nom. Comme si… mais quel poète n'a fait cette expérience d'être contraint par les choses lorsqu'il était contraint par les mots, et d'éprouver dans cette contrainte l'authenticité de la parole ? En nous laissant courir sur l'erre du comme si – en entrant dans la métaphysique –, nous en viendrions à dire que, lorsque les mots par la poésie sont mis en liberté et rendus à leur nature, c'est la Nature qui s'exprime, c'est elle qui veut le langage pour se dire à travers la parole poétique. Mais si nous ne pouvons parler de la Nature que métaphoriquement, nous pouvons au moins parler du monde, le monde que la Nature devient pour l'homme dans la perception et par le langage. Et peut-être nous est-il épargné alors de dire trop vite que le langage articule le monde, comme si son initiative était libre et son pouvoir **165** souverain ; peut-être | faut-il dire aussi que le monde sollicite cette articulation, que le monde et le langage sont solidaires, et qu'enfin l'homme est dans le langage comme il est au monde. Autrement dit, entre l'expérience première où, dans l'homme même, dans son corps visible et voyant, le monde s'échange avec le monde, où tout fait signe sans que soit instituée de différence entre signifié et signifiant, et l'expérience de la parole où la pensée use de signes qui substituent l'idée à la présence, il y a une distance minimale, la même qu'entre nature et culture. Il faut bien qu'il y ait une distance, car c'est la vocation de l'homme de se séparer du monde pour le dire, de se placer comme à l'extérieur du dit et de distinguer par sa parole le disant et le dit, d'aller jusqu'en ce point de rationalité où il élabore des langages formels dont il maîtrisera totalement le sens. Mais cette vocation ne peut s'accomplir que dans une situation qui en quelque sorte la contredit en même temps qu'elle l'exige : parce que l'homme reste au monde en s'en séparant, parce que la pensée reste incarnée, parce que le monde appelle ce langage où il trouve son substitut, parce que le signifié reste attaché aux signes qui s'en distinguent pour le signifier.

Ce qui est en jeu dans ce débat, c'est encore une fois l'idéalisme, sous deux formes différentes mais peut-être complices. D'abord l'idéalisme propre à la pensée formelle, ou aussi bien à la pensée technologique, à une pensée conquérante, assez sûre et assez fière d'elle-même pour oublier ses origines. Mettre le langage en avant, c'est mettre le monde en arrière, écarter la présence opaque et obstinée des choses, refuser aussi que cette présence puisse être parlante et puisse en appeler à la parole. Certes, ce n'est pas pour autant en revenir à la subjectivité démiurgique du *cogito* ou du *loquor*, puisque aussi bien on s'applique à dissoudre l'homme. Mais les prérogatives que le rationalisme classique conférait au sujet sont maintenant transférées à une subjectivité anonyme : c'est le langage lui-même, ou le système, ou la culture, qui deviennent sujets. Et toujours au détriment du réel. C'est ici que Heidegger me paraît se faire complice d'une attitude de pensée que pourtant il dénonce. Car lui aussi privilégie le **166** langage, ce partenaire de l'Être. Pour | connaître la chose il interroge le mot ; et sans doute la chose est-elle inséparable du mot qui la désigne et du contexte culturel que le langage véhicule ; mais n'est-ce pas aussi parce que le mot est plein de la chose ? Heidegger, lorsqu'il nous invite à « penser la chose comme chose », à « la laisser être », à habiter dans sa proximité, distingue à grand soin la chose de l'objet, la présence de la représentation ; et il est vrai qu'il nous faut être présent à la chose, avec notre corps, notre langage et notre culture, pour qu'elle pénètre et résonne en nous, qu'elle dépose le sens dont elle est lourde. Mais précisément cette présence est charnelle : nous ne gagnons la proximité et la familiarité de la chose – de la cruche, mais aussi de l'outil et de la machine – qu'à condition d'être de plain-pied avec elle, dans le réel. Cette plénitude du réel, il semble que la pensée de l'Être l'escamote, et qu'à la lumière, il faudrait au moins joindre, sinon opposer, la pesanteur et la puissance de la Nature. Je sais bien que Heidegger récupère ce qu'il a d'abord écarté : il identifie l'Être non seulement au *logos*, mais à la *physis*. Mais alors cette identification n'est-elle pas téméraire et ne faut-il pas au moins établir un rapport de subordination entre les termes ? Certes, le sens est dans la chose, comme le concept est dans l'objet ; mais il faut que la chose soit là pour qu'elle porte le sens[1]. Être là, quel que soit le traitement que Hegel fera subir à ce là, c'est sa seule façon d'être : s'inscrire

1. C'est pourquoi nous ne pouvons pas davantage accepter la dialectique hégélienne, si du moins il lui est indifférent de commencer par l'Idée ou par la Nature : comment, là-dessus, ne pas être marxiste ?

dans le réel, participer à l'inépuisable générosité de la Nature. Et l'homme aussi n'est là comme homme qu'à la condition d'être-là ; si singulier que soit son statut, il est d'abord partie de la Nature. Réalité d'abord. Et c'est pourquoi la pensée doit être en garde contre une philosophie du langage envahissante qui subordonnerait trop radicalement l'être au langage ; le langage, comme la culture qu'il promeut, s'enracine dans la Nature, la langue est vraiment naturelle. Pour chaque homme, il y a une langue maternelle qui porte et nourrit ses pensées, et il est en elle comme | l'embryon dans le ventre de la mère : **167** destiné à se séparer, mais pour être toujours enveloppé de soins et de tendresse.

Ainsi, parce que la culture et le langage sont des institutions naturelles, être dans la culture et être dans le langage, c'est encore être au monde. Ce sera sans doute le moyen de conquérir le monde, mais c'est d'abord, et toujours, le moyen de l'habiter selon que le décrit l'archéologie. Habitant le monde, l'homme cohabite et coexiste avec l'homme, l'homme est pour l'homme une évidence irrécusable et première. Il se peut que la culture et le langage, en même temps qu'ils humanisent le monde, introduisent des percepts et des concepts qui recouvrent partiellement cette évidence et en émoussent la pointe trop aiguë : l'homme devient alors le concitoyen, celui qui parle la même langue et vit la même culture, qui assume tel rôle et tient telle place dans les systèmes d'échange ; l'altérité s'apprivoise en diversité, en même temps que se perd l'universalité qui pouvait germer en elle si l'autre, dans son ipséité même, pouvait indéfiniment se démultiplier. De cette idée d'humanité, les déterminations sociales et conceptuelles de l'homme sont la négation. Mais provisoire. Car ces déterminations n'altèrent pas radicalement l'expérience de l'autre : elles se fondent sur elle. Derrière tous les masques toujours se décèle le visage de l'autre, derrière tous les personnages l'individu – toujours autre et pourtant le même : l'homme s'annonce à travers les hommes. De cet homme, en restant aussi près que possible de l'expérience nue où il se révèle, que pouvons-nous dire encore ?

positive parie d'expliquer sans reste, par une genèse empirique, l'avènement de l'homme dans l'enfant, et que c'est au contraire le reste qui nous intéresse : l'origine que nous évoquons est inassignable, c'est le transcendantal comme inengendrable.

170 | 1. *Le transcendantal.*

Cette présence du transcendantal, c'est en effet le premier point que nous voudrions établir. En effet, si près qu'on se situe de l'origine, ne faut-il pas déjà reconnaître à l'homme les pouvoirs qui lui permettront de faire carrière dans le monde ? Il est au monde, mais déjà en tant qu'homme. Toujours capable de surmonter le traumatisme de la naissance, de se sentir chez lui dans le monde ; entendez : de trouver un sens aux choses ou aux situations, ce sens fût-il d'être incompréhensibles, horribles ou inhumaines. Sans doute a-t-il tout à apprendre, et n'en aura-t-il jamais fini ; mais précisément, il est capable d'apprendre. Ce pouvoir atteste la plasticité de sa nature : il n'est pas – ou il est moins complètement que l'animal – équipé d'instincts qui inhiberaient ses progrès en même temps qu'ils détermineraient son comportement. Mais ce pouvoir requiert aussi certaines dispositions : l'aptitude à accueillir l'expérience et à en recueillir le sens implique une familiarité inaugurale avec le sens ; pour apprendre, il faut déjà comprendre. Ainsi l'enfant apprend-il à évaluer les distances comme il apprendra plus tard à conceptualiser la distance et à faire de la géométrie ; mais il faut pour cela qu'il ait d'emblée quelque sentiment de l'espace, et qu'il n'aille pas chercher la lune, s'il veut l'attraper, à la surface de son corps. De même apprend-il à discerner, selon leurs formes signifiantes, des objets ; mais encore faut-il qu'il ait quelque idée, si confuse soit-elle, de ce qu'est un objet, et par exemple de la différence qui est entre une chose et un vivant. De même encore apprend-il à manier le langage ; mais peut-être faut-il déjà qu'il ait compris ce que parler veut dire, et qu'il ait éprouvé, comme le poète, dans la chair de certains mots la présence absente de la chose. La théorie du langage, et plus généralement de la culture, nous invite assurément à déposséder l'individu de l'initiative : ce sont les propriétés de l'outil ou de l'institution qui s'imposent à lui et déterminent son comportement, | sans **171** qu'il ait pour son propre compte à repartir à zéro comme le veut l'empirisme traditionnel ; le langage, qui est intelligence, l'installe aussitôt dans le royaume de l'intelligence, comme à son insu. Mais encore faut-il qu'il soit d'intelligence avec le langage, capable de parler ce langage qui s'offre à parler pour lui, et aussi bien qu'il soit d'intelligence avec le monde, capable de lire le sens que ce monde lui propose. La sensibilité à l'expérience ne dérive pas de l'expérience.

Admettre que l'homme soit porteur d'*a priori*, c'est accepter d'abord de le séparer. Car ces *a priori* se réfèrent à une indéclinable subjectivité ; il faut bien les concevoir comme des aptitudes, c'est-à-dire des savoirs virtuels – évidemment non encore formulés ni réfléchis – qui mettent l'homme en prise sur le monde. Ils amorcent donc l'écart que le développement de la science et de la technique va approfondir entre le sujet et l'objet, ils inclinent la réflexion vers le dualisme. Mais pour un moment seulement, car ce qui sépare l'homme du monde apparaît bientôt comme ce qui le joint au monde. Dire que l'homme est naturellement accordé au monde, c'est dire en quelque sorte qu'il est gros du monde, c'est dire aussi que le monde lui répond. En effet l'idée d'*a priori* n'implique pas nécessairement l'idée d'une démiurgie par laquelle le sujet serait proprement constituant. Plutôt que d'évoquer tout un mécanisme d'actes ou d'opérations, dissimulé dans les ténèbres de l'habitude, qui informerait un donné amorphe, on peut concevoir l'*a priori* comme le pouvoir de saisir des formes et des expressions qui sont données sans être construites. Alors, à l'*a priori* subjectif qui appartient au sujet correspond un *a priori* objectif qui structure l'objet : le monde répond à l'homme, l'homme est ordonné au monde. Cette harmonie maintient encore le dualisme, mais elle va ramener la pensée dans les parages du monisme. Car elle fait évidemment problème ; si l'on n'accepte pas qu'elle soit pré-établie par quelque Providence, il faut supposer qu'elle en appelle à une forme première de l'*a priori* antérieure à la cassure du subjectif et de l'objectif, à la distinction du connaître et de l'être. Cet état sauvage de l'*a priori* ne peut lui-même être référé qu'à un être **172** sauvage | qu'on peut appeler Nature, antérieur à la scission qui fait apparaître l'homme et impose la distinction du connaissant et du connu. C'est dans cette Nature que l'homme émergerait, voué à être le miroir où elle se réfléchit comme monde (perçu) ou comme univers (conçu). C'est donc à une archéologie cette fois métaphysique qu'il incomberait d'évoquer cet *Urgrund* où l'homme et le monde pour l'homme trouvent à chaque instant leur origine ; et sans doute cette métaphysique est-elle en toute rigueur impossible puisqu'elle est le fait d'un homme qui devrait – et ne peut – s'abolir comme homme pour parler de ce qui est avant l'homme. Mais peut-être suffit-il que cette origine soit pressentie et conjurée, comme elle l'est dans l'expérience esthétique et aussi bien dans l'expérience du sacré. Pour que la philosophie, sans pouvoir l'affirmer, puisse au moins ne pas la nier, il suffit qu'elle soit assez réaliste, assez soucieuse de la densité, de la profondeur, de la puissance du réel pour ne pas élever d'objection de principe contre l'idée d'une Nature primitive, naturante, qui serait la Mère de l'homme, avant d'en être comme monde le corrélat.

Mais ce qui nous importe ici c'est de pouvoir dire que la nature de l'homme, comme de toute chose, est une nature en l'homme qui témoigne de la Nature. L'homme est naturé, il faut le penser comme partie de la Nature. Ce ne sera pas lui faire tort, lui refuser la conscience ou bloquer l'avenir de sa pensée : la Nature intègre la pensée, et on oserait dire qu'elle la veut dès qu'elle produit l'homme. Mais cela nous engage à chercher les racines de l'homme dans la matérialité du réel. Si le transcendantal appartient à sa nature, il faut le penser au ras de la nature naturée, l'enraciner dans le corporel ou aussi bien le psychologiser. Telle est bien, semble-t-il, l'entreprise de Merleau-Ponty. En émoussant ainsi, dans l'homme même, le dualisme du supérieur et de l'inférieur, on ne fait pas tort, répétons-le, au transcendantal, on rend plutôt justice au corporel. C'est le corps qui est conscience ; c'est dans cet objet singulier, visible et aussi voyant, que s'accomplit le voir ; c'est du fond de la chair que se prépare l'ouverture au monde et que s'amorce la connaissance du monde. L'*a priori*, savoir virtuel, est aussi une | manière d'être du corps, une certaine 173 façon qu'a le corps d'être présent aux choses et de vivre leur présence. Décrire cette expérience est une entreprise quasi impossible – et Merleau-Ponty l'a éprouvé mieux que tout autre –, si l'on veut obstinément rester en ce lieu où l'homme est mêlé au monde par toutes les fibres de sa chair. C'est pourquoi la réflexion est tentée non seulement de couper le côté subjectif de l'*a priori* de son aspect objectif, mais encore, considérant l'*a priori* dans le sujet, de négliger cette conscience sourde du monde, cette promesse de savoir que recèle l'*a priori*, pour n'en retenir que la structure objective inscrite dans un corps-objet. Et c'est ainsi que Canguilhem peut définir « l'*a priori* morphogénétique » comme « un *pattern* inné de comportement » ou un système de consignes inscrit dans la cellule pour le développement et la régulation de l'organisme ; pour que ce *logos* immanent au vivant mérite vraiment le nom d'*a priori*, il faudrait encore qu'il ne fût pas seulement concept pour le savant, mais concept dans le vivant pour le vivant, savoir en puissance qui ébauche dans l'animal ou dans la cellule la connaissance du milieu ; il faudrait donc montrer que le concept vécu est en quelque sorte vécu comme concept, c'est-à-dire comme dispensateur de sens, lumière sur le monde. Or la difficulté n'est pas tellement de transférer au corps animal ce que l'on dit du corps humain, elle est surtout de dire à propos du corps-objet ce que l'on dit, à grand'peine déjà, du corps vécu ; car la théorie du corps-objet s'opère dans un univers du discours où le divorce est prononcé entre l'être et le connaître, entre la pensée et l'étendue, et où l'on ne peut guère penser qu'un pouvoir du corps soit en même temps un savoir. Comment comprendre l'identité de l'être et du connaître si on ne peut comprendre l'indistinction primitive du sujet et de l'objet ? De fait le recensement des *a priori* ne peut s'opérer qu'à partir de leur cassure, en se référant tantôt au sujet et tantôt à l'objet.

Pourtant l'union substantielle de l'âme et du corps ne cesse de s'accomplir sous nos yeux. Le corps de l'autre me parle ; même s'il n'exprime que le mouvement d'une pensée et non son contenu, il m'apparaît comme puissance pensante : l'autre ne voit pas avec ses yeux, c'est son œil qui voit, comme ce sont | **174** ses mains qui prennent, ses jambes qui savent où elles vont. Et moi-même, je vis de cette union substantielle; les habitudes sont des savoirs que mon corps a acquis : savoir-faire, sans doute, mais ce faire est intelligent, et je ne puis dire que je m'en remets à cette intelligence : elle est mon intelligence, et je n'en ai pas d'autre. Mais cette intelligence même ne peut se former et s'exercer que sur le fond d'une connivence première de mon corps avec le monde. Nous retrouvons ici l'*a priori* : l'accord immémorial de l'homme et du monde qu'il manifeste se noue dans le corps, dans cette nature que je suis, naturée par la Nature. Et c'est ainsi que l'homme est dans la vérité.

2. *L'être-dans-la-vérité.*

Nous sommes tentés de revendiquer, avec la vérité, une relation de propriétaire ou de créateur. Et il est vrai que nous pouvons acquérir et comptabiliser des vérités. Nous pouvons même décider du vrai ou du faux, lorsque V et F sont des prédicats qui nous servent à construire une table de vérité, à définir une syntaxe, indépendamment de toute sémantique. Mais la sémantique ne se laisse pas oublier, et Tarski nous embarrasse lorsque, définissant la vérité comme prédicat sémantique, il exemplifie ainsi : la proposition « la neige est blanche » est vraie si et seulement si la neige est blanche. Sitôt que le vrai se distingue du valide, il en appelle à la vérification, et c'est l'expérience qui vérifie, autrement dit qui dévoile. On peut bien définir la vérité par le dévoilement, mais pourquoi définir le dévoilement comme un événement ontologique et non pas ontique? L'apparaître n'est pas un mouvement de l'Être qui se répercuterait dans l'étant et l'induirait à se révéler, c'est le réel même qui apparaît, la Nature qui devient monde pour l'homme. Si l'apparaître suppose quelque initiative ou quelque pouvoir, cette force de l'apparaître ne constitue pas par elle-même une instance propre, même 175 mâtinée de néant ; il faut l'assigner à une | Nature qui est comme un soi, capable de *se* manifester ou de *s'*exprimer (de même que la révélation, dans la théologie, est le fait d'un Dieu qui doit *se* révéler pour *s'*accomplir). L'homme peut alors être conçu comme l'être que produit la Nature pour se dévoiler. On ne saurait oublier que le visible n'est tel que pour un voyant : en quoi l'homme est toujours le corrélat du monde.

Il est disponible pour l'apparaître, et c'est ainsi qu'il se tient originairement dans la vérité. Sans doute, tant qu'il est présent à ce monde comme ce lieu de chair où le monde se réfléchit, il vit la vérité plutôt qu'il ne la pense ; il en est possédé plutôt qu'il ne la possède. Alors le prédicat vrai qualifie moins la connaissance que l'être : ce sont les choses qui sont vraies, parce qu'elles sont sincères, parce que leur apparaître ne ment pas, parce qu'elles s'identifient à cette image qu'elles proposent. Mais déjà faut-il qu'une pensée puisse connaître les promesses de la chose pour savoir que la chose les tient, qu'elle puisse discerner l'essence et l'existence pour les identifier ensuite. À séjourner dans la vérité, l'homme ne sait pas qu'il y séjourne ; et il n'a point de critère pour mesurer le vrai. Tout est vrai, au moins en ce sens que rien n'est faux ; car l'apparaître ne trompe pas, comme aimait à dire Alain, et les choses ne sont pas capables de fausseté ; elles ne sont fausses que par rapport à un jugement ou une attente déçus. Et l'imaginaire non plus ne trompe pas, tant que c'est la Nature qui imagine et non l'homme qui fabule. Mais il faut bien que l'homme se sépare et que la conscience prenne du champ ; le langage introduit cet écart entre présence et représentation : il est le moyen de dire ce qui est, et le vrai devient un prédicat du discours.

Encore faut-il pour cela que le langage lui-même soit vrai, au sens où les choses sont véraces : qu'il se donne, comme aux linguistes, et déjà à qui l'apprend, avec un air de nature, et c'est ici sa systématicité qui cautionne sa naturalité ; mais aussi qu'il se donne, comme au poète, dans son fonctionnement même, pour ce qu'il est : capable de nommer et de décrire. Il apparaît comme une chose, mais une chose qui dit ce qui apparaît ; il se montre comme le pouvoir de montrer ce qui se montre. Et | c'est pourquoi **176** son apparaître est toujours lié à la présence de l'autre : l'apparaître au second degré se réalise dans la parole, parce qu'il faut un sujet pour savoir ce que parler veut dire, pour effectuer la vérité du langage en l'employant. Ainsi le langage ne trompe pas. Le signifiant se donne comme signifiant d'un signifié, et le signifié est toujours à la fois absent et présent dans le signifiant. Autrement dit le discours fait sens parce qu'il révèle un sens ; ce sont les choses qui se disent. À l'origine, ou, si l'on préfère, en droit, le langage n'est pas arbitraire, il ne constitue pas les choses ou le visage du monde selon son bon plaisir, il n'organise pas la perception, il l'accompagne ; ce sont les choses qui se nomment, et le langage se fonde sur leur apparaître. Mais le langage aussi décrit : il est discours articulé selon une certaine logique. Cette logique implicite qui se manifeste dans sa grammaire n'est sans doute pas différente de celle qui s'exprime dans le langage artificiel de la logique ; on peut penser – et la linguistique nous y convie – que la logique explicite dans un langage artificiel la logique inhérente au langage naturel. Mais ce qui nous importe est que, si cette logique est *a priori*, à l'*a priori* subjectif réponde encore un *a priori* objectif, c'est-à-dire que l'*a priori* formel soit déjà un *a priori* matériel. Ce que la logique nous montre, dit Wittgenstein, c'est la forme logique du monde ; cette thèse n'implique pas nécessairement l'atomisme que Russell a enseigné à Wittgenstein ; elle peut signifier que la logique n'est pas plus arbitraire, mais tout aussi fondée que les signes linguistiques, qu'elle aussi apparaît et s'impose avec l'apparaître des choses, en quoi elle n'est pas seulement condition de validité, mais de vérité : parce qu'elle est vraie aussi et que, dans la mesure où elle est présente au langage, elle en confirme la vérité.

Le langage est vrai parce qu'il est plein, parce que le signifiant est habité par le signifié. Mais les énoncés peuvent être faux. Parce que le langage peut dire et peut tout dire, nous pouvons lui faire dire n'importe quoi. Mais la faute ne lui en incombe pas : c'est l'homme qui trompe et se trompe. Tromper l'autre, cela suppose que je ne me trompe pas : je connais le vrai, mais je le dissimule, je le nie. Mais 177 l'autre peut me rendre la pareille : | je puis à mon tour être trompé, autant que je puis me tromper. Ces deux occurrences sont-elles à égalité ? Si je suis trompé, n'est-ce pas de ma faute, parce que ma vigilance est en défaut, parce qu'au lieu de suspendre mon jugement, j'accorde trop vite ma créance, sans mettre en doute ce qui m'est dit ou montré ? Bref, n'est-ce pas que je me trompe moi-même ? Mais voyons d'abord comment je puis me tromper. Se tromper, puisque nous lions l'erreur au langage, c'est dire le faux. Dire le faux en croyant dire le vrai : il convient d'observer cette priorité du vrai, qui confirme la véracité principielle du langage ; l'erreur est sur fond de vérité. Mais il y a plusieurs façons de dire le faux, et l'on peut ici se référer à Husserl. On peut trahir en quelque sorte le langage en refusant la logique qu'il comporte, c'est-à-dire en refusant de le traiter comme langage : en construisant des énoncés qui ne le sont pas, absolument incohérents comme le non-sens, ou relativement incohérents dans l'enchaînement des significations partielles comme le contresens. Il est d'ailleurs remarquable que la *Quatrième recherche logique* propose comme exemples de contresens non pas des énoncés formels comme tous les A sont B, parmi lesquels quelques-uns ne sont pas B – exemple donné dans *Logique formelle et transcendantale* –, mais des énoncés matériels, comme : du fer en bois, ou : tous les carrés ont cinq angles ; cela signifie peut-être que le contresens où la pensée se contredit contredit le réel parce que la loi logique qui est reniée est une loi du réel. Cette hypothèse, que suggère aussi chez Husserl la théorie de la genèse du jugement, est en tout cas vérifiée pour le troisième type d'erreur, qui se produit au niveau de « la logique de la vérité », lorsque le jugement doit être non seulement distinct mais clair, et par là « rempli » ; car il faut alors tenir compte de la matière du jugement, qui détermine son adéquation : les « noyaux » ne sont pas sans importance, et c'est la considération de leur homogénéité qui m'interdit de dire que le fer est en bois, que le son a une étendue, ou que trois est ovipare. L'expérience, ou les *a priori* proprement matériels qui la structurent, est bien ici le fondement de tout jugement possible. Je me trompe lorsque je ferme les yeux à l'apparaître, lorsque je dis ce qui n'est pas ; même si | mon **178** erreur est formelle, c'est en dernière analyse à l'apparaître que, sans le savoir et parfois sans le vouloir, j'inflige un démenti.

L'erreur est donc le fait de l'homme. Sans doute l'homme peut-il plaider les circonstances atténuantes. Car l'apparaître se résout en apparences, – puisque c'est toujours quelque chose qui apparaît, et non pas l'apparaître lui-même –, et les apparences peuvent être trompeuses. L'intention de tromper, de dissimuler ou de feindre, n'appartient qu'à l'homme, mais le visage des choses peut être indistinct, confus, louche. Certes le louche se donne comme louche, de même que la nuit se donne comme noire ou les lointains comme brouillés, mais il éveille en même temps la tentation de substituer l'irréel au réel, de dire n'importe quoi pour dire au moins quelque chose. Il est donc au moins facile de se tromper. D'autant plus facile que la connaissance, si c'est elle que l'on tient pour susceptible de fausseté, suppose que l'homme décolle en quelque sorte du réel ; sitôt qu'il substitue le discours à la symbiose, la représentation à la présence, il peut se tromper : il est exposé à tous les faux pas et à toutes les illusions. Mais ni la possibilité, ni la tentation de l'erreur n'autorisent à le disculper en disant qu'il est voué au faux, livré à l'errance. Il n'y a pas un péché originel de la connaissance, parce que, nous l'avons assez dit, le sujet connaissant n'est jamais radicalement séparé, et que cette familiarité native avec le monde qu'atteste l'*a priori* le maintient dans la vérité. *Les* vérités premières sont peut-être des erreurs premières, au moins pour l'homme qui renonce un moment à la pensée rêveuse pour s'exercer à la pensée rationnelle, mais ces erreurs ne peuvent germer que sur le sol de *la* vérité. La vérité n'est pas totalement conquise sur l'erreur, et l'erreur la présuppose. Si l'on tient à parler de l'errance, que ce soit dans les termes dont use Canguilhem : « En fait l'erreur humaine ne fait probablement qu'un avec l'errance. L'homme se trompe parce qu'il ne sait où se mettre. L'homme se trompe quand il ne se place pas à l'endroit adéquat pour recueillir une certaine information qu'il recherche. Mais aussi, c'est à force de se déplacer qu'il recueille de l'information ou en déplaçant… les objets **179** les uns par rapport aux | autres, et l'ensemble par rapport à lui[1]. » L'errance n'est pas une situation faite à l'homme,

1. [G. Canguilhem, « Le concept et la vie »,] art. cit., p. 223.

c'est une situation qu'il se fait, parce qu'il ne se satisfait pas de cette symbiose sans avenir dont se satisfait l'animal, parce qu'il se livre à « une recherche inquiète de la plus grande quantité et de la plus grande variété d'informations[1] ». Nous rejoignons ici une analyse, classique depuis Descartes, de l'erreur : l'erreur procède de la volonté. Car cette curiosité qui lance l'homme dans l'aventure de la connaissance a son ressort dans la volonté : elle est vouloir-savoir. L'homme ne veut pas se tromper (encore qu'il le veuille parfois : au moins sur son propre compte, comme les psychiatres le savent) ; mais il se trompe parce qu'il veut : parce qu'il est impatient de savoir et d'affirmer le vrai. Car il arrive que le vouloir ne soit peut-être pas seulement la condition du savoir, mais aussi sa fin : du vrai, monnayé en vérités acquises et possédées, le dogmatisme fait une consommation ostentatoire ; la volonté est ici volonté de puissance : affirmer le vrai, décider que c'est ainsi, c'est une façon d'avoir puissance sur les idées, sinon sur les choses et peut-être sur les individus ; l'autorité du vrai est parfois confisquée par la personnalité autoritaire. En tout cas, même désintéressée, la curiosité du vrai ne va pas sans volonté : la volonté ne se manifeste pas seulement dans l'acte formel de l'affirmation, mais dans toute l'entreprise de la recherche.

3. *Le vouloir.*

Je voudrais maintenant souligner le prix d'une réflexion sur la volonté pour une philosophie de l'homme. En indiquant ce qu'il y a d'irréductible dans la subjectivité, et comment l'*a priori* la constitue et l'articule sur le monde, on reste dans le sillage du *cogito*, on met l'accent sur le

1. *Ibid.*

connaître. Mais la phénoménologie, et déjà Descartes 180 inventoriant le *cogitatum*, nous ont | appris à distinguer conscience et connaissance : le vouloir est un acte intentionnel au même titre que le sentir ou le concevoir. S'il y a pour Husserl un privilège noétique des actes intellectuels parce que la volonté ne peut viser que ce qui est connu, on peut encore bien accorder une priorité existentielle aux actes volontaires, parce que tout connaître enveloppe un vouloir connaître. Sans doute, si le voulu doit toujours être en quelque façon connu, comme est connu l'objet du désir, le connaître lui-même n'est pas nécessairement voulu, mais il est toujours à quelque degré volontaire. Et pas seulement en ce sens que je puis toujours refuser mon adhésion à l'évidence qui se propose, mais aussi en ce que je puis encore me fermer à cette évidence, et par exemple fermer mes yeux et me disposer au sommeil. Mais n'est-ce pas alors la volonté qui se prend pour objet ? Vouloir, n'est-ce pas vouloir vouloir, ou refuser de vouloir ? Et ce vouloir suprême n'est-il pas ce qu'on appelle liberté, cette liberté dont l'infini serait l'infini du dénombrable propre à ce pouvoir du redoublement ? Mais ce vouloir n'est pas un vouloir comme les autres, comme les actes où s'exprime une volonté ; ou bien il s'identifie totalement avec eux, et vouloir vouloir n'est rien d'autre que vouloir ; ou bien, si l'on tient à l'en détacher comme Kant, à discerner dans les actes leur caractère intelligible et leur caractère empirique, il désigne une qualité formelle du vouloir, qui se définit en s'opposant à son contraire : si j'ai voulu, j'aurais pu ne pas vouloir. Souvenons-nous ici de Bergson : il faut écrire la phrase précédente au passé, parce que c'est dans le passé – ou dans ce présent intemporel des mythes qui se raconte au passé – qu'on imagine une alternative entre deux possibles opposés. N'en concluons pas cependant que la liberté est illusoire ; car le passé se pense toujours dans un présent, et ce peut être au moment de ma décision que j'évoque ce qui sera plus tard un passé ; je puis me dire, en recourant au futur antérieur : « quand j'aurai pris ce parti, je me dirai peut-être : j'aurais pu prendre l'autre ». Car il n'est pas sûr que la décision se prenne dans une seule coulée, et que l'alternative n'apparaisse qu'après coup, dans le repos de la rétrospection. Le propre du vouloir, c'est de se | savoir vouloir, et de s'affirmer comme libre. **181** Et Sartre a bien décelé l'espace de jeu de cette liberté : c'est cette distance de soi à soi qui définit l'homme, ou la conscience en l'homme ; car je ne suis jamais si totalement un avec mon acte que la représentation du possible ne puisse venir s'insinuer dans le réel. En ce sens, dans la mesure où la vocation de l'homme est d'être séparé et de se séparer en lui-même, de se nier pour s'affirmer, il faut bien définir l'homme par la liberté.

Mais on ne peut s'en tenir à cette définition. Parce que, de cet homme, dont on ne considère encore que le pouvoir d'accomplir le dualisme, la liberté reste un prédicat formel. Elle se réfère à la représentation du possible : d'un possible qui est encore logique, puisqu'il est lui-même représenté et qu'il s'exprime comme une hypothèse au conditionnel : j'aurais pu, je pourrais. Que cette représentation soit ou non contemporaine de la décision, elle n'est encore qu'un jeu logique. Elle ne cesse de l'être que si l'on prend en considération un autre sens du possible : la possibilité de, les pouvoirs qui permettent à un je peux d'actualiser un possible ; ces pouvoirs appartiennent à la nature d'un être situé dans le monde naturel et social. À l'oublier, on risque tout simplement de prétendre que l'esclave est aussi libre que le maître, et de s'accommoder du statut de l'esclave… On sait que Sartre s'est prémuni contre ce danger en recourant au matérialisme dialectique, et en centrant l'analyse du pour-soi sur la *praxis* qui reste, « dans l'abstrait, souveraine affirmation de la possibilité de l'homme[1] », mais qui, dans le concret, engageant l'homme dans le monde, révèle à la fois la limite de ses pouvoirs et l'aliénation de sa liberté : « qu'on n'aille pas nous faire dire, surtout, que l'homme est libre dans toutes les situations, comme le prétendaient les Stoïciens ; nous voulons dire exactement le contraire, à savoir que les hommes sont tous esclaves en tant que leur expérience vitale se déroule dans le champ pratico-inerte et dans la mesure expresse où ce champ est originellement conditionné par la rareté[2] ». Mais d'autres **182** peuvent céder à ce vertige d'une conception formelle | de la liberté. Comment la liberté peut-elle alors se révéler ? Hegel a montré que, si le formel voulait se matérialiser dans l'histoire, ce ne pouvait être que par le terrorisme. Cet avertissement ne doit pas être négligé : si la liberté, au lieu d'être mesurée par des pouvoirs et d'être le caractère empirique de certains actes, est conçue comme l'être formel de tous les actes, elle ne peut s'éprouver et se prouver à elle-même que dans une sorte d'*hybris* ; elle n'a plus souci du je peux où elle se connaîtrait finie, encore moins du je dois qui lui assignerait une fin, mais seulement du je veux ; un je veux sans contenu, en sorte que l'acte libre, c'est alors l'acte gratuit où la volonté ne veut rien qu'elle-même : pure puissance d'affirmation, mais qui n'affirme rien. N'est-ce point là la volonté de puissance, telle du moins que la présente un des plus pénétrants interprètes de Nietzsche ? Curieusement d'ailleurs les rapports du formel

1. [J.-P. Sartre,] *Critique de la raison dialectique*, [Paris, Gallimard, 1960,] p. 369.

2. *Ibid.*

et du matériel sont inverses chez Nietzsche et chez Sartre. Chez Nietzsche, dit Deleuze, « la volonté de puissance apparaît dans l'homme et se fait connaître, en lui, comme volonté de néant[1] » : le nihilisme est la *ratio cognoscendi* de la volonté de puissance. Or cette volonté de néant est beaucoup moins formelle que le pur pouvoir de néantiser par lequel Sartre a d'abord défini le pour-soi : ressentiment, mauvaise conscience, idéal ascétique, manifestent dans l'histoire la réalité de cette volonté, comme la maladie la réalité du corps. Mais il y a « une autre face de la volonté de puissance », qui est en même temps sa *ratio essendi*, son essence véritable : c'est l'affirmation; alors, dans « l'homme qui veut périr », la négation se vainc elle-même en se libérant, le négatif se transmue en positif, comme la douleur en joie, et de nouvelles valeurs sont créées, pour « ce dieu inconnu ! ma douleur ! mon dernier bonheur ! » qu'appelle Ariane. Or, tandis que le positif chez Sartre va être saisi de façon très concrète, et proprement matérielle, dans l'analyse de la *praxis* et de son destin, il semble que Nietzsche ne nous propose finalement qu'une conception encore formelle de l'affirmation. Car il refuse que l'affirmation soit le oui de l'âne | qui ne peut que porter le **183** fardeau du réel, assumer la réalité. Nietzsche ne veut pas que l'être s'affirme dans l'homme en même temps que l'homme affirme l'être. À lire Deleuze, la raison de ce refus, c'est que « l'être, le vrai, le réel sont des avatars du nihilisme[2] » et que l'être ainsi affirmé est « fabriqué par la dialectique avec les produits du négatif[3] », en sorte que l'affirmation reste au service du négatif. Pour éviter à

1. [G. Deleuze,] *Nietzsche et la philosophie*, [Paris, P.U.F., 1962,] p. 198.
2. *Ibid.*, p. 211.
3. *Ibid.*, p. 210.

l'affirmation ce piège, Nietzsche est tenté de ne lui assigner d'autre objet qu'elle-même : « affirmer l'affirmation elle-même »..., à quoi Deleuze cependant ajoute : « l'affirmation comme objet de l'affirmation : tel est l'être[1] ». L'affirmation est alors sauvée : elle n'est plus menacée de cette vacuité formelle, dont on a dit, un peu légèrement, qu'elle affectait l'impératif kantien ; elle bénéficie au contraire d'une plénitude ontologique inespérée. Mais peut-être au prix d'une certaine équivoque : qui affirme ? Qui veut ? Où réside la volonté de puissance ? On peut répondre en faisant de la volonté de puissance une instance à majuscule, en disant qu'elle produit l'homme et (ou) le monde pour se produire. On n'y gagne pas grand-chose[2], car il faut bien en venir à ce que cette volonté se produise et se manifeste quelque part[3] : il faudra dire que l'homme – comme surhomme – est volonté de puissance, mais aussi bien que « le monde vivant est volonté de puissance[4] ». On éclairera peut-être cette double assignation de la volonté de puissance en disant que « l'affirmation première est devenir », et que l'affirmation de l'affirmation « élève le devenir à l'être[5] ». Mais quel sens cela a-t-il, sinon que « l'affirmation première (qui) est Dionysos, le devenir » se manifeste dans les **184** puissances de la Nature, et que « l'affirmation | seconde

1. *Ibid.* [G. Deleuze, *Nietzsche et la philosophie*, *op. cit.*, p. 210.]

2. Cette opération est toutefois rentable lorsqu'à hypostasier un concept, on nomme ou on produit une réalité objective qui peut être étudiée pour elle-même et comme un système : par exemple la langue en tant qu'elle s'impose à la parole, ou la production en tant qu'elle détermine le comportement des producteurs.

3. De même, lorsque Heidegger écrit que la liberté transit l'homme, d'où le tient-il, sinon de ce qu'en effet l'homme se manifeste comme libre, ou du moins comme nommant et revendiquant la liberté ?

4. [G.] Deleuze, [*Nietzsche et la philosophie*,] *op. cit.*, p. 211.

5. *Ibid.*, p. 214.

(qui) est Ariane, le miroir, la fiancée, la réflexion[1] » se manifeste dans l'homme où la volonté prend conscience de sa puissance ?

Revenons donc à l'homme concret pris dans le devenir du monde et capable pourtant de le réfléchir. Qu'il soit libre formellement, cela signifie simplement qu'il est conscience ; qu'il dise : j'aurais pu, ou même : je pourrais, ne garantit pas qu'il ait le pouvoir de *faire* autrement, mais atteste plutôt le pouvoir de *se représenter* un autre acte ; qu'il ne soit pas rivé au présent ou à la présence, qu'il ait assez de recul pour concevoir ou imaginer autre chose, cela définit la conscience. Et cela ne mesure nullement *les* libertés concrètes dont il jouit – ou ne jouit pas. Mais ces libertés à leur tour ne se confondent pas avec sa volonté. Qu'il y ait entre vouloir et pouvoir un rapport, c'est évident : le droit évoque une volonté libre (opposée à une volonté contrainte). On ne peut vouloir efficacement sans disposer de quelque pouvoir, et l'on peut aussi vouloir des pouvoirs dont on ne dispose pas : l'opprimé peut vouloir la liberté.

Qu'est-ce donc que vouloir ? Vouloir est toujours vouloir quelque chose, et l'on pourrait ordonner une théorie de la volonté à l'inventaire du voulu. Mais ce qui importe à une philosophie de l'homme est d'examiner, plutôt que l'objet intentionnel, l'intentionalité volontaire, qui n'est d'ailleurs pas plus séparable de cet objet que la noèse du noème. Et je voudrais simplement proposer là-dessus trois observations. La première, c'est que la volonté se manifeste dans le comportement volontaire. Le voulu est une fin, et la volonté se connaît et se mesure à la façon dont elle poursuit cette fin : on a, plus ou moins, de la volonté. L'objet intentionnel ici est à atteindre et à posséder ; la visée s'accomplit dans

1. *Ibid.*, p. 217.

une action, et l'activité détermine une différence d'essence entre le je voudrais du velléitaire et le je veux du volontaire. La marque de la volonté réside dans le style de l'activité ; 185 la nature du voulu n'importe que pour | autant qu'elle stimule ou paralyse cette activité : vouloir l'impossible, c'est se condamner à ne pas vouloir, et ce peut être un alibi pour le velléitaire ; le vouloir véritable poursuit les fins dont il s'assure d'avoir les moyens. Sans doute la disponibilité et l'efficacité des moyens ne sont-elles jamais garanties ; il faut les inventer à mesure et les éprouver au feu de l'action. La volonté prend toujours des risques, mais elle décide de les prendre : elle sait qu'on ne trouve de nouvelles ressources que si l'on en cherche, et qu'il ne faut pas désespérer trop vite de les trouver, surtout lorsqu'on les cherche en soi : le corps humain est capable de miracles. Le corps social aussi, aux heures chaudes de son histoire : on l'a vu en Algérie, on le voit au Vietnam. La volonté ne veut pas l'impossible, mais elle veut un peu au-delà de ce qu'elle peut. Et c'est ainsi que, par rapport à son objet, elle est proprement déterminante. Mais l'homme n'est ici déterminant que parce qu'il est déterminé : il se détermine en déterminant sa fin, c'est-à-dire qu'il se mobilise et se promet de persévérer. Il se peut qu'il échoue : les péripéties de l'action, les hasards de l'histoire, résistance des choses et décisions des autres, ne sont jamais totalement prévisibles ; mais une volonté qui est vaincue n'est pas nécessairement brisée ; l'adversité ne la brise point, mais l'adversaire s'y acharne, comme on voit aujourd'hui par l'institution de la torture ou de la terreur. Car la volonté, dans ses entreprises les plus décisives, se met en jeu elle-même : elle se trempe ou se casse. Parce qu'elle est l'homme même, dans sa manière singulière d'être au monde.

Certes, les règles du jeu social, lorsqu'il est joué paisiblement, épargnent à l'individu d'être ainsi mis à l'épreuve : les statuts, les tâches et les relations sont assez fixés, les activités assez contrôlées, les ambitions assez canalisées, voire les besoins assez satisfaits, pour que les volontés n'aient pas à s'exaspérer et à s'affronter. Mais l'individu n'est jamais tout à fait dispensé de vouloir. Il faudrait montrer que le besoin et le désir (quelle que soit la distance qu'une certaine psychanalyse mette entre eux) ne cessent d'éveiller les puissances de la volonté, sans que pourtant la volonté s'identifie avec eux ; car si elle peut assumer | les motivations élémentaires, elle peut aussi bien **186** les réprimer. Et précisément le conflit du désirer et du vouloir peut témoigner de la volonté, aussi bien que la persévérance ou le courage. Quel que soit le milieu naturel ou social, l'individu peut fuir ou susciter les situations et les occasions de manifester sa volonté : selon qu'il est plus ou moins volontaire. Car la volonté, répétons-le, se mesure : elle n'est pas en tout homme une faculté équitablement partagée, elle est, en chaque individu, une vertu singulière que révèle son comportement. Une vertu essentielle aussi : l'individu, c'est l'indivisible, ce qui ne se laisse pas entamer. Mais pour l'homme il ne s'agit point tellement de préserver l'intégrité de l'organisme, à quoi l'instinct pourrait à la rigueur suffire, ni même l'intégrité d'une constellation psychique, à quoi des mécanismes de défense, d'équilibration ou de sublimation des pulsions pourraient peut-être suffire, il s'agit de préserver une certaine autonomie du vouloir, de ne pas laisser entamer une certaine force d'âme, de pouvoir se dire : ce que j'ai fait, aucun animal ne l'aurait fait, et enfin de mériter le respect de soi. Ainsi, dans ses plus hauts moments – ceux que célèbre la tragédie – non pas même, comme dans l'épopée, contre vents et marées, mais contre l'absurdité soudain révélée du monde ou la méchanceté des dieux, l'homme voulant se veut volontaire.

Est-ce à dire, de nouveau, que la volonté se veuille, et peut-être ne veuille qu'elle-même ? Non, et c'est là ma seconde remarque. C'est l'homme qui, en voulant, se veut : il y a ici, au cœur du vouloir, le même rapport que Sartre a décelé pour la conscience entre conscience et conscience de soi. Cette conscience de soi est non-thétique : le soi n'est pas thématisé par une représentation, mais il est présent à toute conscience d'objet. De même hante-t-il tout vouloir ; comme le *cogito*, le *volo* se prononce à la première personne, que la conscience réflexive n'a nulle peine à expliciter : je suis celui qui veut cela ; ainsi le soi est-il tacitement affirmé dans le vouloir. Mais il y est aussi pratiquement impliqué : il devient en effet celui qui a voulu ceci ou cela ; non seulement parce que, de façon générale, il constitue un passé dont il se leste, et se grève ainsi d'une 187 | nature, ou plutôt informe sa nature[1], mais parce qu'il est engagé par les fins qu'il poursuit. Ce qu'il veut le détermine plus profondément que ce qu'il perçoit ou ce qu'il éprouve, encore que certaines expériences affectives ou cognitives puissent le marquer fortement, jusqu'à le traumatiser ; mais à déceler ces expériences, on est tenté d'oublier les effets moins voyants des expériences que fait le vouloir ; ou bien on s'attache aux motivations du vouloir, que l'on cherche dans ces expériences, en oubliant d'autant plus volontiers ce qu'il a de propre qu'on entreprend de le réduire à ces motivations. Or, c'est le vouloir qui introduit dans la vie du soi exposée à tous les vents du monde une certaine

1. Ce qui nous permet de conjuguer les langages de Sartre et de Merleau-Ponty : de mêler à la description du comportement volontaire l'eidétique du soi, et somme toute d'identifier le psychologique et le transcendantal.

continuité : non point cette basse continue qui est l'écho de certaines aventures infantiles, mais la reprise et le développement du thème qui oriente un devenir. Continuité d'un être qui, persévérant dans son être, se donne par là un être. Ravaisson voyait dans l'habitude, par laquelle le corps se donne des pouvoirs qui rendent le vouloir facile, un « retour de la liberté à la nature ». Pareillement le vouloir, selon ses objets, constitue une nature : chacun est l'homme de ce qu'il veut, pourvu qu'il le veuille assez constamment et assez fermement. Cela ne signifie pas que l'homme se veut, mais qu'en voulant il veut, ou plutôt il produit, un soi. Tant il est vrai que le volontaire et l'involontaire ne cessent de se conjuguer, comme l'a si bien montré Ricœur : la volonté veut avec et contre l'involontaire, et c'est en produisant de l'involontaire qu'elle s'assure d'elle-même ; elle donne au soi un contenu, ou, comme on dit d'un vin vieux, du corps : le sujet devient substance.

Mais c'est à condition que le vouloir soit intentionnel. La puissance de la volonté exclut une volonté de puissance qui serait volonté de la volonté. Le vouloir s'altère en effet s'il se redouble pour se réfléchir ; c'est dans l'effort qu'il s'éprouve, | dans l'acte qu'il se réalise ; et cet acte vise des **188** fins déterminées : exercer un métier, créer une œuvre, obtenir un statut, vaincre l'ennemi, promouvoir la justice, répandre une idée… Qui a de la volonté n'en a jamais fini de vouloir ; jamais il n'atteint ni ne possède son bien si sûrement qu'il puisse se reposer sur ses lauriers. Mais cette quête, loin d'aliéner l'homme, non seulement l'assure formellement de lui-même parce qu'elle est sa quête, elle lui donne encore la consistance et la force d'une nature : une nature volontaire, et que ses vouloirs, selon leur fin et leur style, singularisent. Mais il faut dire plus, et ce sera ma troisième remarque : le singulier médiatise l'universel.

En voulant, pour son propre compte et selon sa manière, en s'oubliant dans son vouloir, tout homme affirme et veut l'homme, ou mieux l'humain : ce par quoi le monde s'humanise, et l'homme se détermine et se produit comme homme. Peut-être est-ce là, parmi tous les actes, la différence spécifique des actes vraiment volontaires : en poursuivant ce qui apparaît à l'individu comme son bien, ils enveloppent une certaine idée de l'homme, ou de ce qui est bon pour l'homme, ils s'avèrent normatifs. Au lieu que les actes inspirés par le désir, l'émotion ou la passion, ne visent que l'immédiat : défense, agression, jouissance n'impliquent aucune idée du convenable. Pareillement des actes que la routine dispense d'être volontaires, des actes quotidiens, vécus à fleur de peau. Mais les actes volontaires sont tels que l'homme y veut pour tout homme. Ce qui s'y universalise est à la fois la forme et l'objet du vouloir. D'une part l'individu veut « de toute son âme » : la profondeur de l'engagement, loin d'abolir le particulier, le métamorphose et lui confère un caractère exemplaire ; les hommes se ressemblent par ce qu'ils ont de plus haut, par la façon même dont ils se déterminent au lieu de se laisser déterminer, et se donnent des passions qui les animent au lieu de les subir. D'autre part les hommes s'accordent là où, au lieu de céder au premier mouvement, ils s'emploient à réfléchir ; chacun veut pour son propre compte, mais ce qu'il veut ne vaut pas que pour lui ; il veut l'humain, par quoi l'homme s'accomplit ; sa fin est que l'homme, en lui et en tout homme, s'affirme et soit reconnu comme fin. | Revenons-nous au formalisme kantien ? Soit, mais ce formalisme est loin d'être vide ; se donner l'homme pour fin, ou comme universel, c'est se donner le contenu le plus riche et le plus pressant : c'est vouloir les moyens de cette fin, qui ne sont pas donnés ; c'est vouloir tout ce qui permet à l'homme de s'accomplir. Et c'est aussi refuser tout ce qui le lui interdit, en quoi la volonté la plus positive se manifeste souvent comme négative : combat contre l'inhumain. D'autant que, Sartre l'a bien montré, l'inhumain est toujours là, sécrété dans le champ de la rareté par les relations humaines en tant que la matière les médiatise. « Chacun devient inhumain pour tous les autres », la liberté est à la fois reconnue et niée « par l'intermédiaire de l'inertie d'extériorité ». Il y a donc toujours de quoi vouloir. « Mille et une fins, dit Nietzsche, car il y a eu des millions de peuples. Ce qui manque, c'est la chaîne passée à ces mille nuques, ce qui manque, c'est une fin unique. Mais… si l'humanité souffre de manquer de fins, ne serait-ce pas qu'il n'y a pas encore d'humanité[1] ? » À quoi Nietzsche ajoute ailleurs : « Nicht Menschheit, sondern *Uebermensch* ist das Ziel[2] ! » ; il faudra bientôt nous en souvenir.

1. [F. Nietzsche,] *Ainsi parlait Zarathoustra* [trad. G. Bianquis, Paris, Aubier, 1946,], I, p. 141.

2. [« Le but, n'est pas l'humanité, mais le *surhomme* », F. Nietzsche,] *Der Wille zur Macht*, *Werke* XVI, [Leipzig, A. Kröner, 1923,] p. 360. Cité par [J.] Granier, *Le problème de la vérité dans la philosophie de Nietzsche*, [Paris, Seuil, 1966,] p. 585.

apparaît comme une obsession, ou comme une contrainte sociale, elle n'oblige plus. Et le soupçon s'étend aisément à toutes les formes et tous les contenus de l'obligation : chat échaudé craint l'eau froide. D'autre part, la philosophie du système est aussi indifférente que le scientisme traditionnel à la morale ; elle ignore la raison pratique, elle ne connaît que la pratique de la raison spéculative, objet de l'épistémologie. | [192] S'il y a des problèmes pratiques, ils sont pour elle justiciables de la science appliquée, et elle confie aux technocrates le soin de les résoudre. Car ces problèmes ne se posent qu'à l'intérieur du système et ne concernent que les moyens ; ces moyens ne sont plus ordonnés à des fins, sinon aux fins du système qui tend à persévérer dans son être ; il ne s'agit plus de savoir si la guerre ou l'oppression sont un mal (pas plus que de savoir si telle œuvre d'art est belle), il s'agit seulement de faire marcher la machine, et pour le reste de comprendre comment elle peut produire la guerre ou l'oppression, de même que la machine littéraire produit un *corpus* où se mêlent James Bond et Claude Simon, *Elle* et Yves Bonnefoy. Qui pourrait prononcer un jugement, poser une fin, entreprendre une action, sinon l'individu ? Mais l'individu se voit refuser les droits que s'arroge subrepticement le philosophe : il est résorbé dans la totalité, ses pensées et ses actes sont frappés d'anonymat et réduits à exposer le système. De nouveau la science des mœurs destitue la morale.

Cependant la théorie du système peut-elle réduire à un fait statistique l'incroyable courage du peuple vietnamien ? Peut-elle dépersonnaliser la décision d'un Régis Debray ? Peut-elle récuser le sentiment qu'ont tous les hommes à quelque degré d'être responsables ? Plus généralement, peut-elle faire abstraction de l'expérience vécue où mûrissent parfois des décisions historiques ? De fait, le monde vécu par l'homme n'est pas le monde froid et lisse offert à l'objectivité du savoir. Certes l'épistémologie contemporaine, inspirée par Bachelard, a compliqué les schémas du positivisme classique : elle souligne la structure fibreuse de l'univers, la différenciation des niveaux ou des instances, leur temporalité différentielle, la possibilité de leur surdétermination comme dit Althusser; en même temps qu'elle récuse l'idée d'un *cogito* souverain, elle renonce à l'idée d'un spectacle parfaitement maîtrisé; et elle sait bien que la science appliquée met le spectateur en prise sur le monde, capable de construire les moyens de sa vision et de son devenir. Mais elle méconnaît que les moyens de faire sont au service d'un vouloir-faire, qui est lui-même animé par une expérience des valeurs. | Les **193** valeurs, ce mot a disparu du vocabulaire philosophique, sans doute parce qu'on en avait abusé : il y a quelque raison de se défier d'une axiologie où les valeurs tombent du ciel pour soutenir l'ordre établi. Mais ce n'est pas ainsi qu'on les rencontre; et en vérité ce ne sont pas des valeurs que l'on rencontre, ce sont des biens, ou des maux : des objets utiles ou nuisibles, agréables ou désagréables, sacrés ou profanes, des hommes bons ou méchants, des institutions justes ou injustes. Mais dans ces objets, la valeur est donnée, comme l'essence dans la chose; d'où vient que, suivant Scheler, on peut inscrire les valeurs parmi les *a priori. A priori* matériels, qu'il ne faut pas chercher en dehors de l'expérience, et qui manifestent leur a priorité, d'une part en ce qu'ils constituent l'objet qui se donne à saisir à travers sa qualité, d'autre part en ce qu'ils constituent en l'homme un savoir virtuel que l'expérience actualise et qui permet de reconnaître immédiatement la qualité de l'objet : l'enfant est aussi sensible à la méchanceté que le patient à la maladie ou le prophète à l'iniquité. Matériels, ces *a priori* sont historiques aussi : les prophètes aujourd'hui, s'il en restait, ne dénonceraient peut-être pas les mêmes iniquités ; de même certains artistes aujourd'hui sont plus sensibles à l'authenticité qu'à la beauté, comme certains moralistes sont plus sensibles à la solidarité qu'à l'honneur. Le champ et la hiérarchie des valeurs varient selon les cultures, comme aussi bien selon l'*a priori* existentiel de chaque individu. Mais il n'est sans doute nulle part d'âme assez cadavérique, comme disait Rousseau, pour être totalement indifférente au bien et au mal, pour habiter un monde où elle ne discernerait pas des biens et des maux.

Or la perception des valeurs engage doublement l'individu. D'abord les valeurs ont une valeur qui requiert une hiérarchisation. Il s'agit moins pour l'homme d'élaborer un système des valeurs que d'opter entre des biens dont telle ou telle valeur est constituante. Vaut-il mieux se marier que brûler ? se demandait saint Paul ; vaut-il mieux se résigner ou combattre ? se demandaient les Résistants. Si la réflexion est ainsi sollicitée, c'est en vue de l'action qui accomplira le choix, qui poursuivra tel bien ou combattra tel mal. Car les valeurs nous engagent | encore, et avant tout, en ce que le sentiment où elles se révèlent se prolonge en exigence ; elles ne permettent pas la neutralité, elles appellent à agir. Le bien est à faire : lorsque les biens sont déjà faits, ils sollicitent au moins une certaine attitude qui les consacre : l'agréable est à consommer, l'utile à utiliser, le respectable à respecter ; lorsque les biens sont à faire – la liberté à conquérir, l'honneur à sauver, la vie à défendre – ils sollicitent l'action qui les promouvra, ou la contre-action qui détruira les maux hantés par des contre-valeurs. Bien entendu, l'individu, quand il n'est pas aveugle à la valeur, peut rester sourd à cette sollicitation. Il se peut aussi qu'il soit inégalement provoqué, et se sente inégalement responsable : certaines cultures aménagent si bien le monde que l'individu y a peu d'initiative ; la plupart des activités qui ne sont pas simplement utilitaires sont alors sacralisées ; au lieu des valeurs, ce sont des significations religieuses qui s'imposent à l'individu, qui transforment ses actes en rites ; mais n'est-ce point parce que la valeur du sacré se trouve là plus largement investie que dans notre société ? Éprouver le sacré, c'est encore une façon d'être au monde : de le penser peut-être, s'il est vrai que les mythes offrent une combinatoire pour une cosmologie, mais aussi de le vivre. Et ce vivre enveloppe une éthique.

Faut-il simplement assigner à l'éthique tout choix, toute préférence ? Lorsque pour mes vacances j'opte entre la mer et la montagne, même si ce choix ne porte pas sur des moyens comme lorsque j'hésite, pour le voyage, entre la voiture et le train, s'agit-il d'un choix moral ? Ne faut-il pas spécifier des valeurs proprement morales, et distinguer le bien et les biens, le mal et les maux ? Sans doute : le bien n'a pas exactement le même sens dans des expressions comme faire le bien et avoir du bien, le mal dans faire le mal et avoir mal. Que ces énoncés comportent le même mot nous invite pourtant à inscrire les valeurs morales dans l'ensemble des valeurs, à comprendre qu'elles prennent toutes leurs sens en référence au mouvement de la vie et peut-être au dynamisme de la Nature, en tout cas à l'effort de tout être pour persévérer dans son être en un monde qui lui est consubstantiel. Que ces énoncés aient un sens différent | nous invite aussi à chercher une valeur propre **195** à ce vivant qu'est l'homme, en tant qu'il a part à la vie des autres et que cette coexistence règle ses mœurs. Cette valeur n'est-elle pas tout simplement la valeur de l'homme, cette valeur incomparable à laquelle chaque homme est sensible dès qu'il rencontre l'autre ? Respecter, en l'autre et en soi, l'homme comme fin, parce qu'il pose des fins et qu'il est capable de la loi qui confronte ces fins à un universel, n'est-ce pas chez Kant, le contenu de l'impératif formel ? Cette valeur dont l'autre est investi est absolue ; elle n'est relative ni à son statut, ni à sa force, ni à sa richesse : il vaut par lui-même, dès que je l'ai reconnu, avant toute détermination empirique, il est un bien. Et ce bien m'impose un certain comportement ; il ne se donne pas à consommer, comme une proie, à contempler, comme un objet esthétique, à adorer, comme un dieu, il se donne comme à respecter : c'est-à-dire avant tout à reconnaître comme respectable, ce qui est reconnaître tout court.

On va dire : pourquoi faire de cette reconnaissance une loi s'il est vrai qu'elle est toujours déjà opérée ? Mais nous avons vu que le visage nu de l'autre, toujours énigmatique et émouvant, recevait tout de suite de la culture un masque : le personnage, en l'autre, se substitue à la personne ; il invite à reconnaître certains individus, et pour ce qu'ils ne sont pas essentiellement, par exemple pour leur statut, et au prix d'en méconnaître d'autres, par exemple les esclaves ou les barbares. L'institution suscite donc une anti-éthique, comme la *praxis* une *anti-praxis* ; et Merleau-Ponty parlait bien d'un maléfice de l'inter-subjectivité : la socialité, en particularisant l'universel qui en effet requiert d'être réalisé, à la fois favorise et compromet le respect de l'autre. D'où le rapport inévitablement polémique de l'éthique et de la politique. Cependant, on dira encore que la conscience de ce rapport est un phénomène historique, qu'il a fallu du temps à l'humanité pour concevoir la dignité de la personne humaine, et pour comprendre que la loi morale à la fois devait s'accomplir et se trouvait toujours trahie par la loi sociale. Assurément ; l'*a priori* est historique, et il y a des mutations du champ axiologique comme du champ épistémologique. Mais il me semble | qu'en creusant assez **196** profond sous le revêtement historique, jusqu'à cette strate où s'opère originairement la symbiose de l'homme et du monde, on décèlerait toujours, balbutiantes et ambiguës, les expressions de cette exigence selon laquelle l'homme est une tâche pour l'homme. C'est peut-être le respect de l'homme qui inspire obscurément le cannibalisme, ou l'exposition des enfants mal nés, ou les épreuves d'initiation, comme les légendes qui relatent les gestes du héros ou les *Épinicies* de Pindare. Au reste, parce que l'universel est difficile, sinon à concevoir, du moins à pratiquer, plutôt que de respecter et de promouvoir l'homme en tout homme, les cultures célèbrent des hommes exemplaires. Aujourd'hui encore le choix que chacun fait de ses héros, parmi les innombrables modèles que propose à grands coups de rhétorique la mythologie contemporaine, n'est pas indifférent : Ford ou Fidel Castro ? D'autant que le guérillero aujourd'hui n'est pas un mythe, et que peut-être il est en train de faire l'histoire…

Mais pourquoi pas le surhomme ? Le surhomme, même si Nietzsche recourt aux mythes pour en parler, nous délivrerait des mythes : il réaliserait l'universel ; l'humanité, qui n'existe pas encore, existerait avec lui, non comme concept formel, mais comme multiple et inépuisable réalité ; alors s'accomplirait l'unité du singulier et de l'universel : au lieu de la solidarité mécanique, comme disait Durkheim[1], une solidarité dynamique, qui ne sacrifie rien de cette « richesse de la personnalité » exaltée par la *Volonté de*

1. « L'humanité pareille à une plage de sable : tous sont très égaux, très petits, très ronds, très conciliants, très ennuyeux », [F.] Nietzsche, *Œuvres posthumes*, [trad. H.-J. Bolle, Paris, Mercure de France, 1934,] p. 180, cité par [J.] Granier, *Le problème de la vérité dans la philosophie de Nietzsche*, [*op. cit.*,] p. 600.

puissance[1], en sorte que la vérité de l'homme s'accomplirait en accomplissant le pluralisme de l'être, en reflétant tous ses possibles. Mais ne faut-il pas dire au contraire que l'annonce du surhomme sonne le glas de l'homme ? Foucault et d'autres associent étrangement le message nietzschéen avec la philosophie du système. Que « le surhomme diffère en nature avec l'homme, avec le Moi[2] », nul doute. Mais **197** la question est | de savoir qui, et comment, produit cette différence : faut-il dire que l'homme est dépassé, ou qu'il se dépasse, qu'il est perdu, ou qu'il se perd ? Réponse de Nietzsche : « *Ein höheres Wesen, als wir selber sind, zu schaffen ist unser Wesen. Ueber uns hinaus schaffen !*[3] » Commentaire de Granier : « si, en effet, le Surhumain est la Vérité de la transcendance humaine, il est nécessairement *autre* que l'homme, mais cette altérité elle-même est l'*œuvre* de la *Selbstüberwindung* humaine, donc la manifestation de la Vérité de son être. L'homme n'est pas annihilé, il *se* surmonte *dans* le Surhomme. Par conséquent, comme souligne Nietzsche, *l'homme est une fin*[4] ». Est-ce là émasculer la pensée de Nietzsche ? Je ne le crois pas : vouloir le surhomme où s'exercera la volonté de puissance, si ce n'est vouloir en vain, c'est en appeler à l'homme ; et supposer que l'homme puisse entendre cet appel, c'est poser qu'il est capable du surhomme, qu'il peut assez profondément se transmuer pour advenir à lui-même. Vouloir le surhomme, c'est le vouloir en l'homme – et où

1. [F. Nietzsche,] *La volonté de puissance*, [trad. G. Bianquis, Paris, Gallimard, 1935,] I, p. 123.

2. [G.] Deleuze, [*Nietzsche et la philosophie*,] *op. cit.*, p. 128.

3. [« Il est dans notre être de créer un être supérieur à nous-mêmes. Créer au-delà de nous-mêmes ! », F. Nietzsche,] Nachlass, *Werke* XIV, [*op. cit.*,] p. 262.

4. [J. Granier, *Le problème de la vérité dans la philosophie de Nietzsche*,] *op. cit.*, p. 584.

ailleurs ? – et donc encore vouloir l'homme ; le vouloir si précisément, si concrètement que, bien qu'on ne puisse dire ce qu'il sera, on peut déjà entrevoir ce qui l'annonce et prépare son avènement, au risque d'être tenu par les ânes savants pour un darwiniste ou d'être revendiqué par les théoriciens du fascisme. Ainsi, de la philosophie du surhomme, on peut dire qu'elle est méta-humaniste, non qu'elle est anti-humaniste ; elle ne saurait l'être que pour dénoncer les pièges où trop souvent en effet l'humanisme est tombé. Mais, en dépit de ces avatars, si vouloir le surhomme c'est encore vouloir l'homme, réciproquement, vouloir l'homme c'est déjà vouloir le surhomme. On ne croit pas émousser la force de la pensée nietzschéenne en suggérant qu'elle explicite ce qui est vécu en toute éthique : l'exigence de transmutation et de dépassement. Cette exigence est pour moi : si je m'accommode de ce que je suis, si je m'assume au lieu de m'inventer, je meurs à moi-même. Mais cette exigence première comporte une seconde exigence, qui est de reconnaître en l'autre le pouvoir d'éprouver l'exigence première, de respecter | en **198** l'autre, dans ce visage désarmé et incompréhensible qui « en appelle à moi de sa misère et de sa nudité[1] », le surhomme possible. Est-ce là qu'une éthique humaniste se sépare de Nietzsche ? Pas même, peut-être. Car Nietzsche, quoi qu'il ait contre la dialectique, opère le travail du négatif, on dit aussi : de la démystification ; il dénonce les médiocres, les faibles ou les lâches, les hommes du ressentiment, comme Sartre dénonce les salauds ou Alain les importants ; il nous avertit que ce n'est pas avec de beaux sentiments, ni avec les hommes qui s'en parent, que

1. [E.] Levinas, [*Totalité et Infini*,] *op. cit.*, p. 175.

se fera le surhomme[1]. Besogne ingrate, mais nécessaire : il faut bien convenir que l'avenir de l'homme, même promis au Retour éternel, n'est pas entre toutes les mains. Vouloir l'homme, c'est aussi dénoncer et combattre ce et ceux qui le refusent ou l'oppriment : l'inhumain, qui est quelquefois le trop humain. Dès qu'elle se donne un contenu – et le surhomme en est un –, l'éthique ne peut se payer de mots. Et le dernier mot de Nietzsche n'est pas le ressentiment contre les hommes du ressentiment, il est dans l'affirmation dionysiaque de l'être comme éternel retour. Ce oui du surhomme efface les non qu'il a fallu prononcer. Oui à la terre[2] ou à la Nature, n'est-ce pas aussi un oui à l'homme que la terre enfante pour investir en lui sa volonté de puissance ?

Je ne prétends pas annexer Nietzsche, ni personne. Je voudrais seulement montrer qu'une philosophie de l'homme implique une éthique. Parce qu'elle ne définit pas l'homme par une nature conceptualisable, à laquelle serait assigné un destin préétabli. Si la Nature invente l'homme, c'est comme l'être qui doit inventer sa propre nature, toujours singulière. L'idée de l'homme n'est pas un concept, elle est l'affirmation où s'exprime un vouloir, et que tout vouloir enveloppe. Cette affirmation n'est jamais totalement explicite : Nietzsche ne parle du surhomme que dans le langage du mythe ou de la poésie, en évoquant des dieux ou | des animaux ; Kant ne nous dit pas comment la république des fins pourra prendre forme dans l'histoire.

199

1. « Oh ! ces bons ! *Les bons ne disent jamais la vérité.* Être bon de cette manière, c'est une maladie de l'esprit » ([F. Nietzsche,] *Ainsi parlait Zarathoustra*, [*op. cit.*,] III, p. 395).

2. « Le surhumain est le sens de la terre. Que votre vouloir dise : Puisse le surhumain devenir le sens de la terre ! » ([*Ibid.*, Prologue, 3,] p. 114).

Reconnaître à l'homme une valeur inconditionnelle, c'est reculer à l'infini l'horizon de l'action. Mais ce recul ne décourage que la belle âme; la volonté s'éprouve au contraire à répondre à des sollicitations précises et à poursuivre des fins déterminées. Ces fins sont morales lorsque, devant le fait, elles affirment un droit, qui est toujours un droit de l'homme. L'idée de l'homme apparaît alors en négatif, par les négations qu'elle éveille : on ne sait pas à quoi l'homme a droit, mais on sait bien qu'on n'a pas le droit d'agir envers lui de telle façon, que telle situation qui lui est faite est intolérable, qu'il faut réparer tel tort qui lui est causé. Le non ici est aussi positif que le oui. Et ce sont ces négations qui scandent l'histoire; faire l'homme, c'est d'abord, autant qu'il est possible, défaire l'inhumain : l'inconditionné se révèle par des refus, à condition que ces refus ne restent pas platoniques.

Ainsi l'idée de l'homme n'est-elle jamais remplie; mais elle n'est pas creuse pour autant : la volonté qui la pose lui donne un sens. De surcroît, elle ne prend tout son sens que si la pensée reconnaît en même temps le plein du monde, le poids des choses et de l'histoire. Car c'est dans le monde qu'il faut faire l'homme, et le surhomme sera encore au monde. Vouloir l'homme, c'est aussi aménager le monde pour lui, ne fût-ce que pour lui épargner d'avoir faim[1], pour lui permettre d'exercer sa propre volonté. Mais peut-être aussi ne peut-on vouloir l'homme que si l'homme est en quelque sorte voulu par la Nature, s'il est celui par qui quelque chose arrive à la Nature, par qui la Nature devient monde selon son regard, et histoire selon ses actes.

1. « Laisser des hommes sans nourriture est une faute qu'aucune circonstance n'atténue; à elle ne s'applique pas la distinction du volontaire et de l'involontaire. » Ce texte du Rabbi Yochanan (*Traité Synhedrin*, 104 b) est cité par [E.] Levinas, [*Totalité et Infini*,] *op. cit.*, p. 175.

Peut-être l'homme ne se pense-t-il responsable – et d'abord responsable de l'homme – que s'il répond à un appel. En tout cas, il répond en faisant, et il ne peut faire qu'en se mesurant avec une réalité sur quoi il a prise parce qu'elle **200** lui résiste ; il ne | peut faire l'histoire, en même temps qu'il est fait par elle, que dans un monde de choses, et non dans un univers du discours : un monde où la *praxis* rencontre des objets, et non des concepts, où l'on parle et où l'on écrit pour dire quelque chose, et non pour convertir la réalité en langage et en écriture. Une philosophie du *cogito* peut être idéaliste, une philosophie de l'homme ne peut être que réaliste.

ne le peut qu'à l'intérieur d'un même langage, entre deux sciences (ou deux moments d'une même science), ou deux philosophies, et par exemple sur leur interprétation de la science, ou sur le patronage que chacune lui demande. Car la science et la philosophie ne se rencontrent pas sur un terrain commun. Sans doute usent-elles parfois des mêmes **202** mots pour désigner leur programme : | les mathématiques parlent de l'infini, la physique de la matière, la biologie de la vie ou de l'homme, comme le philosophe en parle de son côté. Mais ces mêmes mots, à la limite, ne désignent pas la même chose, ni les mêmes énoncés le même contenu de pensée. Ce que la science propose, ce n'est pas une philosophie : ce sont des vérités, toujours susceptibles d'ailleurs d'être remises en question, portant sur des objets formellement ou matériellement déterminés selon certaines méthodes, contrôlables selon certaines procédures, et finalement utilisables. Ces vérités-là, il n'appartient pas à la philosophie de les contester, ni de les répéter ; elle se situe sur un autre terrain, où il est question de *la* vérité et non de *ces* vérités ; et par exemple, quand ce terrain est celui d'une archéologie, elle cherche à comprendre comment l'homme peut être dans la vérité avant même que la science ne produise des énoncés vrais. Cependant, une fois admise cette différence essentielle (et que nous aurons tout de même à nuancer), un premier type de rapport peut se nouer entre science et philosophie, sans ambiguïté à condition d'être sans réciprocité ; il consiste en ce que chacune, selon son optique singulière, prend l'autre pour objet ; d'une part la science peut entreprendre l'histoire, la sociologie, ou la psychanalyse de la philosophie ; d'autre part la philosophie peut se faire philosophie de la science. Ici, pas de difficultés – sinon celles que rencontre chaque discipline dans l'orientation de sa démarche et la détermination de son objet.

– Mais il se peut aussi qu'entre science et philosophie une sorte de mixte s'établisse, qui tienne à ce que, dans la personne même du philosophe ou du savant, se brouille la distinction des rôles entre le philosophe et le savant. De ce mixte, certains *Écrits* récents donnent le plus clair exemple, où l'on ne sait comment, entre science et philosophie, se répartissent les rôles du geai et du paon, et où l'on ne voit pas ce que l'une ou l'autre pense gagner à cette mascarade ; pas plus qu'on ne gagne à faire un usage systématique et arbitraire de certains concepts qui ont fait leurs preuves dans des emplois déterminés, et à bricoler un système avec des pièces détachées de la science. D'une telle | confusion, la responsabilité peut incomber au savant **203** ou au philosophe. Elle appartient au savant lorsqu'il introduit dans l'exercice même de la science des présupposés philosophiques. Certes, le savant a bien le droit d'être philosophe, mais il peut l'être de diverses façons : sa philosophie peut être, comme aussi bien une confession religieuse, totalement extérieure à son travail, auquel cas tout risque de confusion est écarté, au prix pour le savant d'être, comme Bachelard, deux hommes en un. S'il ne veut pas payer ce prix, et s'il ne veut pas compromettre son activité scientifique, il faut que sa philosophie, au lieu d'inspirer la science, soit inspirée par elle : qu'il trouve, dans les énoncés scientifiques eux-mêmes, de quoi susciter et nourrir une pensée philosophique, laquelle ne se réduit pas à ces énoncés, mais trouve en eux ce que j'appellerai tout à l'heure une confirmation indirecte. C'est ainsi que Ladrière est appelé à une théorie de la procession par la manipulation de l'infini cantorien, ou que Gurvitch était amené à une théorie de la liberté par l'examen du dynamisme social. La science suscite alors la philosophie sans se laisser asservir par elle, ni se confondre avec elle. Mais le danger de la confusion menace encore plus le philosophe. Certes, on ne saurait reprocher au philosophe d'abdiquer délibérément en faveur de la science ; pas davantage de se vouer exclusivement à l'épistémologie, encore qu'il soit contestable d'écarter toute réflexion sur le vouloir au bénéfice du seul savoir. Mais ce qu'on peut lui reprocher, aujourd'hui surtout, c'est de pratiquer le mélange des genres, d'importer dans la philosophie, pour en faire un usage ostentatoire et immodéré, certains concepts ou certaines procédures qui sont liés à un certain objet et à un certain moment de la recherche scientifique, et qu'une extrapolation téméraire vide de leur sens. Lorsqu'il parle de structures, le mathématicien sait très bien de quoi il parle ; le linguiste le sait aussi : en mathématisant certains aspects de la réalité linguistique, il détermine en elle de nouveaux objets qui se prêtent à une étude précise et féconde ; l'ethnologue aussi le sait : en appliquant l'appareil conceptuel à de nouveaux champs comme la parenté ou le mythe, de même qu'ailleurs le biologiste emploie l'informatique pour étudier le travail de la cellule, il | découvre, sinon de nouveaux objets, du moins de nouvelles significations plus pertinentes et plus cohérentes ; mais il le fait avec la prudence et la modestie propres aux savants : il choisit les objets qui lui semblent justiciables de cette approche, il se refuse à étendre la méthode structurale aux formes contemporaines de la parenté ou aux mythes judéo-chrétiens. Pareillement lorsque Barthes emploie les concepts de la linguistique pour analyser le système de la mode, il se limite à la mode parlée ; il choisit un objet aussi pur que possible, fondé sur une seule substance : non pas le vêtement réel, mais un vêtement transformé en langage, une syntaxe et une rhétorique. Mais le structuralisme comme doctrine philosophique ignore cette retenue, de même que l'ignore cette version moderne du nominalisme qu'on pourrait appeler, par opposé à la linguistique, le lingualisme. Pourtant, lorsqu'un instrument de pensée a été éprouvé quelque part, autant il est fécond de le mettre à l'épreuve dans des domaines homologues, autant il est vain de l'essayer n'importe où, et de transmuer ainsi les concepts en mots de passe, et l'opérativité en rhétorique[1]. On tire ainsi, d'une science mise à la portée des demi-savants, une pseudo-philosophie dont les savants authentiques ne sont pas responsables, ou ne le sont que dans la mesure où ils renoncent pour un moment à être savants. Ce mixte, une philosophie soucieuse de rigueur doit s'employer à le dénoncer et le défaire, sans se laisser intimider par les apprentis sorciers de la science.

– Est-ce à dire que le philosophe doive se retirer sur l'Aventin d'une spéculation ignorante de la science ? Certes non, puisqu'il lui faut au moins, pour séparer le bon grain de l'ivraie, s'informer de ce que fait la science. Et c'est à la science qu'il | demande le moyen de se délivrer de cette **205** fausse philosophie qui usurpe l'autorité de la science authentique – au nom de quoi certains aujourd'hui annoncent la mort de l'homme. Mais il peut aussi prendre au savoir scientifique un intérêt plus direct et, comme nous le disions tout à l'heure du savant aussi, y trouver un aliment pour une réflexion vraiment philosophique. C'est que, si le

1. On sait comment Bachelard, au contraire, a justifié le pluralisme cohérent de la science. « La dialectique de la découverte paraît sans cesse aller du pluralisme à la cohérence et de la cohérence à un pluralisme multiplié. Dans ces conditions, l'unité est toujours une *unité de points de vue*, et l'expérience doit toujours suggérer un changement de point de vue, bref l'expérience doit préparer une multiplication de la pensée » ([G. Bachelard,] « Univers et réalité », in *Travaux du 2e Congrès des sociétés de philosophie françaises*, Lyon, Neveu, 1939, p. 65).

savoir scientifique et la réflexion philosophique suivent des voies divergentes parce qu'ils se posent des problèmes différents en fonction de procédures différentes, il y a tout de même entre eux, au départ, quelque chose de commun : ils sont ancrés dans le même monde, la même expérience et d'abord le même étonnement les sollicitent. Certes, la science y répond en transformant le monde en univers, et en cherchant des vérités susceptibles d'une vérification à la fois théorique et pratique. La philosophie, elle, se réfère toujours à l'expérience commune du monde vécu. Pour elle, la Terre est toujours, selon le mot de Husserl, cette *Urarkhé* qui ne se meut pas ; et je ne sache pas que la révolution copernicienne de Kant doive quelque chose à Copernic ; n'entendez point d'ailleurs que le philosophe soit ptoléméen, ou doive ignorer Copernic : Kant connaissait Copernic aussi bien que Newton. Mais si le philosophe s'informe de l'astronomie, c'est pour être provoqué à des problèmes qui ne sont point ceux de l'astronomie, comme par exemple de la possibilité même d'une astronomie. Il y a plus : il peut aussi chercher quelque chose dans la réalité du savoir scientifique, dans les fruits de l'expérience abstraite et armée de l'objet scientifique. Quoi ? Une confirmation indirecte à son propos. La science ne vérifie pas la philosophie ; et par exemple une genèse empirique ne justifie pas une genèse transcendantale, pas plus qu'un bon sentiment ne valide une idée fausse, et même si l'on enracine le transcendantal dans le corporel, la philosophie ne peut mettre au compte du corps vécu ce que la science dit du corps-objet. Cependant, si Merleau-Ponty ordonne à l'ontologie une théorie de la chair, sa réflexion initiale sur le corps propre a été encouragée par l'examen des doctrines scientifiques. Ce que dit la science peut servir d'index à la philosophie, pour l'encourager à dire ce | qu'elle ose dire à ses risques et périls, en parlant d'autre chose **206** que ce dont parle la science : par exemple du fondement, de la totalité, de l'être, de la Nature, ou de l'homme comme sujet transcendantal ou comme fin en soi. Autre chose, et pourtant la même chose, mais dont la science ne fait son bien qu'en le monnayant à force d'objectivité, de prudence et de rigueur, en savoirs d'autant plus vrais et plus efficaces qu'ils sont plus limités et plus provisoires. Par ces savoirs, la philosophie peut être assurément stimulée, et parfois indirectement justifiée.

C'est pourquoi il conviendrait de faire une enquête à travers la science d'aujourd'hui, sinon pour y chercher des arguments en faveur d'une philosophie de l'homme, du moins pour montrer que ni son propos, ni son résultat ne sont « de dissoudre l'homme » ou de « désigner son absence[1] ». Je me bornerai ici à quelques indications.

D'abord, quelle image de l'homme nous propose l'archéologie positive, c'est-à-dire la paléontologie ? La recherche ici, on le voit chez Leroi-Gourhan, doit s'inspirer d'un matérialisme biologique selon lequel non seulement le développement du cerveau est conditionné par le développement mécanique de la charpente, mais encore tout le développement des suprastructures techniques et sociales liées au geste et à la parole est considéré comme un fait zoologique[2]. Est-ce à dire que, en étudiant « les conditions biologiques générales par quoi le geste humain s'insère dans le vivant, et sur quoi se fonde l'humanisation des phénomènes sociaux[3] », on dissolve l'homme dans l'animalité ? Nullement. En cherchant de l'homme « un

1. Propos de J.[-]L. Nancy cité par [J.-M.] Domenach, [« Le système et la personne », art. cit.], p. 778.

2. [A.] Leroi-Gourhan, *Le geste et la parole*, [*op. cit.*,] I, p. 134.

3. *Ibid.*, I, p. 211.

véritable commencement » qui se situe « dans l'histoire du cerveau et de la main[1] », on renonce à découvrir Adam traversant « un Rubicon cérébral » sur quelque frontière de l'humanité, mais on trouve très tôt l'homme capable d'une histoire : « au lieu d'une surbestialité qui finirait on ne sait trop comment par acquérir le "minimum pensant" 207 humain, l'Australanthrope nous met en | présence d'une humanité réalisée, mais pour ainsi dire méconnaissable et vraisemblablement en dessous de ce qu'on accorderait de "minimum pensant" à un singe pour qu'il puisse être considéré comme un ancêtre de l'homme[2] ». On oserait dire que dans cette perspective le problème de l'origine est toujours déjà résolu, sitôt que s'affirme, avec la verticalité de la posture, la spécificité biologique de l'Anthropien, et qu'avec le déverrouillage préfrontal qui donne accès à une pensée supérieure, où les symboles interviennent comme des instruments dans la maîtrise du milieu, « s'annoncent et se poursuivent les phénomènes spécifiquement humains de la vie technique, économique et sociale[3] ». Phénomènes liés, comme au langage, à une socialité elle-même originaire : « il semble que l'organisation fondamentale de la société anthropienne soit au départ réellement et totalement anthropienne, solidement ancrée dans sa forme par des lois qui seront paraphrasées par les cultures successives en termes de droit ou de dogme, mais qui doivent leur stabilité à des causes proprement biologiques[4] ». Mais on voit que ce problème de l'origine, toujours résolu, est toujours aussi posé (comme il l'est ailleurs par le fait

1. *Ibid.*, [A. Leroi-Gourhan, *Le geste et la parole*, *op. cit.*,] I, p. 207.
2. *Ibid.*, I, p. 135.
3. *Ibid.*, I, p. 221.
4. *Ibid.*, I, p. 222.

de la perception), car sa solution oblige à comprendre l'*homos sapiens*, son comportement et ses œuvres, à la lumière de l'Australanthrope, et comme son héritier. Sans lui faire tort pour autant, parce que cet être préhistorique, qui a toute l'histoire pour faire ses preuves, s'avère d'emblée capable d'une histoire : prêt à créer l'outil et le langage, mais aussi à domestiquer le temps et l'espace, à « créer un temps et un espace humain[1] » ; capable aussi de la fonction symbolique, et du jugement de valeur : « l'homme est seul à pouvoir formuler un jugement de valeur[2] ». La science ne renie donc pas l'homme, elle ne renie rien de lui lorsqu'elle l'approche, comme vivant, par la biologie ; elle n'ignore pas que « s'il faut tenir compte de la part, trop souvent oubliée, du zoologique dans le comportement opératoire, on ne saisirait que l'infrastructure si l'on ne tentait d'intégrer | l'intelligence dans le processus biologique **208** général[3] », et elle montre qu'en fait, dans ce processus, tout l'avenir de l'homme se dessine et se joue. Dans un autre langage, qui n'est plus celui de la science, nous dirions que le supérieur est déjà présent dans l'inférieur qui le prépare, ou encore que le transcendantal s'enracine dans le corporel : l'homme est toujours et partout l'homme, et sans doute se pense-t-il et se veut-il comme homme en même temps qu'il humanise le monde.

Mais la science, qui nous assure à sa manière de l'humanité de l'homme, nous aide aussi à concevoir l'homme comme sujet, c'est-à-dire comme individu irréductible. Si la pensée formelle peut concevoir l'individu comme variable individuelle, définie différentiellement à

1. *Ibid.*, II, p. 139.
2. *Ibid.*, II, p. 94.
3. *Ibid.*, II, p. 19.

l'intérieur du système, la pensée empirique définit plutôt l'individu par les variantes qui expriment sa singularité ou les variations qui expriment son imprévisibilité. Les dispositifs de régulation des pulsions organiques profondes et les dispositifs propres à l'inscription de programmes opératoires, qui constituent ce que Leroi-Gourhan appelle « un très important fond instinctif[1] », admettent une marge de variations individuelles qui est un trait essentiel de l'espèce humaine, au point qu'« il ne faut pas se dissimuler ce que la présence du génie individuel peut avoir de génétiquement normal dans l'espèce humaine », même s'il reste vrai que « le progrès est moins affaire de génie personnel que de milieu favorable collectif[2] ». Ces variantes qui singularisent l'individu ne prennent en effet tout leur sens que pour l'homme, là où les centres de la motricité volontaire permettent à la fois l'inscription dans la mémoire de nombreuses chaînes opératoires et la liberté du choix entre ces chaînes, et où cette liberté est d'autant plus efficiente qu'en même temps l'outil libère la main et le langage libère l'intelligence comme aptitude à projeter des chaînes symboliques. Grâce à son appareillage cérébral, « l'individu est à même de s'affranchir symboliquement des liens à la fois génétiques et socio-ethniques[3] » : il garde **209** « la possibilité d'une certaine | libération personnelle ». Et peut-être l'histoire de l'humanité est-elle l'histoire de cette libération toujours précaire, et aujourd'hui plus menacée que jamais, autant que l'histoire de l'humanisation du monde.

1. *Ibid.*, [A. Leroi-Gourhan, *Le geste et la parole*, *op. cit.*,] II, p. 18.
2. *Ibid.*, II, p. 19.
3. *Ibid.*, II, p. 22.

Que la réalité de l'individu soit consacrée par une double aptitude à porter des jugements de valeur et à se libérer, la biologie le confirme, et singulièrement la physiologie éclairée par la pathologie. On sait comment Canguilhem a souligné la normativité de la vie, dont témoigne, dans le langage et la pensée de l'homme, la popularité du concept de normal. Parce qu'elle ne cesse de se mesurer avec le milieu, pour l'adapter à elle ou s'adapter à lui, la vie ne cesse de poser, dans l'organisme comme dans son environnement, des valeurs : « sous quelque forme implicite ou explicite que ce soit, des normes réfèrent le réel à des valeurs[1] ». Ces normes supposent l'individu, car la vie ne s'affirme que dans le vivant ; « la biologie, dit Goldstein, a affaire à des individus qui existent et tendent à exister, c'est-à-dire à réaliser leurs capacités du mieux possible dans un environnement donné[2] ». Avec l'homme – seul capable de jugement de valeur, vient de nous dire Leroi-Gourhan –, la norme aveuglément vécue par l'organisme devient consciente, peut s'énoncer et s'institutionnaliser. La normativité humaine prend alors un autre nom : elle s'appelle volonté, volonté dont les ressorts sont le désir et l'aversion ; la norme, par rapport à quoi s'éprouvent ou se définissent le normal et l'anormal, « n'est la possibilité d'une référence que lorsqu'elle a été instituée ou choisie comme expression d'une préférence et comme expression d'une volonté de substitution d'un état de choses satisfaisant à un état de choses décevant[3] ».

1. [G. Canguilhem,] *Le normal et le pathologique*, [Paris,] P.U.F., 1966, p. 178.

2. Cité par [G.] Canguilhem, *La connaissance de la vie*, [*op. cit.*,] p. 11.

3. [G. Canguilhem,] *Le normal et le pathologique*, [*op. cit.*,] p. 177.

L'expérience du normal est donc le fait d'une subjectivité capable de valorisation, pour laquelle le concept de maladie est un concept axiologique[1] ; et la valeur, loin d'être un **210** objet scientifiquement | suspect, devient l'objet même d'une science de la vie. Cette subjectivité est le propre d'une individualité ; il faut bien « individualiser la norme et le normal[2] ». Mais n'est-ce pas du même coup relativiser le normal, effacer sa différence avec le pathologique ? Nullement ; il en serait ainsi si la distinction avait un sens général, extérieur aux individus, par exemple le sens d'une moyenne statistique, si le concept était hors de l'objet – qui est ici un sujet – ; mais la distinction n'a de sens que pour un individu donné, et pour cet individu elle reste absolue. Comprendre l'homme comme vivant, dans l'immense prolifération de la vie, ce n'est donc nullement le dissoudre ou le réduire, c'est fonder positivement dans la nature l'individualité et la volonté, et peut-être comprendre déjà que l'idée de l'homme soit pour l'homme la norme suprême : l'homme se veut normal parce qu'il se veut pleinement homme, et cette idée de l'homme qui ouvre une carrière à son vouloir est exigeante et conquérante. Il n'y aurait pas tant d'inconvénients, après tout, à ce qu'on interprète, comme Nietzsche nous a parfois provoqué à le

1. Et aussi bien le concept de santé ; mais Canguilhem a bien montré que « dans l'ordre du normatif, le commencement, c'est l'infraction » ; l'âge d'or de l'innocence ou de la santé est vécu dans l'inconscience ; et l'homme bien portant doit au moins se sentir menacé par la maladie, ou être malade à force d'être bien portant, l'homme raisonnable être menacé par la passion ou la folie, ou être fou à force d'être raisonnable – pour se sentir bien portant ou raisonnable. Faut-il dire que les valeurs négatives sont données en priorité ? Peut-être pas ; mais les valeurs positives sont données dans l'expérience du besoin ou du désir, c'est-à-dire d'un manque qui est déjà comme une maladie.

2. [G. Canguilhem,] *La connaissance de la vie*, [*op. cit.*,] p. 165.

faire, la philosophie du surhomme à la lumière de la biologie[1]...

Quant à la psychologie, elle ne méconnaît pas non plus l'homme comme individu et sa normativité. Le principal concept qu'y puise la philosophie du système pour désavouer l'homme est celui de l'inconscient. Foucault écrit : « tout se passe comme si la dichotomie du normal et du pathologique tendait à s'effacer au profit de la bipolarité de la conscience et de l'inconscience[2] » ; et l'on sait quels privilèges cette philosophie confère à la psychanalyse : pouvoir substituer l'impensé au pensé, pouvoir | dire : on **211** pense, ou : ça parle, quelle bonne affaire pour les adversaires du *cogito* ! Mais d'abord, il convient sans doute de distinguer deux modes de l'inconscient, celui que connaît la psychanalyse, et celui que connaissent l'histoire ou la sociologie. Dans les deux cas, on suppose que l'homme ne maîtrise pas les significations que le savant, seul capable de penser l'impensé, peut porter au jour. Mais dans le second cas, l'inconscience de l'homme est plutôt ignorance ; il ne sait pas ce qu'il fait, parce qu'il n'a pas assez de recul sur son acte pour en saisir le contexte et en prévoir les effets : il ignore la ruse de l'histoire. Au reste, la ruse de l'histoire est peut-être simplement la ruse du savant, qui a sur l'événement un tout autre point de vue que l'individu, qui veut « substituer des régularités objectives dont les sujets n'ont absolument pas conscience aux expériences très souvent idéologiques et fausses que les sujets substituent à ces régularités[3] », et qui assure, au malheureux qui croit

1. Granier nous met pourtant en garde contre cette interprétation : à bon droit, dans la mesure où elle est adoptée par le racisme.

2. [M. Foucault,] *Les mots et les choses*, [*op. cit.*,] p. 374.

3. [P.] Bourdieu, Émissions télévisées sur le langage, *Revue de l'enseignement philosophique*, déc. 1966, p. 86.

se suicider par désespoir, qu'il se laisse porter par un courant suicidogène. Mais au fait, ce courant suicidogène est-il plus « vrai » que le désespoir ? Faut-il réserver au concept qu'élabore la science le monopole de la vérité, et faut-il en tout cas taxer d'inconscience l'expérience naïve qui ignore le concept ? Cependant le psychanalyste se propose un tout autre objet : il cherche à comprendre un individu pour le soigner, il ne cherche pas à inscrire son acte dans un ensemble, dans un contexte social ou une conjoncture historique pour en déceler la signification « objective ». Il tient donc un autre langage ; écoutons-le : « Ce que nous appelons inconscient, c'est quelque chose qui n'est pas au-delà, mais qui serait plutôt en deçà du sujet, qui serait non subjectif. C'est pour cela que nous l'avons appelé "ça", comme lorsque le sujet dit : "c'est plus fort que moi… J'ai fait ça malgré moi". Eh bien, c'est le sujet lui-même qui doit arriver à découvrir ce qu'il a dit. C'est dans les creux, dans les erreurs, dans les masques, dans les lacunes de son discours que se trouve ce qu'il veut dire, [212] et c'est lui qui va arriver à le redécouvrir. En d'autres termes, ce que le sujet dit en première personne, en "moi", effectivement, nous le récusons. Ce qui est dit en "moi", ce n'est [pas] véritablement lui, c'est quelque chose qui n'est pas en première personne au départ, mais qui doit venir en première personne. C'est quelque chose que nous essayons de l'aider à faire venir en première personne. Nous ne sommes pas là comme Dieu le Père. Nous sommes là uniquement pour l'aider à se réassumer et à reparler en termes de "je" ce qui se parlait en lui, inconsciemment, en termes de "ça"[1]. » Le savoir et la

1. [J.] Laplanche, *Revue de l'enseignement philosophique*, déc. 1966, p. 87.

technique ici ne désavouent pas l'homme ; ils le veulent comme l'homme se veut lui-même.

Cette individualité que fonde la biologie et que reconnaît la psychologie, la sociologie ne la renie pas. Sans doute, le débat doctrinal sur les rapports de l'individu et de la société a-t-il perdu de son acuité ; davantage, sur bien des tableaux, Durkheim semble avoir gagné la partie ; même si ce qu'il appelait l'extériorité du social n'est plus conçu exactement comme il l'entendait, et si l'idée d'une causalité sociale qui relevait encore d'une pensée substantialiste s'efface devant l'idée d'une légalité structurale. Mais on ne peut faire bon marché de la dialectique de l'intérieur et de l'extérieur. Pour la science même, l'étude de la réalité sociale passe par la compréhension qu'en ont les individus. Il se peut que ce passage s'opère au début plutôt qu'à la fin de la démarche scientifique. Ainsi lorsque Lévi-Strauss approuve Sartre de « faire à certains moments ce que tout ethnologue essaie de faire pour des cultures différentes : se mettre à la place des hommes qui y vivent, comprendre leurs intentions dans son principe et dans son rythme, apercevoir une époque ou une culture comme un ensemble signifiant », il ajoute : « tout en rendant hommage à la phénoménologie sartrienne, nous n'espérons y trouver qu'un point de départ, non un point d'arrivée[1] ». Mais il se peut que la distinction du commencement et de la fin ne se comprenne elle-même | que par rapport à l'intention **213** du savant, et non comme une exigence du savoir. Lévi-Strauss a choisi d'expliquer comment les mythes sont pensés (par exemple par les Indiens du Panama) avant de montrer comment ils se pensent entre eux. Mais la première entreprise, même si elle met en jeu un appareil conceptuel

1. [C. Lévi-Strauss,] *La pensée sauvage*, [*op. cit.*,] p. 331.

différent, n'est-elle pas scientifiquement aussi valable que la seconde ? N'arrive-t-il pas aussi que l'expérience de l'individu soit évoquée pour vérifier une théorie qui porte sur du collectif ? Je songe par exemple à « l'étude des cas » dans les travaux de l'anthropologie culturelle américaine. Mais elle peut l'être aussi pour susciter la théorie, par exemple dans les enquêtes qui procèdent par analyse sémantique, comme dans une étude récente « du mythe pavillonnaire ». Où que se situe la référence à l'individu, elle semble en tout cas indispensable : qui étudie le phénomène bureaucratique traite de la « personnalité bureaucratique » et « des modes de comportement propres à chaque catégorie professionnelle[1] » ; qui étudie « la crise de l'agriculture traditionnelle en Algérie » ne cesse de montrer comment le déracinement est vécu, et par exemple, comment « les groupes qui se sont reconstitués sous la pression de la nécessité ne peuvent procurer aux individus le sentiment de sécurité qu'assurait à ses membres la famille paysanne d'autrefois[2] ». Comprenons bien que la science n'entend pas revendiquer pour l'homme quelque privilège métaphysique, par exemple en opposant radicalement l'individu à la société, ou la liberté au déterminisme. Bien au contraire la recherche sociologique montre le plus souvent que l'individu est conditionné, opprimé, mystifié par le système : comme l'animal domestiqué, encore que la société, qui comporte des maîtres, ne soit pas un maître. Pour faire l'étude de ce système, il faut bien un moment mettre l'homme entre parenthèses. Mais il ne suffit pas de définir le système, « de constituer notre objet » comme dit

1. [M.] Crozier, *Le phénomène bureaucratique*, [Paris, Seuil, 1963,] p. 261, 132, 171.

2. [P.] Bourdieu [et A.] Sayad, *Le déracinement*, [Paris, Minuit, 1964,] p. 137.

Lévi-Strauss[1], il faut l'étudier dans son fonctionnement. Et il faut alors lever la parenthèse, car le système fonctionne par | l'homme, et peut-être pour l'homme, dans la mesure **214** où le fonctionnement renvoie à la fonction, la fonction au besoin, et le besoin à l'homme.

Mais n'allons pas trop vite. Parmi les systèmes que considère la science, une machine, un organisme, une société ne fonctionnent pas de la même façon. Fonctionner, c'est toujours produire un effet qui remplit une fonction. Un système axiomatique fonctionne en produisant des théorèmes, en permettant de dériver des énoncés ; une turbine, en produisant de l'énergie, disponible pour d'autres activités ; un organe digestif, en produisant les sucs qui assurent la digestion ; un fonctionnaire des P.T.T., en produisant une activité dite tertiaire qui assure le transport et la communication de l'information. Le fonctionnement est au service de fins posées par des besoins. Qui éprouve le besoin ? La distance des fins aux moyens, qui spécifie les systèmes et leur fonctionnement, dépend de la réponse à cette question. La machine opère pour le compte de l'homme ; ses fins lui sont extérieures ; si elle est capable d'auto-régulation et d'auto-réparation, ce n'est pas pour son propre compte ; elle ne s'entretient que pour pouvoir produire. Un organisme, par contre, fonctionne pour son propre compte ; à travers les besoins où il vise un objet étranger comme objet complémentaire, il se réfère à lui et se vise lui-même : « le besoin d'aliments, d'énergie, de mouvement, de repos requiert, comme condition de son apparition sous forme d'inquiétude et de mise en quête, la référence de l'organisme, dans un état de fait donné à un état optimum de fonctionnement déterminé sous forme

1. [C. Lévi-Strauss,] *La pensée sauvage*, [*op. cit.*,] p. 331.

d'une constante[1] ». Le système ici se veut lui-même ; mais précisément ce système est un individu : une totalité vivante, où chaque élément est immédiatement coprésent à tous ; le fonctionnement est au service de ce tout. Quant à la société, comme dit fort bien Canguilhem, « elle est à la fois machine et organisme[2] ». Elle serait uniquement machine si les règles qui assurent la coexistence de ses parties – individus ou groupes – et les fins qu'elle poursuit **215** étaient entièrement déterminées, du dehors | en quelque sorte, par le pouvoir. Mais elle est aussi un organisme dans la mesure où elle tend à persévérer dans son être pour son propre compte, à la fois à être à elle-même sa propre fin et à faire, de ce qui assure son unité et sa permanence, son propre besoin. C'est pourquoi le fonctionnalisme, on le voit chez Malinowski, définissant la fonction par la satisfaction du besoin, inventorie deux types de besoins : les besoins de l'individu et les besoins de la collectivité. Lorsque prévalent les seconds, l'individu compte peu aux yeux de la raison d'État ; mais la raison n'accepte pas aisément la raison d'État, qui n'est pas seulement suspecte au point de vue éthique, mais ambiguë au point de vue noétique. Peut-on en effet parler des besoins et normes d'une société comme on le fait d'un organisme, sans résidu d'ambiguïté ? s'interroge Canguilhem. « Il suffit qu'un individu s'interroge dans une société quelconque sur les besoins et les normes de cette société et les conteste… pour qu'on saisisse à quel point le besoin social n'est pas immanent, à quel point la norme sociale n'est pas intérieure, à quel point en fin de compte la société, siège de dissidences contenues ou d'antagonismes latents, est loin de se poser

1. [G.] Canguilhem, *La connaissance de la vie*, [*op. cit.*,] p. 188.
2. *Ibid.*, p. 187.

comme un tout[1]. » L'individu – l'irréductible individu –, c'est au nom de besoins et de normes proprement humains qu'il voudrait que la société fût vraiment une machine fonctionnant au service de l'homme. Peut-être d'ailleurs, l'anti-dialectique dont Sartre a montré par ailleurs le maléfice déjoue-t-elle son vœu. Car en fait, c'est bien à une machine que le système social tend à s'identifier si, comme le montre Leroi-Gourhan, les organes de la vie technique et de la vie sociale, voire aujourd'hui de la vie esthétique, ne cessent de s'extérioriser depuis la création du premier outil, si « toute l'évolution humaine concourt à placer en dehors de l'homme ce qui, dans le reste du monde animal, répond à l'adaptation spécifique[2] ». Et il se trouve que l'homme est dépassé, menacé par cette machine qu'il a produite et à laquelle il est devenu inégal : « s'il y a lieu de faire confiance aux possibilités d'adaptation, la distorsion existe pourtant, et la contradiction | est présente, **216** entre une civilisation aux pouvoirs presque illimités et un civilisateur dont l'agressivité est restée la même qu'au temps où tuer le renne avait le sens de survivre[3] ». L'on sait aussi à quel point les besoins de l'homme ne sont satisfaits qu'à condition d'être manipulés. Sans doute est-ce une des tâches de la sociologie de déceler cette manipulation et de mesurer l'artificialité de certains besoins. Elle ne le peut qu'à condition de se référer à l'homme comme être de besoin : d'être fonctionnaliste en même temps que structurale. Il est possible que le fonctionnalisme de Malinowski soit « trivial », comme l'en a accusé Lévi-Strauss ; revu et corrigé par Merton, en particulier avec la

1. *Ibid.*, p. 191.
2. [A. Leroi-Gourhan,] *Le geste et la parole*, [*op. cit.*,] II, p. 34.
3. *Ibid.*, II, p. 259.

distinction des fonctions patentes et des fonctions latentes, il l'est moins ; et il appartient aux sociologues de faire qu'il ne le soit plus du tout.

Certes, la sociologie n'a pas à connaître de l'individu comme tel. Elle peut distinguer l'homme (et ses besoins) de l'individu. « Nul, écrit Touraine, ne niera l'importance d'une étude psychologique de l'homme au travail, étude de sa personnalité et des agressions qu'elle subit. Mais comment accepter que l'homme au travail soit identifié à l'individu au travail[1] ? » Pourtant, à exclure totalement l'individu, à considérer, selon « l'analyse actionnaliste », « le producteur, c'est-à-dire l'homme, non pas comme appartenant à un groupe ou à une collectivité concrète, mais comme élément d'un système d'organisation, dont la fonction est la production de produits ou de messages[2] », on en vient à ignorer que l'homme est un être de besoin et à refuser qu'il soit le sujet de l'histoire. D'une part, on dénonce « le danger des utopies humanistes, de l'appel aux besoins de l'homme, séparés de la pratique sociale[3] » (mais qui songe à les séparer ?) ; d'autre part, on dénonce « la réaction utopique qui identifie le sujet historique à l'individu » : le sujet historique, c'est la société elle-même ; seul le système est sujet. Mais la sociologie peut-elle liquider aussi allégrement l'individu, ses besoins, son comportement, son idéologie ? L'histoire de la sociologie industrielle, | à cet égard, n'est pas aussi exemplaire que l'affirme Touraine. Évoquant les célèbres recherches menées sous la direction de Mayo aux ateliers Hawthorne, il assure que « la première conclusion des recherches, c'est de rejeter

217

1. [A. Touraine,] *Sociologie de l'action*, [Paris, Seuil, 1965] p. 252.
2. *Ibid.*
3. *Ibid.*, p. 251.

le problème proposé, de remplacer une étude du type stimulus-réponse par l'analyse du fonctionnement d'un système social[1] ». Mais précisément l'étude passe par les individus, et elle fait apparaître que le fonctionnement de la Compagnie dépend des individus. Certes les individus à leur tour dépendent de la compagnie : comme dit Mayo, « les individus qui constituent un atelier au travail ne sont pas purement et simplement des individus ; ils constituent un groupe à l'intérieur duquel les individus ont développé des habitudes de relation entre eux, avec leurs supérieurs, avec leur travail et avec les règlements de la Compagnie[2] ». Et Friedmann a justement reproché aux enquêteurs d'avoir conçu la Compagnie comme un absolu situé dans un *vacuum* social, « d'avoir négligé de plus larges déterminations économico-sociales, et d'avoir supposé que leurs recherches possédaient une signification égale pour une usine située sur la Volga ou une autre sur la rivière Charles[3] ». Mais il reste que le principal intérêt de l'enquête est d'avoir mis l'accent sur l'attitude morale et sociale des ouvriers en face ou au sein de l'entreprise : le système ne fonctionne bien que si les individus sont intéressés à son fonctionnement, si des *personal counselors* font circuler dans les ateliers l'information et la compréhension. Que les ouvriers américains soient plus sensibles que les ouvriers français à cette participation psychologique, qu'ils soient plus « compréhensifs », qu'ils se laissent plus aisément mystifier par le système, c'est probable ; mais dans tous les cas, la leçon d'une telle enquête est que l'étude du fonctionnement

1. *Ibid.*, p. 472.

2. Cité par [G.] Friedmann, *Problèmes humains du machinisme industriel*, [Paris, Gallimard, 1956,] p. 116.

3. [G.] Friedmann, *ibid.*, p. 145.

du système doit à quelque moment se référer à la conscience des individus, si diversement que celle-ci se manifeste.

Il en va pareillement de ce que nous appelions tout à l'heure avec Bourdieu l'étude des régularités objectives. 218 Le | sociologue se sait alors plus exposé à « la tentation du formalisme » : « très souvent, dit Bourdieu, dans nos disciplines, les gens n'échappent à l'intuitionnisme que pour tomber dans le formalisme, ce qui revient dans tous les cas à perdre le sens[1]. » Le problème n'est pas simplement de substituer de l'objectif à du subjectif, mais de comprendre le rapport de l'un à l'autre, « le rapport entre le sens que les sujets donnent à ce qu'ils sont et ce qu'ils font[2] », rapport si direct que la signification vécue de ce que le sociologue décrit comme une régularité fait partie de l'efficacité de ces régularités : l'efficace n'appartient pas à la seule structure, mais à l'expérience qu'en fait l'individu. Du même coup le sociologue à son tour renonce à se présenter « un peu comme le dieu de Leibniz qui détient la racine de 2, alors que les hommes se tuent à mettre des chiffres après la virgule. Je pense que c'est là un des péchés fondamentaux de la science sociale[3] ». Et il se met au service de l'homme, comme le psychanalyste : cette signification qu'il récupère par des techniques telles que la statistique ou l'analyse structuraliste, « il ne la recherche pas, pas plus que le psychanalyste, pour réaliser d'une certaine façon la tentation d'être Dieu. Il la recherche autant que possible pour la restituer au sujet. Il y a une fonction de la sociologie qui est de permettre aux individus

1. [P.] Bourdieu, *Revue de l'enseignement philosophique*, déc. 1966, [art. cit.] p. 86.

2. *Ibid.*, p. 86.

3. *Ibid.*, p. 87.

de récupérer un sens dont leur situation sociale, leur insertion sociale les privent. Ce sens, le sociologue le fabrique avec le sujet pour le sujet ».

Ainsi s'agit-il pour le sociologue, quand il le peut, comme pour le psychologue, de rendre la parole à l'homme. Littéralement. On a cru trop vite que la linguistique contemporaine mettait la parole entre parenthèses au bénéfice de la seule langue. Si elle le fait, c'est par un parti pris de méthode, et provisoirement : pour se constituer un objet déterminé. Mais cette détermination d'un champ d'objectivité ne doit pas être convertie en affirmation métaphysique d'un en-soi de la langue et de son extériorité radicale à la parole. La linguistique aujourd'hui | n'ignore **219** ni n'oublie qu'elle doit affronter le même problème que les sciences de l'homme (et peut-être aussi que les sciences de la nature) : si l'homme est immergé dans la langue comme dans un environnement, il faut décrire la relation de réciprocité qui lie l'homme à cet environnement, selon laquelle l'homme est déterminant autant que déterminé. D'où la nécessité de prendre en considération ce que Benveniste appelle l'instance de discours. « La phénoménologie du sujet parlant, dit Ricœur, trouve un appui solide dans les recherches de linguistes comme Benveniste sur le pronom personnel et les formes verbales apparentées (démonstratif, adverbes de temps et de lieu), sur le nom propre, sur le verbe et les temps du verbe, sur l'affirmation et la négation, et en général sur les formes de l'allocution inhérentes à l'instance de discours. L'expression même : instance de discours indique assez qu'il ne suffit pas de juxtaposer une vague phénoménologie de l'acte de parole à une rigoureuse linguistique du système de la langue, mais qu'il s'agit de nouer langue et parole dans l'œuvre du discours[1]. » Cette tâche est étroitement liée à une autre, qui est d'examiner la vertu sémantique du langage : si l'homme parle pour dire quelque chose, il faut comprendre comment la langue permet ce dire, comment le signifiant ouvre sur ce qu'il désigne, et comment l'exercice de la parole, loin d'abolir toute référence et de se retrancher dans un système clos, est un mode de l'être au monde. À ces deux tâches solidaires, la linguistique actuelle est toujours plus attentive. Todorov observe que l'analyse sémique, telle que la pratiquent en France Greimas et Pottier, doit « partir de la référence des mots, et non de leur sens[2] » ; l'inventaire des sèmes s'opère en référence à « la réalité extra-linguistique ». Pareillement, Fodor et Katz montrent qu'une théorie sémantique « complète » devrait « faire appel à l'environnement socio-physique des locuteurs, représenter toute la connaissance que ces locuteurs possèdent sur le monde, s'il est vrai que cette connaissance détermine la compréhension des phrases » ; **220** en | sorte que « cette théorie ne peut, en principe, distinguer entre la connaissance que le locuteur possède de sa langue et celle qu'il possède du monde[3] ». Pourtant une telle théorie – qui assurément renonce à exalter l'impensé comme objet fondamental du savoir – est impraticable : on ne peut faire état du dictionnaire que chaque individu porte en lui et qui mesure son information. Mais, à défaut de savoir ce que l'homme pense, on peut savoir ce qu'il fait : on peut faire état des règles dont la connaissance, tôt et totalement acquise, lui permet d'appliquer le dictionnaire, c'est-à-dire

1. [P. Ricœur,] « La structure, le mot, l'événement », *Esprit*, mai 1967, p. 810.

2. [T. Todorov,] « Recherches sémantiques », *Langages*, n° 1 (mars 1966), p. 15.

3. Cité par [T.] Todorov, *ibid.*, p. 29.

de sélectionner le sens approprié à chaque unité lexicale dans une phrase. Dès lors, plutôt que l'élément prélevé dans le système et mort, c'est l'opération créatrice, celle qui constitue une phrase intelligente et intelligible, et qui fait du langage une production plutôt qu'un produit, qui devient l'objet privilégié de la recherche. Telle est par exemple l'entreprise de Chomsky : « la maîtrise normale d'une langue, commente Ricœur, implique non seulement la capacité de comprendre immédiatement un nombre indéfini de phrases entièrement nouvelles, mais aussi l'aptitude à identifier des phrases déviantes et éventuellement de les soumettre à interprétation… il est clair qu'une théorie du langage qui néglige cet aspect "créateur" n'a qu'un intérêt marginal[1] ». Désormais la structure n'est plus une loi inconsciente qui détermine des relations de position entre les éléments du système, elle est, comme dit Ricœur, « un dynamisme réglé » qui règle des opérations structurantes, et dont est solidaire tout inventaire structuré. Le vouloir-dire et la possibilité de montrer, ou de remplir ce que Husserl appelait le sens idéal, qui tous deux commandent la référence à l'homme parlant, cessent d'être écartés par la linguistique la plus récente.

C'est dans le même esprit, me semble-t-il, que Ducrot, traitant de la logique du langage, considère les rapports entre énoncés et situations : « la référence implicite à une situation présupposée (par exemple qu'il y a ou qu'il n'y a pas un roi de France) est un des caractères les plus fondamentaux du | langage[2] », comme l'atteste en particulier **221** l'existence des termes que Benveniste appelle indicateurs,

1. [P.] Ricœur, [« La structure, le mot, l'événement »,] art. cit., p. 814.
2. [O. Ducrot,] « Logique et linguistique », *Langages*, n° 2 (juin 1966), [art. cit.,] p. 16.

et des termes déictiques. La description d'un énoncé doit tenir compte non seulement de ses implications, c'est-à-dire des propositions qui doivent être vraies pour que cet énoncé soit vrai, mais de ses « présuppositions, c'est-à-dire des représentations requises chez l'auditeur pour qu'il s'intègre à une communication normale[1] ». Car toute instance de discours se produit dans une situation de discours, et il ne faut pas s'étonner que l'examen de cette situation nous ramène à l'idée de normalité. Dès que la réflexion revient à l'homme, l'idée de norme s'impose, ou du moins se trouve présupposée : on sait tout de suite par exemple qu'un dialogue de sourds n'est pas un dialogue normal, parce que toute parole met des normes en jeu. L'opérativité est à la fois normée et normante : le système ne la norme que parce qu'il est lui-même normé par elle. On peut ainsi dire de la langue comme système ce que Ladrière dit du système formel où s'explicite la pensée logique : « le paradoxe du système, c'est que d'un côté il semble nous imposer sa loi, d'un autre côté il est lui-même le produit d'un acte souverain. L'objet formel existe pour soi, peut-être, mais c'est librement que nous lui reconnaissons l'existence[2]. » Mais ce qui nous intéresse ici n'est pas tant la normativité opérante, on dirait presque constituante, car nous avons fait assez de réserves, au nom du réalisme, sur l'idée de constitution, que la référence à la normalité. Le normal, en dernière analyse, c'est le convenable : ce qui convient à l'homme, parce que son activité est toujours finalisée par une certaine idée de l'homme, et qu'il lui faut les moyens de sa fin. Cette fin est une norme qui détermine la normalité des comportements humains ou des situations

1. *Ibid.*, [O. Ducrot, « Logique et linguistique », art. cit.,] p. 18.
2. [J. Ladrière,] « Sens et système », *Esprit*, mai 1967, p. 824.

faites à l'homme. Ainsi dira-t-on qu'il n'est pas normal qu'un salaire n'assure pas au travailleur le minimum vital, ou qu'une langue ne permette pas la communication, ou que la stratification sociale se durcisse jusqu'à consacrer une sous-humanité. Assurément le contenu de cette norme et les jugements | qu'elle inspire n'ont cessé de changer **222** au long de l'histoire, comme aussi bien les concepts par lesquels l'homme a tenté de se définir : l'esclavage ou les sacrifices humains n'ont pas toujours été tenus pour anormaux. Chaque culture infléchit l'idée de l'homme en se proposant des modèles à travers quoi l'universel se particularise, comme il se singularise à travers les individus. Quelle généralité peut-on encore assigner à cet universel ? C'est à l'anthropologie culturelle de le dire. Un trait nous suffit ici, par quoi le général se hausse à la dignité de l'universel : c'est précisément que toujours et partout l'homme en appelle à quelque modèle, il est un être qui a à devenir ce qu'il est, qui est à lui-même son propre *telos*, et dont la définition, toujours normative, met en jeu une éthique.

Et c'est la même chose de dire que l'homme se veut et qu'il veut le sens que sa parole exprime. D'abord parce que le sens peut être une valeur, mais aussi parce que le sens a une valeur, parce qu'il est bon de comprendre, et que le non-sens ou le faux-sens nous mystifient et nous oppriment. Le structuralisme n'ignore pas cette quête passionnée du sens qui anime toute l'histoire. Barthes évoque « ce frisson d'une machine immense qui est l'humanité en train de procéder inlassablement à une création de sens, sans laquelle elle ne serait plus humaine[1] ». Ne discutons plus pour savoir si le sens est créé ou recueilli,

1. [R. Barthes,] *Essais critiques*, [*op. cit.*,] p. 219.

inventé ou découvert, et si l'accès au sens fait craquer la clôture du langage et ouvre l'univers des signes sur le monde[1]. L'important maintenant est d'observer avec Genette que « la réflexion sémiologique est passée du plan des faits à celui des valeurs. Il y a chez Barthes une axiologie du signe, et il n'est sans doute pas excessif de voir dans ce système de préférences et de refus le mobile profond de son activité de sémiologue[2] ». Barthes en effet ne cesse **223** de dénoncer l'imposture d'une certaine rhétorique, | qui, en altérant la santé des signes, aliène véritablement l'homme. Il ne s'agit pas seulement des mythes qui nous mystifient, mais d'un usage frauduleux de tout signe : « je voudrais esquisser ici, dit-il, non une histoire ou une esthétique, mais plutôt une *pathologie*, ou si l'on préfère une *morale* du costume de théâtre. Je proposerai quelques règles très simples qui nous permettront peut-être de juger si un costume est *bon* ou *mauvais*, *sain* ou *malade*[3] ». Genette commente très bien : « le choix normatif n'est jamais très loin derrière les discours analytiques, et cette *origine éthique* que Barthes reconnaît dans le travail du mythologue se retrouve aisément dans l'ensemble de son œuvre[4] ».

1. D'autant que Barthes, si d'un côté il se tient dans l'enceinte des signifiants, et même s'il entreprend « non de déchiffrer, mais de reconstituer les règles et contraintes d'élaboration du sens » (*ibid.* [*Essais critiques*], p. 254), prend ailleurs le parti des choses et s'emploie à discerner, derrière leur sens adultéré par l'idéologie, « leur sens inaliénable » ([R. Barthes,] *Mythologies*, [Paris, Seuil, 1957,] p. 268).

2. [G. Genette,] *Figures*, [*op. cit.*,] p. 195.

3. [R. Barthes,] *Essais critiques*, [*op. cit.*,] p. 53.

4. [G. Genette,] *Figures*, [*op. cit.*,] p. 198. Je n'en conclurais pas cependant que « l'activité sémiologique n'est donc pas ici exclusivement, ni même essentiellement, de l'ordre du savoir » (*ibid.*) : car le savoir ne perd rien à s'ordonner à une option éthique et à sauver le sens dont l'homme vit.

Un être exceptionnel et irréductible, capable du sens, ouvert au monde, et qui se veut lui-même : il nous a semblé que cette idée qu'on peut dire éthique de l'homme restait présente aux sciences humaines dans la détermination même de leur objet. Et c'est pourquoi nous étendrions volontiers à l'ensemble de ces sciences ce que Canguilhem, en conclusion d'une étude sur le normal et le pathologique, dit de la biologie humaine et de la médecine : qu'« elles sont des pièces nécessaires d'une anthropologie, qu'elles n'ont jamais cessé de l'être, mais… qu'il n'y a pas d'anthropologie qui ne suppose une morale, en sorte que toujours le concept du "normal", dans l'ordre humain, reste un concept normatif et de portée proprement philosophique[1] ». Observons que cette intrusion de l'éthique dans la constitution de l'objet du savoir est appelée par l'objet lui-même, par cet homme qui pose des valeurs et se pose comme valeur ; aussi n'infirme-t-elle pas l'objectivité de ce savoir, et ne fait-elle pas sombrer le discours scientifique dans l'idéologie. Cependant, bien des spécialistes des sciences humaines opposent à cette prise en considération de l'humain, au double sens de l'individuel et du normatif, une double réticence. Ainsi Touraine : d'une part, | écrit-il, **224** « la réaction utopique qui identifie le sujet historique à l'individu… se condamne non seulement à déformer toute l'analyse sociologique, mais surtout à recourir au naturalisme du mythe de l'apprenti sorcier et au moralisme réactionnaire d'un humanisme abstrait qui ne respectent ni l'un ni l'autre les conditions d'une analyse scientifique[2] ». D'autre part « un certain souci *humaniste* détruit les fondements de toute analyse sociologique, en la soumettant à des principes

1. [G. Canguilhem,] *La connaissance de la vie*, [*op. cit.*,] p. 169.
2. [A. Touraine,] *La sociologie de l'action*, [*op. cit.*,] p. 253.

de départ extra-sociaux, à la fois à une image générale, *morale* de l'homme et au rôle déterminant d'un facteur de l'évolution historique, qui serait la technique. Par une conséquence surprenante mais non inattendue, la réduction du sujet historique à l'acteur concret, *psychologique*, conduit à décrire la vie sociale comme la rencontre de forces matérielles, impersonnelles et d'exigences humaines, générales, absolues, ce qui ne peut conduire qu'à une philosophie de l'histoire, dont il importe peu qu'elle soit matérialiste ou spiritualiste, qu'elle en appelle à la dialectique de la nature ou qu'elle réclame un supplément d'âme[1] ». Comme si la philosophie de l'histoire était pour la sociologie un péché mortel, et surtout comme si l'image morale de l'homme, loin d'être extérieure au fait humain, n'était pas, objectivement, proposée par l'homme lui-même, en qui ce qu'il est est inséparable de ce qu'il veut être, et comme si enfin l'objectivité interdisait de tenir compte de cette image ! Citons encore Canguilhem : « on peut pratiquer objectivement, c'est-à-dire impartialement, une recherche dont l'objet ne peut être conçu et construit sans rapport à une qualification positive et négative, dont l'objet n'est donc pas tant un fait qu'une valeur[2] ».

Cependant cette objectivité à laquelle prétend le savoir, si elle n'est pas exclue par le fait que l'objet du savoir n'est pas « une matière vidée de subjectivité », n'exclut pas non plus que la subjectivité du savant soit de la partie dans l'élaboration du savoir. Il ne suffit pas au savant d'observer la dimension axiologique de son objet, il lui faut assumer lui-même cette axiologie. | Faire une science de l'homme, c'est épouser la cause de l'homme – et Dieu sait que cette cause requiert partout des partisans dans un monde où

1. *Ibid.*, [A. Touraine, *La sociologie de l'action*, *op. cit.*,] p. 252.
2. [G. Canguilhem,] *Le normal et le pathologique*, [*op. cit.*,] p. 157.

règnent toujours la rareté et la violence. Encore une fois, ce parti-pris n'expose nullement la science à perdre de sa rigueur et de son objectivité : la médecine ne se renie pas en se mettant au service du malade. Et précisément, cet engagement du savant est d'autant plus nécessaire que les sciences de l'homme aujourd'hui engendrent tout naturellement des applications, ou que, dans bien des cas, elles ne sont pas encore détachées des techniques préscientifiques qui les suscitent. Sciences pratiques, elles appellent une déontologie; cette finalité dont l'idée leur est imposée par l'étude de leur objet, elles doivent la reconnaître quand leur objet devient le sujet d'une pratique. En fait, sont-elles toujours sensibles à cette exigence ? La déontologie n'est guère nommée que par ceux qui prêtent le serment d'Hippocrate. Mais les autres ? Ils se veulent experts, ou ils revendiquent d'être des savants à qui leur science interdit tout engagement, sinon de traiter les faits humains comme des choses. Ils refusent la philosophie – de l'histoire ou de l'homme –, ils ne se rendent pas compte que ce refus, qu'ils justifient par une certaine idée de la science et de l'objet de leur science, procède encore d'une philosophie : une philosophie honteuse est encore une philosophie. C'est qu'ils se préfèrent irresponsables, sinon à l'égard des moyens dont ils revendiquent la maîtrise, du moins à l'égard des fins, et donc du sens même de leur activité.

Cette irresponsabilité, les savants la partagent d'ailleurs avec bien des écrivains, pour qui la création se voue à décevoir ou annuler le sens, à promouvoir un objet véritablement insignifiant. Or, il se peut que le oui de la lecture soit « léger, transparent et innocent », comme l'entend Blanchot[1]. Mais le oui de l'écriture ? Qui signe

1. [M. Blanchot,] *L'espace littéraire*, [Paris, Gallimard, 1955,] p. 205.

LES CHANCES DE L'HOMME AUJOURD'HUI

| Nous avons esquissé ce que pourrait être une 229 philosophie qui fasse encore place à l'idée de l'homme. Cette philosophie peut-elle trouver, dans le monde contemporain, une audience et une justification ? Il faut pour cela que, dans l'histoire présente, ce qui fait la réalité de l'homme ne soit pas définitivement compromis. Or, le succès actuel de la philosophie anti-humaniste nous donne un sérieux avertissement. Car il se peut qu'il soit dû à une situation de fait : à ce que, précisément, cette philosophie rende compte d'une certaine situation faite à l'homme aujourd'hui et qui pèse lourdement sur la pensée ; sans doute céderait-elle alors à une illusion si elle prétendait annoncer la mort de l'homme alors qu'elle l'exprime ; du moins serait-elle en prise sur l'histoire, et donc plus « vraie » qu'une philosophie obstinée à défendre une cause perdue.

Au premier regard, il semble bien qu'en effet la jeune philosophie n'invente rien : avant de penser la mort de l'homme, notre époque la vit. Il est aisé de le montrer en prenant les mots dans leur sens le plus littéral : le génocide s'expédie aujourd'hui au Vietnam comme une affaire courante, et avec la bonne conscience d'une nation dont la puissance est simplement écrasante. Mais l'homme rencontre ou s'invente aujourd'hui une autre mort encore : là où le meurtre n'est pas consommé, il semble qu'on observe un suicide, ou du moins une abdication ; l'homme renonce à être homme.

Pour donner quelque autorité à l'analyse dérisoirement sommaire que je vais esquisser, je voudrais encore une fois me recommander des beaux travaux de Leroi-Gourhan. **230** Ils consonnent | dans une certaine mesure avec ceux de Foucault, mais ils en diffèrent en ce que la mort de l'homme n'y est plus une métaphore : il s'agit pour Leroi-Gourhan du destin biologique de l'homme, et non d'un avatar de l'*épistémè*. Ce qu'il observe en effet, c'est « la disproportion entre l'infrastructure zoologique et l'énorme superstructure, entièrement factice et imaginaire, que produit sous nos yeux la civilisation, la contradiction présente entre une civilisation aux pouvoirs presque illimités et un civilisateur dont l'agressivité est restée la même qu'au temps où tuer le renne avait le sens de survivre[1] ». Ce mammifère désuet est-il condamné à une mort prochaine ? Ou bien va-t-il s'adapter à ce qu'il a inventé ? L'humanité qui a pris possession du monde naturel à force de consommer des hommes par la violence et le travail va-t-elle disparaître, ou va-t-elle se sauver en sauvant l'individu ?

En effet, le destin de l'homme est tel que tout ce par quoi il devient homme s'arrache à lui, sinon se retourne contre lui. Immense processus historique d'extériorisation, sinon d'aliénation : depuis le premier *chopper* du premier Australanthrope, les techniques se sont détachées de l'homme, en même temps que s'envolaient ses pensées avant que l'écriture ne les fixe sur une matière étrangère. Et tout l'organisme social qui s'efforce « de répondre à

1. [A. Leroi-Gourhan,] *Le geste et la parole*, II, p. 259.

l'insoluble dilemme de l'évolution phylétique et de l'évolution technique[1] », en ajustant tant bien que mal les structures du groupe biologique aux structures du milieu technique, lui est non seulement extérieur, mais étranger, si bien qu'il est devenu « une cellule dépersonnalisée » en voie de perdre toute autonomie : « il n'est pas interdit de penser que la liberté de l'individu ne représente qu'une étape, et que la domestication du temps et de l'espace entraîne l'assujettissement parfait de toutes les particules de l'organisme supra-individuel[2] ». Depuis les cités mésopotamiennes, l'organisme collectif dans lequel l'homme s'est dédoublé a affirmé sa prépondérance, et l'homme est devenu l'instrument d'une | ascension techno- **231** économique que l'individu ne maîtrise plus.

Aujourd'hui, à mesure que les techniques investissent de toutes parts la vie quotidienne et matérialisent hors de l'homme en les accroissant indéfiniment son corps et sa pensée, un fait nouveau surgit, et qui invite encore l'homme à la démission : la montée de la technocratie. Il n'est pas évident que la technocratie soit nécessitée par la technique. Elle n'est pas le fait des techniciens, qui ont affaire aux choses plutôt qu'aux hommes. Les technocrates, par contre, sont les techniciens de la technique, ils ont affaire aux hommes, et d'abord aux techniciens dont ils règlent le travail, car l'administration des choses passe toujours par le gouvernement des hommes. S'ils sont techniciens eux-mêmes au premier degré comme c'est le cas des médecins, ils ont encore affaire aux hommes qui font appel à leur technique. Dans tous les cas, c'est dans l'élément du rapport inter-subjectif que se meut le technocrate, dans l'élément

1. *Ibid.*, I, p. 238.
2. *Ibid.*, II, p. 186.

de la parole comme Alain le disait de la bourgeoisie : une parole magique, car le technocrate se refuse à communiquer le savoir qu'il a de la technique, ou bien il se dérobe derrière un savoir second, celui de l'organisation, dont il garde le monopole, en sorte que ses décisions, étant injustifiées, peuvent être incontestées. Il n'a pas besoin de faire ses preuves, il sait mieux que nous, et nous devons lui faire confiance : parce qu'il connaît les moyens, il est autorisé à décider des fins. La technocratie n'implique d'ailleurs pas que le pouvoir politique se résorbe dans le pouvoir économique ; elle n'est pas non plus simplement une nouvelle forme de la pression que les classes dominantes exercent depuis longtemps sur le pouvoir politique. Elle désigne avant tout un état d'esprit, l'assurance tranquille que le développement économique doit résoudre tous les problèmes, et que la connaissance des ressorts et des objectifs de ce développement suffit à tout. De même que le goût des aliments ou le caractère sacramentel des repas perdent leur réalité pour la diététique, de même les problèmes humains se résorbent dans les données statistiques et dans les prévisions globales : les bidonvilles cessent immédiatement d'être un scandale dès que le District dessine le Paris de l'an 2000.

232 | Certes le technocrate bénéficie de notre complicité, comme parfois le bourreau de la complicité des victimes ; l'homme qui se perd dans le paysage monstrueux du milieu technique, le citadin qui s'égare dans sa ville, l'ouvrier qui ne se reconnaît plus dans son travail sont tentés de s'en remettre à lui. À mesure que, dans la jungle des intérêts, l'intelligence se substitue à la violence, et l'organisation à l'improvisation, le droit de la science s'est substitué au droit divin, et le technocrate au patron, parfois dans la personne même du patron. Mais le technocrate perpétue

l'aliénation : au lieu de régner par la terreur, il règne par l'ignorance. Et tout conspire avec lui pour étouffer l'information qui aiderait l'homme à se libérer : une éducation qui se garde d'éduquer, des moyens d'information qui se gardent d'informer ; l'opium – les mythologies, dit Barthes – est partout, des classes de latin à la presse du cœur, des images publicitaires aux leçons de morale, à la portée de toutes les bourses. Est-ce un paradoxe si la théorie de l'information est réservée aux machines, ou découverte dans les codes génétiques ? Mais peut-être la réflexion devance-t-elle ici le besoin de ce qui nous manque, et peut-être aussi promet-elle que l'homme va sortir de son engourdissement.

En attendant, l'homme est convié à la passivité. Les institutions ne le découragent pas seulement de s'affirmer par la contestation et au besoin par la révolte, mais de s'exprimer en assumant librement ses moyens d'expression. Le commun langage est traité par les linguistes en objet de musée, comme s'il n'était pas parlé, sinon par une masse abstraite, et il l'est en effet de moins en moins : un *basic French* s'élabore peu à peu à l'image du *basic English*. Et tout un mouvement philosophique, au lieu d'honorer le langage, s'applique à le discréditer, comme si le développement des langages formels ne pouvait s'accomplir qu'aux dépens du langage réel. Nous assistons aujourd'hui à une double mutation du langage, qui aboutit chaque fois à la déchéance du sens vécu dans la parole. La séparation de la langue et de la parole s'accuse d'abord dans le domaine de la pensée, lorsque la pensée se formalise. Cette mutation du langage mûrit depuis l'invention décisive de l'écriture : la linéarisation | du langage verbal s'est trouvée accusée **233** par la représentation graphique lorsque le graphisme a représenté la phonétisation, et aujourd'hui la phonétisation même est dépassée; l'écriture n'appelle plus la lecture verbale, mais seulement l'écriture : comment lire f(x)? Ce langage abstrait – arraché à la parole – est l'instrument et le garant d'une pensée elle-même abstraite, arrachée au sensible. Sans doute la démarche de la pensée formelle est-elle appelée par la science. Mais en dissociant plus fortement que jamais l'intuition et le concept, elle consomme la rupture entre le savant et l'ignorant. De plus, elle réprime toute interprétation, tout engagement personnel; les opérations qu'elle constitue sont rigoureusement impersonnelles et, sauf chez quelques pionniers, elle exerce l'intelligence aux dépens de l'imagination. Le formalisme trouve sa conséquence et son illustration les plus exactes dans l'emploi des calculatrices. Honneur à qui invente la machine à penser! Mais une fois fabriquée et programmée, il semble à l'ignorant que la machine pense toute seule. Et par une sorte d'étonnant *feedback*, cette machine qui d'abord mime la pensée en vient à servir de modèle pour l'explication de la pensée; car le fonctionnement de la pensée est réduit par certains philosophes au jeu anonyme de certaines structures qui, dans la matière même du cerveau, obéissent à des lois qu'elles finissent par représenter.

Dès lors, si l'on n'est pas un savant, comment penser pour son propre compte? Les royaumes de la pensée imaginaire et de la pensée affective où la personne trouverait plus aisément à s'affirmer, toute « cette partie de la pensée qui s'écarte du langage linéarisé pour ressaisir ce qui échappe à la stricte notation », comme dit Leroi-Gourhan[1], ne sont plus le privilège de l'individu. Leur exploration est prise en charge par la collectivité, avec des moyens qui ôtent à l'individu toute initiative. Tel est en particulier le

1. *Ibid.*, [A. Leroi-Gourhan, *Le geste et la parole*, *op. cit.*,] I, p. 299.

langage audio-visuel, dont l'avènement fait aujourd'hui contrepoids à l'essor du langage formel. Ce langage propose des images simples et fortes qui dispensent de toute imagination, de toute interprétation personnelle ; il distribue à domicile | à chacun sa ration quotidienne d'émotions et de mythes, et par là il introduit dans l'expression le phénomène technocratique. Leroi-Gourhan l'a bien observé : « il tend à concentrer l'élaboration des images dans les cerveaux d'une minorité de spécialistes qui apportent aux individus une matière totalement figurée... la séparation, hautement profitable au corps collectif, est en voie de réalisation entre une mince élite, organe de digestion intellectuelle, et les masses, organes d'assimilation pure et simple[1] ». **234**

Cette séparation entre le créateur et le consommateur d'images tend à se réaliser aussi pour certaines formes d'art, lorsque l'objet esthétique ne sollicite plus son esthétisation et, à la limite, lorsque l'objet esthétique lui-même est aboli. Un cas particulier de cette dépossession de l'homme est offert par l'architecture et l'urbanisme. Car l'architecte à son tour est gagné par l'esprit technocratique ; paternalisme, dit Françoise Choay à propos de Le Corbusier : les besoins de l'homme sont définis une fois pour toutes, et la machine à habiter est aménagée pour les satisfaire. Que l'habitant se conforme aux normes qui sont prescrites ; il n'a plus à inventer sa maison, ni même la disposition des espaces ou des meubles dans l'appartement,

1. *Ibid.*, I, p. 296. Ces observations sont exactement recoupées par celles de Touraine qui parle du « décalage » entre « rôles de production et rôles de consommation », et « d'une intégration sociale qui est sans rapport avec la participation réelle à l'effort créateur de la société » ([A. Touraine,] *Sociologie de l'action*, [*op. cit.*,] p. 446).

encore moins à s'associer à un style qui exprimait autrefois la lente croissance végétale des cités.

Quant à la vie privée, elle ne favorise pas davantage la conscience de soi ou l'épanouissement des relations interpersonnelles. S'il cède à toutes les séductions des *mass media*, ou des groupes qui sollicitent son adhésion, l'individu ne s'appartient plus. La psychologie sociale le proclame : il se définit par ses statuts et par ses rôles, il n'est plus rien qu'une place dans un réseau… un pion sur un échiquier que les spécialistes en relations humaines apprennent à manipuler, pour son bien naturellement, mais aussi pour obtenir de lui le meilleur rendement et la plus grande docilité à l'ordre établi.

235 | Telle est, du moins au premier regard, la situation faite à l'homme par le progrès dans la conjoncture présente. Cette situation, il semble bien qu'il l'accepte, qu'il se fasse le complice du système qui l'investit, et qu'il réponde à l'inhumain en se déshumanisant. Aussi bien l'immense majorité des individus ne prend-elle, à l'œuvre du progrès, qu'une part minime. Les progrès de la science ne retentissent guère sur la *doxa* ou sur le comportement, ils creusent plutôt l'écart entre le savant et l'ignorant ; très rares sont ceux qui s'associent aux aventures et aux conquêtes de l'esprit scientifique. La culture commune n'a de contact qu'avec les techniques, ou plutôt avec les objets techniques, dont on use souvent sans les connaître, et qui parfois encore asservissent le travailleur sans libérer sa pensée. L'homme subit cette extériorisation de ses pouvoirs par quoi il s'échappe à lui-même. Il se démet du soin de promouvoir son avenir, ou l'avenir de la collectivité, il s'en remet à d'autres, aux experts : à ces nouveaux confesseurs que sont les psychanalystes, à ces nouveaux princes que sont les technocrates. Il abdique, et l'on peut aisément en

enregistrer les aspects les plus visibles. Démoralisation, dépolitisation et, risquons le mot, déhistoricisation se révèlent aujourd'hui dans le gaullisme : le citoyen démissionnaire délègue à un chef prestigieux le soin de porter l'*ethos* de la nation[1]. Ce chef n'est nullement, comme au temps du fascisme, un aventurier sadique ou nietzschéen, qui conjugue les sombres pouvoirs du sang et mobilise les ressources de la haine ou du désespoir. Mais il n'est pas non plus prosaïquement l'expert suprême. Il est César, sans être tyran ; en sa personne, la technocratie se nimbe de gloire, comme ses décisions de mystère. Grâce à lui il semble que soit sauvegardée la hiérarchie des fins et des moyens, car aux technocrates dont il s'entoure il impose ses fins. Il est à lui seul la substance de la Cité et l'interprète de l'Histoire. Mais dans son ombre, les technocrates | prospèrent et se préparent à la relève. Le citoyen n'en a **236** cure : il se sent libre de méditer le tiercé de dimanche prochain.

Ce citoyen n'est pas pour autant ce que l'anthropologie américaine appelle un déviant, une individualité rebelle, dont la personnalité ne peut se ployer aux normes collectives. En fait, les conduites de retrait social (ainsi que les nomme Touraine, dont les conclusions, sinon la méthode, rejoignent souvent les remarquables analyses déjà opérées par Lefebvre, en particulier dans la *Critique de la vie quotidienne*) peuvent revêtir deux formes bien différentes. Ou bien le conformisme, l'acceptation totale des normes, l'appartenance fidèle aux sous-groupes, la participation plénière aux activités compensatrices du travail et à la

1. Si l'on voulait étendre l'enquête à toute la culture occidentale, il faudrait chercher ce que sont au-delà de nos frontières les équivalents ou les substituts du gaullisme ; et peut-être alors nous féliciterions-nous, en France, d'avoir de Gaulle.

culture de masse. Adaptation trop parfaite, qui peut avoir le caractère pathogène de l'hypertélie ; car de même qu'on n'est jamais si seul qu'au milieu d'une foule, on n'est jamais si dépaysé que lorsqu'on est assez acclimaté pour que le paysage ne ménage plus de surprise, voire d'obstacle, et ne sollicite plus d'initiative. La conscience de soi, c'est la conscience d'une créativité capable, fût-ce dans les plus humbles moments de la vie quotidienne, d'ajuster le milieu à soi autant que de s'ajuster elle-même à lui. Le conformisme n'accède pas à cette conscience, il subit la culture au lieu de l'assumer. Ou bien l'anarchisme, l'adhésion à une culture sauvage dont les valeurs sont l'inculte, l'informe, l'hystérique. Ces comportements de révolte miment parfois des comportements authentiques, comme celui de l'artiste qui s'aventure aux confins de la folie, celui du révolutionnaire qui sacrifie sa vie à la cause. Mais leur stérilité les en distingue sûrement : une agressivité qui n'est plus que l'expression ou la conséquence d'une frustration ne suscite jamais un comportement créateur. « Chez ceux qui participent à cette culture sauvage..., dit Touraine, elle signifie une volonté d'intégration naturelle privée de tout canal de participation sociale ; ils sont devant la société plus qu'en elle, et leur opposition est moins un rejet qu'un sentiment d'exclusion ou d'étrangeté[1]. » L'individu s'affirme comme **237** ne pouvant s'affirmer, le bruit et la fureur | le dispensent de revenir à soi. Ainsi ces conduites de retrait consacrent, bien plus qu'elles ne la combattent, sa dépersonnalisation ; elles n'équivalent nullement à un repli sur l'Aventin de la vie privée. Le pavillon dont rêvent aujourd'hui tant de mal-logés n'est pas le refuge de la belle âme dont on sait

1. [A.] Touraine, [*Sociologie de l'action*,] *op. cit.*, p. 445.

depuis Hegel quel destin lui est réservé[1]. La vie privée, les revendications ouvrières nous l'enseignent, suppose d'abord l'accès à un certain niveau de vie, la participation personnelle aux biens produits par la société ; elle suppose aussi la participation à la culture, sans laquelle la créativité de l'individu s'étiole. Et elle est au moins compatible avec le souci de participer à la vie politique et d'y exercer le contrôle du citoyen sur les pouvoirs. Peut-être même est-ce parce que l'individu est dépolitisé, c'est-à-dire insouciant ou inconscient des aspects les plus pressants de la réalité sociale, lorsque la vie privée lui paraît un alibi ou la justification de son irresponsabilité, qu'il n'a pas vraiment de vie privée[2].

Mouton de Panurge ou hors-la-loi, l'homme se dépersonnalise. Encore une fois nous ne lui intentons pas de procès, et nous n'avons pas à mesurer sa responsabilité, qu'atténuent considérablement les sollicitations du milieu social, les conditions du travail, et la ruse des pouvoirs. Aliénation est bien le mot qui convient, malgré les réticences de Domenach[3]. L'homme renonce à être lui-même, dans la mesure où être soi, c'est se vouloir et se conquérir. Il ne devient pas autre, mais il perd sa substance. Cet autre, hors de soi, dont il pourrait se lester en l'intériorisant, il ne le reconnaît plus et ne se reconnaît plus en lui : l'humanité

1. *Cf.* l'étude récente de Lefebvre sur « le mythe pavillonnaire » [H. Lefebvre, « Les nouveaux ensembles urbains », *Revue française de sociologie* I, 1960, p. 186-201], dont on peut se demander s'il n'est pas encouragé par une active propagande au service de puissants intérêts.

2. Nous venons d'écrire : lorsque, car la conscience ouvrière est capable, comme l'observe Touraine, de conjuguer « ces deux tendances apparemment opposées : la *politisation* et la *privatisation* des revendications » ([A. Touraine,] *op. cit.*, p. 289).

3. J.[-]M. Domenach, « Pour en finir avec l'aliénation » *Esprit*, déc. 1965.

extériorisée, déposée dans les œuvres de l'homme, dans les paysages, dans les événements, dans les machines, lui reste étrangère, inaccessible et insaisissable. Si des valeurs 238 ou des | significations circulent dans cet immense hors-de-soi, il ne peut plus les assumer. La mort de l'homme, c'est d'abord l'extinction du sens. Rien de commun avec le refus de l'idéologie officielle que pratiquait comme une libération l'existentialisme. Ce sont les choses mêmes autour de l'homme qui sont devenues insignifiantes : dont la morne platitude du paysage urbain dans les cités ouvrières ou les grands ensembles est le plus pertinent exemple. Le souci de l'efficacité condamne le luxe de la rêverie, sinon servie à domicile directement du producteur au consommateur ; la fonction symbolique par quoi se définissait l'homme tend à s'engourdir, et ses organes mêmes – œil, cœur, pensée, organes du jugement et du goût – à s'atrophier. Le monde et l'histoire s'estompent dans la brume de l'indifférence. En même temps que s'éteint l'éclat des significations, s'éteint le sujet qui vivait de les reconnaître ou de les promouvoir.

Ainsi la jeune philosophie se trompe-t-elle quand elle croit prophétiser la mort de l'homme. Elle enregistre la situation aujourd'hui faite à l'homme et, qu'elle en ait ou non conscience, elle l'exprime. Doublement : dans son contenu même, en mettant sa puissance de célébration au service de la pensée formelle, et en réduisant la réflexion philosophique à l'épistémologie, quitte à y mêler l'évocation somptueuse d'une Apocalypse nietzschéenne. Pour dire ou promouvoir la démission de l'homme, la philosophie démissionne. Mais avec quelle superbe ! Car cette philosophie exprime aussi notre temps dans sa forme : elle adopte le style technocratique. Certes, elle n'a pas partie liée avec les pouvoirs et elle entend défendre, au besoin contre eux, l'honneur de la pensée ; mais elle revendique le monopole de cette pensée : malheur à ceux qui ne pensent pas comme elle, car ils ne pensent pas du tout ! S'ils prétendent encore faire de la philosophie, ils ne savent pas ce qu'ils font – qui est de l'idéologie. À quoi bon dialoguer avec des bavards ou des dupes incapables d'accéder au concept ? Cette philosophie s'est arrogé un domaine propre, l'ordre du savoir comme dit Foucault, isolé, coupé de la vie et de l'histoire, assigné à une histoire propre ; il s'agit d'en faire la théorie : théorie de la Substance réduite à l'attribut pensée, de la Logique amputée d'une Phénoménologie | de l'esprit. En quoi le philosophe devient **239** lui-même un spécialiste, et son dogmatisme devient un sectarisme : on a parfois l'impression que les écoles philosophiques constituent dans le marché de la culture des groupes de pression dont l'accès est réservé aux initiés, et dont la fonction est le monologue bien plus que le dialogue ; car les philosophes parlent entre eux, ils parlent des hommes, ils ne parlent plus aux hommes. Lequel d'entre eux songerait comme Sartre à trouver une audience par le théâtre ou le roman ? Les technocrates restent sur la réserve, ils acceptent que les autres aillent à eux, ils ne vont pas à eux. Ainsi la philosophie contemporaine n'exprime pas seulement le fait accompli d'une abdication de l'homme, elle le consacre en lui apportant sa caution, et davantage elle le revendique pour son propre compte en promouvant dans son domaine l'avènement de la technocratie. Pour le dire autrement, quelles que soient les options personnelles de ses champions, parce qu'elle coupe la théorie, dont elle s'arroge la gestion, de la pratique, le concept, de la vie, la philosophie, de l'histoire, la philosophie moderne est réactionnaire, et c'est un procès politique qu'il faut lui intenter.

Mais la protestation que nous élevons contre elle est vaine, si en effet l'homme disparaît de la scène du monde, et si ce fait accompli est irréversible. Mais le tableau trop rapide que nous venons d'esquisser est peut-être aussi trop sombre : n'y a-t-il pas aujourd'hui encore, dans l'universel concret qui mûrit sous nos yeux, des chances pour l'homme, et pour une philosophie de l'homme? Sans vouloir prophétiser, cherchons-en quelques signes. Et d'abord, de ce que l'homme ne veut pas mourir. Ici, certains signes sont assez clairs : il y a des lieux sur cette terre où l'homme veut et peut encore s'affirmer; au Vietnam comme en Amérique du Sud, des hommes acceptent précisément de mourir pour que l'homme vive. Car c'est bien pour l'avenir de | l'homme qu'ils combattent, en revendiquant, face à un nouvel impérialisme romain aux multiples visages, l'indépendance et la dignité. Pour ceux-là, qui savent le prix dont se paie le règne en d'autres frontières de l'abondance et du gaspillage, les idées d'égalité, de justice et de bonheur n'ont pas perdu tout contenu. Plus généralement ce sont les pays sous-développés qui prennent aujourd'hui la relève du vouloir humain. Même si certains d'entre eux sont « mal partis », même s'ils sont inégaux à une tâche à laquelle on ne leur a pas permis de se préparer, c'est de leur côté qu'il faut chercher le visage de l'homme qui se promet d'être un homme à part entière. Si la philosophie a un sens, elle doit soutenir le combat qu'ils mènent dans la guerre ou dans la paix, qui est la seule expression aujourd'hui laissée à ce qui en d'autres temps s'appelait la sagesse; auprès d'eux, et si dérisoire que soit sa voix en comparaison de leurs épreuves et de leurs tâches, la philosophie peut encore trouver une audience et une justification.

D'autres signes sont plus équivoques : je pense au comportement d'une certaine jeunesse. Certes les cheveux incultes et les vêtements sales expriment avant tout une indifférence aboulique, que ne démentent point les explosions d'une vaine violence ou la recherche des paradis artificiels. Mais ils veulent dire aussi le désaveu global des aînés et du monde qu'ils ont édifié, où ils se complaisent hypocritement. On peut donc déceler dans ce comportement une conscience sourde des périls que suscite une civilisation industrielle et technocratique.

Le paradoxe est que ces dangers, pour le Tiers-Monde, jalonnent la seule voie qu'il puisse prendre. De même que, comme l'observait Sartre, l'écrivain noir ne peut efficacement exprimer la négritude qu'il revendique que dans la langue des Blancs, les pays sous-développés ne peuvent s'affirmer et se libérer vraiment contre l'Occident qu'en s'occidentalisant : leur combat est contre eux-mêmes aussi, car il vise à se donner, contre l'ennemi et parfois avec sa complicité, les armes égales dont la conquête finira la lutte. Il n'est pour les pauvres d'autre issue que de devenir riches, pour les déshérités d'autre issue que de capter l'héritage de l'Occident, ou du moins d'en prendre | leur part. Car il y a eu une téléologie de l'Occident, de **241** l'Europe encore au moment où Husserl écrivait la *Krisis*. L'Occident a mis au jour des valeurs qui semblent aujourd'hui encore respectables, en même temps qu'il promouvait la pensée formelle et la science expérimentale, dont la fin était que l'homme devînt maître et possesseur de la nature et que l'universel concret s'accomplît *hic et nunc*. Ce progrès, car il faut bien lui donner son nom, est irréversible ; et peut-être a-t-il été voulu dans son principe dès l'aube de l'histoire, au moment où s'est rompu un certain équilibre néolithique de l'homme et du monde, dont quelques îles fortunées ont porté jusqu'à nous le témoignage, et dont l'ethnologue avec Lévi-Strauss peut garder la nostalgie. Ce progrès s'accomplit aujourd'hui en faisant de la planète entière le milieu de l'homme nouveau ; les pays sous-développés doivent travailler à ce que la terre enfin soit ronde. Et pourtant par le maléfice de l'histoire – faut-il dire avec Sartre d'une « anti-dialectique » qui est une damnation historique ? – les moyens par lesquels ce progrès se réalise ne cessent de renier les fins qui l'animaient ; il se dénature en s'accomplissant : il a pris le visage de la violence capitaliste et colonialiste, il prend aujourd'hui le visage de la *Pax americana* où l'égoïsme et la cruauté se drapent dans la bonne conscience. Faut-il dire que ceux qui luttent pour n'être plus des parents pauvres de l'universel seront vaincus par leur conquête ? La planétarisation du monde sera-t-elle son américanisation ?

Or le fait que tant de pays encore aient à mener cette lutte, et par les moyens les plus divers – de la Chine à Cuba, de l'Inde à l'Afrique – nous interdit de prévoir ce que sera le résultat à mesure qu'il se produira. Pas plus que nous ne pouvons tenir pour définitif le visage que nous offre aujourd'hui l'Amérique, ni prévoir celui qu'elle prendra lorsqu'elle n'aura plus le quasi-monopole des privilèges qu'elle exerce et qu'elle défend, que déjà elle n'exerce pas de la même façon en Europe et en Amérique latine, ni ne défend de la même façon contre la Russie et contre la Chine. Notre problème était celui-ci : à supposer – et il le faut bien – que la civilisation industrielle s'étende **242** au globe entier, qu'en attendre pour l'homme ? La | réponse est commandée par la façon même dont se produira l'unification des milieux humains, et nous n'en savons rien. Du moins se peut-il que cet avènement de la totalité ait mobilisé tant d'énergie de la part de certains pays que l'homme ne soit pas prêt à y abdiquer; il n'est pas sûr qu'une fois industrialisées les nations prolétariennes, partout et quel que soit leur régime politique, cèdent aussitôt aux délices de l'embourgeoisement.

Mais, sans préjuger de l'avenir, considérons un instant la civilisation industrielle telle qu'elle se manifeste sous nos yeux : il me semble qu'elle laisse à l'homme certaines chances. Non pas, notons-le d'abord, la chance d'en refuser le développement et la généralisation. À moins d'un cataclysme que nul n'aurait vraiment voulu, cette évolution est irréversible ; ni les individus ni les sociétés ne songent désormais à briser les machines. C'est précisément le caractère irrésistible du devenir techno-économique, dont la ruse de l'histoire est un autre nom, qui semble annuler l'homme : du génie humain, on peut prévoir avec une étonnante exactitude les inventions mêmes, mieux que d'un volcan les éruptions. Mais les savants pourraient faire grève; et si l'on regarde au ras du sol, là où vivent les individus, on voit que la production et la productivité dépendent quand même des producteurs. La téléologie de l'histoire, dans le détail des événements, a besoin de la complicité des hommes. Et l'initiative humaine apparaît encore dans la diversité des régimes politiques selon lesquels les sociétés s'organisent. De la Chine aux États-Unis, et quelles que soient les situations de départ, y aurait-il un tel éventail de formes politiques, si le politique était totalement déterminé par l'économique, si les passions – volonté de puissance, ambition, haine – n'étaient pas aussi rusées que l'histoire et si elles n'en étaient pas les ressorts autant que les effets[1] ? Disons seulement que l'avènement de | [243] la civilisation industrielle, s'il semble un destin pour l'homme à mesure que s'accélère son tempo (le destin est la forme accélérée du temps, dit la Cassandre de Giraudoux), ne s'opère pas tout à fait sans l'homme.

Et peut-être ne s'opère-t-il pas non plus contre lui. Mais à une condition qu'il faut énoncer tout de suite : c'est que soit très bientôt bloqué le mouvement démographique dont l'essor tend à rendre la vie humaine proprement impossible ; faute de quoi, à la pilule il n'est d'autre alternative que la famine ou que la bombe. Et précisément la pilule et la bombe sont les deux événements métaphysiques majeurs de notre temps (et tous deux, les produits de cette civilisation qui les appelait et qui pouvait seule les inventer, pour le meilleur ou pour le pire) : ils signifient à l'homme qu'il est maître de son destin, qu'il peut s'il le veut faire exploser la terre qui le porte et le nourrit, consommant son suicide avec le meurtre de la mère, qu'il peut aussi régler au lieu de le subir le mouvement de la vie sous les espèces de la loi de fécondité naturelle. Il faut à l'homme du temps pour prendre conscience de son pouvoir et de sa responsabilité, mais il en a désormais les moyens[2].

1. Il faut savoir gré, est-ce la peine de le dire, à Althusser d'avoir substitué à l'idée d'un déterminisme massif l'idée « d'une structure complexe dominante » qui, sans renier le matérialisme, fait droit à la spécialité des éléments ou des niveaux dans la totalité, et permet par exemple d'affirmer « la différence réelle existant entre la lutte économique et la lutte politique », et de souligner que « la nécessité même d'une Histoire passe de façon décisive par la *pratique politique* » ([L. Althusser,] *Pour Marx*, [*op. cit.*,] p. 221). Mais cette restauration du politique ne suggère-t-elle pas aussi une restauration de l'humain, de la *praxis* et des passions selon lesquelles s'affrontent les individus ?

2. Au vrai ce pouvoir est-il entre les mains de l'homme ? Il est plus exactement aux mains des pouvoirs ou des technocrates. La pilule n'est en service que là où les gouvernements y consentent, en attendant parfois

| Il a sans doute aussi les moyens d'une certaine libération. Cette libération concerne d'abord l'esclave hégélien, le travailleur astreint aux tâches de la production. Certes on a souvent dénoncé, à bon droit, le caractère inhumain des conditions actuelles du travail. Mais Friedmann a montré que ce caractère tenait à un régime de semi-automation, dont les progrès récents donnent à penser qu'il est transitoire. À mesure que se réalisera l'automation, dans la symbiose de l'homme et de la machine la quantité et la qualité des prestations humaines changeront, le travailleur sera dispensé des tâches pénibles, monotones et parcellaires auxquelles il est encore rivé. La lampe d'Aladin luit à l'horizon du machinisme. Peut-être aussi, si le mouvement de la population se stabilise, le régime de l'abondance. La rareté, Sartre l'a bien montré, est ce maléfice fondamental de l'histoire par quoi chaque homme, défini par l'autre comme excédentaire, devient le contre-homme à détruire. Mais il ne faut pas faire de cette catégorie historique un absolu. « La rareté, commente Dina Dreyfus[1], ne se circonscrit pas. Elle est autant rareté du produit que rareté de l'outil, que rareté du travailleur, que rareté du 244

d'y contraindre. Et la bombe… Les journaux ont raconté quelles extraordinaires précautions sont prises aux États-Unis contre le risque d'un déclenchement fortuit, erreur ou coup de tête ; mais quelles précautions sont-elles prises contre l'autorité suprême ? Si le peuple est souverain, quel contrôle exerce-t-il ? Pourtant, faut-il souhaiter qu'il en exerce un ? Car le peuple, après tout, ce sont les vautours aussi bien que les colombes. Du moins, chaque homme, qu'il fasse l'amour ou la guerre, est-il désormais invité à prendre conscience de la coexistence et de la solidarité des hommes, et par là, sinon de son propre pouvoir, du moins de sa responsabilité ; et peut-être cette conscience conduira-t-elle les hommes à vouloir que, dans les institutions, le pouvoir change de forme, et que chacun y ait part de quelque façon.

1. [D. Dreyfus,] Compte rendu de la « Critique de la raison dialectique », *Mercure de France*, janvier 1961, p. 159.

consommateur. *Mais* (je souligne) la rareté de l'homme par rapport aux produits n'est que le dernier retournement de la dialectique de la rareté et suppose, comme sa condition essentielle, la rareté du produit par rapport à l'homme. » Cette condition essentielle, ne peut-elle proprement disparaître ? Le Tiers-Monde n'est pas voué nécessairement à la famine, ni le prolétariat (et aussi bien la bourgeoisie) aux frustrations. On objectera que jamais l'abondance ne sera assez abondante pour que les besoins, sans cesse exaspérés par les progrès mêmes de la production, soient enfin satisfaits ; l'homme dira-t-il jamais : j'ai assez ? le sentiment de la rareté (et la relation d'antagonisme qu'il suscite avec l'autre) ne survivra-t-il pas au fait de la rareté ? Mais cela n'est pas évident, et cette psychologie absolutise peut-être un comportement lié à des conditions historiques. Il se peut d'abord que les besoins secondaires cessent d'être **245** artificiellement | provoqués par la civilisation, lorsque les besoins primaires seront satisfaits en priorité et que la marée de la production, acceptant d'être étale, ne recourra plus à cette sollicitation. Bien sûr, la distinction du primaire et du secondaire passe par l'appétit des hommes ; mais il se peut aussi que cet appétit s'apaise lorsqu'il ne sera plus sollicité par le scandale d'une trop grande inégalité ; car bien souvent on ne veut davantage que pour avoir autant, et si le fait de la rareté suscite l'antagonisme, l'antagonisme maintient le sentiment de la rareté. Si l'inégalité, cessant d'être criante, cesse d'apparaître comme une injustice et une provocation, peut-être les besoins qu'elle suscitait au-delà du nécessaire se résorberont-ils, et le fait de l'abondance produira-t-il à son tour le sentiment apaisant de l'abondance.

Il faudrait aussi pour cela qu'un autre besoin s'éveillât, qui ne mît pas l'homme en compétition avec l'homme : au lieu du besoin d'avoir, le besoin de faire, et de s'affirmer pour soi-même en faisant. Bien entendu ce besoin existe déjà, et déjà trouve à se satisfaire là où l'activité, au lieu d'être aliénée par les conditions de la production, échappe à la totalisation par sa gratuité : ainsi le banlieusard fait-il son jardin, et parfois le peintre ses tableaux. Mais la civilisation industrielle multiplie peut-être aussi les moyens d'une telle activité en promouvant le loisir. Le loisir est le grand problème de demain. Il ne l'était pas lorsqu'il était le privilège du citoyen grec qui laissait le travail aux esclaves pour faire la guerre, bavarder avec Socrate ou participer aux jeux olympiques. Il le devient lorsqu'il se démocratise, lorsqu'il s'offre à ceux qui, n'en ayant pas l'habitude, doivent en inventer l'usage[1]. Alors surgit une question que pose la montée de la technocratie : laissera-t-on aux individus le soin d'inventer cet usage ? La vie privée, au moment où tout homme va y avoir droit, sera-t-elle encore une vie privée ? Ou bien, lorsque les banques commencent à traiter le | loisir comme une industrie rentable, **246** la vie privée sera-t-elle investie et aménagée, comme le redoute Leroi-Gourhan, par les systèmes publics d'information et de distraction ? Les jeux du cirque, comme le pain, seront-ils gérés et distribués par les technocrates ? L'individu se laissera-t-il déposséder ? Si le bonheur était une idée neuve en Europe au temps de Saint-Just, le loisir est aujourd'hui un fait nouveau dans certains pays du

1. Toujours les problèmes de masse. Que deviennent la consommation, l'éducation, la culture, lorsque les masses y accèdent et lorsqu'elles visent les masses : lorsque l'enseignement est donné dans des institutions surpeuplées, et que la culture est diffusée par les *mass media* ?

monde : comment prophétiser ce que le loisir fera de l'homme ?

Mais le problème est aussi de savoir ce que l'homme fera du loisir. La réflexion ne peut qu'en revenir au vouloir humain : la civilisation qui s'instaure va donner à l'homme des moyens nouveaux ; à lui d'en faire quelque chose, selon ce qu'il veut être ; à lui de déterminer des fins qui soient ses fins. Mais le pourra-t-il ? Pourra-t-il inventer des fins qui ne soient pas les fins de ses moyens, ses moyens eux-mêmes convertis en fins par l'opération des technocrates ? Pourra-t-il vouloir pour son propre compte ? Car nous parlons de l'homme ; et l'homme, c'est toujours l'individu, et non pas un homme anonyme et inexistant, mais pas davantage cet homme privilégié qui exerce le pouvoir et se tient à la barre du progrès. S'il y a un avenir pour l'homme, c'est pour tout homme, ou pour l'homme quelconque. Cela suppose assurément que cet homme puisse se faire entendre, donc que s'élaborent certaines formes nouvelles de la vie politique, et d'abord que l'individu se repolitise. Il se dépolitise lorsque les institutions l'y encouragent, mais aussi la conjoncture : lorsque l'histoire lui semble stagner, et qu'il ne se sent plus sollicité par des crises ou des apocalypses. Mais qu'il prenne conscience du mouvement impérieux d'une histoire qui s'inscrit dans le devenir techno-économique, et peut-être éprouvera-t-il à nouveau l'urgence d'une vie politique. Peut-être aussi la montée du loisir, par un effet jusqu'ici imprévisible, lui en donnera-t-elle l'occasion et le goût. Et peut-être obtiendra-t-il alors, au prix de quels efforts, que les institutions soient moins ordonnées au gouvernement des hommes, et qu'elles assurent aux hommes une participation plus efficace à l'administration des choses et à la gestion du progrès.

Encore faut-il que l'homme s'en rende capable. Mais précisément | la possibilité lui en sera peut-être donnée 247 dans la réponse qu'il apportera à la question : que vouloir pour se vouloir en même temps ? Il ne pourra vouloir contre l'avènement et l'organisation de la civilisation industrielle ; ce serait vain et sans doute désespéré. Il lui faut donc vouloir cette civilisation, et, lui aussi, convertir les moyens en fins. Peu importe, du moment que ce sont *ses* fins, s'il veut lui-même ce qui lui est donné. Assumer l'histoire et la civilisation qu'elle promeut ? Un nietzschéen dira que c'est le oui de l'âne qui « porte les fruits du négatif[1] », et qui ne sait pas dire non ; et il opposera à cette affirmation passive l'affirmation de l'affirmation, privilège et vocation du surhomme. Mais que peut signifier ce oui dionysiaque, sinon la prise en charge lucide de ce qui devient ? C'est précisément ce qui incombe à l'homme de demain. La condition de son salut, c'est qu'au lieu de subir le progrès, il le fasse, qu'il s'égale à ce qu'il a, qu'il soit l'agent et non le parasite de la civilisation. Pour cela, une seule condition mais impérieuse, et qui est, avec le contrôle des naissances, la tâche majeure de notre époque : le développement de l'information, ou de l'éducation, sous toutes ses formes, scientifique, technique, politique, esthétique, qui mette l'individu en mesure d'assumer ce qui se fait autour de lui, en devenant à sa place co-créateur du monde qui se crée.

De la nécessité de cette éducation, j'évoquerai seulement deux exemples. J'emprunte le premier à Simondon. On a dit trop souvent que la technique asservit l'homme, qu'elle le voue à une vie artificielle, le coupe du monde naturel et l'expose au dépérissement, en sorte que le milieu technique

1. [G.] Deleuze, *Nietzsche et la philosophie*, [*op. cit.*,] p. 208.

appelle un supplément d'âme, parce qu'il installe l'homme dans un régime de pénurie spirituelle. Mais, au lieu d'être l'appendice et l'esclave de la machine, le travailleur peut s'associer à elle : « il y a couplage, dit Simondon, lorsqu'une fonction unique et complète est remplie par les deux êtres[1] ». Dans cette association, le technicien complète la 248 machine, en particulier lorsqu'il | s'agit de « relier les machines les unes aux autres » : « il est l'homme qui connaît les chaînes internes de fonctionnement et les organise entre elles… il assure non pas la direction, mais l'auto-régulation de l'ensemble en fonctionnement[2] ». Il tient alors la machine pour son égale et, sans se laisser asservir par elle, se met en quelque sorte à son service. Cette idée permet à Simondon de distinguer le technicien du technocrate qui vise la puissance, et pour qui « la machine est seulement un moyen », qui perpétue donc la violence en l'exerçant à l'égard de la machine. Seule « la culture technologique » peut surmonter l'attitude technocratique en faisant de l'homme « le témoin des machines et le responsable de leur relation[3] » ; il faut pour cela que « la culture découvre que chaque machine n'est pas une unité absolue, mais seulement une réalité technique individualisée, ouverte selon deux voies : celle de la relation aux éléments, et celle des relations inter-individuelles dans l'ensemble technique[4] ». La technologie peut alors intégrer la réalité technique à la culture universelle, elle sera « l'œuvre d'un psychologue des machines, ou d'un sociologue des machines, que l'on pourrait nommer le

1. [G. Simondon,] *Du mode d'existence des objets techniques*, [Paris, Aubier, 1958,] p. 124.

2. *Ibid.*

3. *Ibid.*, p. 45.

4. *Ibid.*, p. 146.

mécanologue[1] ». Mais il faut encore que justice soit rendue aux machines sur un autre plan : que chacun, technicien ou non, s'initie à la technologie au lieu de l'ignorer ou de la mépriser, et donc qu'une nouvelle éducation donne à tous, avec les machines, un peu de cette familiarité que l'enseignement institue avec d'autres êtres et d'autres œuvres de l'homme. Alors l'homme ne sera pas seulement le bénéficiaire passif de l'ascension technique, il y participera en la comprenant ; il ne sera pas le seigneur des machines, mais il sera toujours le sujet, et non plus l'objet, d'une civilisation qui recourt aux machines, et peut-être en infléchira-t-il le sens s'il se fait homme en traitant la machine avec humanité.

Mon autre exemple portera sur l'art. Si l'idée que s'institue et doit se développer une relation de réciprocité entre l'homme et la machine a pu sembler paradoxale, nul ne doute que cette relation ne doive s'instaurer pour l'homme cultivé avec les | œuvres de l'art. Qu'en est-il **249** cependant en fait, et la tâche n'est-elle pas ici aussi grande que pour créer et diffuser la technologie ? Il y a d'abord le fait d'une distribution scandaleusement inégale de la culture ; là aussi il faudra vaincre la rareté, et ce sera peut-être du même coup donner un nouvel essor à la création. Mais il y a aussi ce fait que ceux-là mêmes qui ont accès aux œuvres sont souvent tenus par elles à distance : dont certaines théories de la contemplation, justement critiquées par E. Souriau, donnent une illustration. Certes, l'œuvre préexiste au public et doit le tenir en respect ; l'art n'a pas attendu Brecht pour pratiquer la distanciation. Mais justement, si Brecht a voulu cette distance, ce n'est pas pour maintenir le spectateur dans son Olympe, c'est encore

1. *Ibid.*, p. 149.

pour le provoquer et le compromettre – mais autrement qu'en sollicitant une identification affective : en sollicitant son jugement et son vouloir, pour que se répercute, et peut-être se dénoue, dans la vie où le spectateur devient acteur, le drame qu'exhibait le spectacle. La distance n'exclut donc pas vraiment la participation active du spectateur. Et en fait c'est cette participation qui fait le prix de l'expérience esthétique. Certes, selon les arts et selon les intentions des artistes, elle peut prendre bien des formes : de la fusion affective à la *catharsis*, de la spéculation à l'engagement politique. Mais si l'on considère la *Bildung*, la vertu informante de l'art, la forme de participation à privilégier ici est celle selon laquelle le consommateur est appelé à collaborer à la production, et partant à comprendre le produit un peu comme s'il l'avait conçu lui-même. Or, cet appel à la coopération du récepteur me semble un des traits majeurs de l'art contemporain. Souvent encore, il se manifeste d'une façon naïve ou maladroite : par exemple dans le *happening*, ou lorsque le compositeur laisse à l'auditeur le soin de décider quels morceaux seront exécutés ; ou dans les œuvres d'art cinétique où le spectateur met lui-même un objet en mouvement ; ou encore dans ces œuvres littéraires ou filmiques où l'auteur semble ne proposer que des éléments disparates et insignifiants dont il incombe au public de promouvoir la structure et de choisir le sens – un peu comme l'architecte aujourd'hui
250 songe à produire des éléments | assez souples et disponibles pour que l'individu en fasse lui-même sa maison ou son appartement. Peut-être le public est-il sollicité, mieux encore que par le brut ou l'inachevé, par des œuvres obscures à force d'être claires dont la polysémie plutôt que l'asémie l'invite à une interprétation personnelle ; car il y a bien des façons pour l'art de provoquer l'engagement

esthétique du spectateur, et parfois sans le détacher d'un engagement éthique et poétique, et sans vouer pour autant l'art au didactisme où il se renonce. Pourtant, si incertaines et si agressives qu'elles puissent paraître, les recherches de l'art contemporain autorisent une espérance : une civilisation du loisir ne sera pas nécessairement une civilisation du désœuvrement, ou de l'abrutissement, si, ne disons pas s'élabore un art de masse, mais si la masse prend une part active à l'art en même temps qu'elle accède à la conscience technique et à la vie politique. Lorsque le luxe aura cessé d'être meurtrier ou scandaleux, le règne de la gratuité permettra à l'humanité d'apprendre encore quelque chose : d'apprendre à jouer. L'art contemporain nous en instruit déjà. Dès maintenant, renonçant au dogme fonctionnaliste, « la production industrielle, dit Françoise Choay, fait sa propre satire et rejoint le propos d'une partie de l'art actuel d'avant-garde... Les récents avatars de l'objet industrialisé... font de l'*industrial design* un simple moment de l'expérience et de la conscience de la société industrielle. Il n'est pas interdit de prévoir le temps où l'industrie – et non plus les artistes issus de Dada – produira en masse des objets ne pouvant servir à rien[1] ». Car l'homme s'accomplit aussi par le rêve et par le jeu ; par là aussi, au plus secret peut-être, l'individu devient ce qu'il est.

On a tenté de voir avec quels problèmes la civilisation industrielle confronte l'humanité. Tout ce que l'homme à son aurore a vécu comme sien, son corps, l'outil qui le prolonge, « le geste et la parole », tout cela s'est détaché de lui pour constituer ce corps immense d'objets, de pouvoirs et d'institutions qu'il faut bien avec Hegel appeler

1. [F. Choay,] « Fonction et conscience », *Revue d'Esthétique* III, 1964, p. 269.

251 l'esprit objectif. Le sujet | a donc son être hors de lui[1]. Peut-il le récupérer, et se retrouver là où il se perd ? Nous n'invoquerons pas une dialectique qui conduirait avec bonheur à l'esprit absolu. C'est à l'esprit subjectif, à l'individu même, qu'il appartient de se sauver, pour que l'homme se sauve en tout homme. Le peut-il ? Peut-être. D'abord, selon son vouloir, s'il ne renonce pas à vouloir, et si l'objet de ce vouloir est précisément le développement et l'humanisation de cette civilisation qui risque de le déshumaniser à force d'humaniser le monde ; si donc il s'affirme comme le sujet historique qui veut pour lui-même ce que veut une histoire à laquelle il a lui-même donné le branle. Mais il ne se reconnaîtra pleinement dans l'esprit objectif que si son intelligence le lui donne à connaître ; si donc il veut les institutions qui lui apprendront à savoir et à rêver, qui l'équiperont pour participer aux aventures de la science et de l'art. Et peut-être faudra-t-il enfin que le sentiment soit de la partie, pour ranimer en lui, jusque dans la vision de l'esprit objectif, le sens de la Nature, dont le réalisme est en philosophie la première expression. Car l'homme ne s'assure de lui-même que dans ce mouvement heureux par lequel il se sent chez lui dans un monde qui lui parle, sur une terre nourricière et belle où il est toujours Antée. Ce sont d'abord les hauts lieux encore sauvages – ceux qu'au XVIIIe siècle on appelait la nature – la forêt, la montagne, l'océan, qui lui enseignent la pesanteur et

1. C'est pourquoi, observons-le au passage, l'idée de bonheur a perdu de son éclat, comme aussi bien l'idée de sagesse. Car le bonheur est une manière d'être, une façon de prendre la mesure du soi et de lui référer le monde. Le bonheur aujourd'hui n'est plus le prix de la vertu, il ne réside plus dans la force de l'être, mais dans la puissance et dans la sécurité de l'avoir : on choisit un métier en fonction de la retraite, comme une voiture pour son prestige.

l'opacité d'un réel qui pourtant appelle la conscience et la parole. Cette source où l'homme se retrempe, cet inhumain complice qu'il retrouve dans la magie des vacances, la civilisation les menace sans doute ; « il semble bien qu'on assiste aux derniers rapports de l'homme libre et du monde végétal », dit Leroi-Gourhan[1], qui ne désespère pas cependant que | l'homme en vienne « à repenser le problème **252** de ses rapports avec le monde végétal et animal ». Peut-être le gaspillage et l'anarchie seront-ils réprimés ; et si en bien des lieux la technique doit imposer au monde un nouveau visage, peut-être ne sera-ce pas toujours celui de la violence capitaliste ; car la technique peut composer avec la nature et susciter une beauté neuve dont bien des artistes ont déjà pressenti les accents. La nature machinée, naturée par l'homme, témoigne encore de la Nature naturante. L'apparaître se produit aussi là où moutonnent des océans de pierre et d'acier et il appelle toujours l'homme à le recueillir. Pour le citoyen d'un nouveau monde, peut encore rayonner le feu divin de la beauté.

1. [A. Leroi-Gourhan, *Le geste et la parole*,] *op. cit.*, II, p. 266.

POUR L'HOMME DANS L'ŒUVRE DE DUFRENNE

Lorsque *Pour l'homme* paraît en 1968, l'ouvrage est lu dans le contexte immédiat de la « querelle de l'humanisme[1] » au sein de la philosophie française, dans le cadre de laquelle Dufrenne est rangé du côté des « humanistes », avec Jean-Paul Sartre, contre les « anti-humanistes » parmi lesquels se trouvent Michel Foucault et, surtout, Louis Althusser[2]. Cette discussion peut être située à partir de deux articles d'Althusser sur l'humanisme : « Marxisme et humanisme », et « Note sur l'humanisme » repris en 1963 dans *Pour Marx*[3]. Sa critique célèbre de l'« humanisme théorique » fait du concept d'homme un obstacle épistémologique (au sens de Gaston Bachelard) à la compréhension de l'histoire, parce qu'il la pense comme l'histoire de l'aliénation de l'homme, lequel doit alors se libérer de l'histoire pour réaliser sa véritable essence. Pour Althusser, l'humanisme théorique est tributaire d'une philosophie idéaliste libérale, héritée de Kant, et dont l'écho se trouve encore chez Feuerbach, et, dans une certaine mesure, chez le jeune Marx. Là contre,

1. L'expression est d'Althusser. Voir L. Althusser, « La querelle de l'humanisme » [1967], *Écrits philosophiques et politiques*, t. II, Paris, Le Livre de Poche, 2001.

2. *PH*, p. 31.

3. L. Althusser, *Pour Marx* [1965], Paris, La Découverte, 2005, p. 225-258.

il s'agirait de congédier le concept d'homme, et tout le dispositif idéologique qui l'accompagne, pour parvenir à une compréhension matérialiste dialectique de l'histoire, comme procès des formations sociales.

On aurait toutefois tort de réduire *Pour l'homme* à cette querelle, à une époque où les coordonnées du problème de l'humanisme ont changé. Ce sont aujourd'hui plutôt les frontières entre l'homme et l'animal, la question du naturalisme, dans le cadre d'une politique écologique, des droits humains, ou encore de l'universalisme, dans un monde où la décolonisation a eu lieu, qui – parmi d'autres interrogations – configurent ce débat. Si l'ouvrage de 1968 porte les traces d'un contexte intellectuel particulier, il ne saurait s'y réduire, ne serait-ce qu'en raison de sa portée critique. À rebours de toutes les modes de son temps, Dufrenne y défend des positions philosophiques originales. Ainsi de la philosophie de la Nature, placée sous le patronage de Schelling[1], dont le caractère frontalement métaphysique aurait fait reculer même un Sartre[2] et a, de fait, fait reculer un Emmanuel Levinas[3].

Comme le titre de l'essai l'indique, Dufrenne ne se fait pas tant le défenseur de l'humanisme que celui de l'homme. Là où Althusser décèle derrière l'humanisme un concept d'homme qu'il juge idéologique et dont il s'agit selon lui de se débarrasser pour que la philosophie de l'histoire puisse commencer, Dufrenne considère que l'idée d'homme

1. M. Dufrenne, *Le poétique*, Paris, Seuil, 1963, p. 209.

2. J.-P. Sartre, *L'Être et le Néant*, « Aperçus métaphysiques », Paris, Gallimard, 2016, p. 809.

3. E. Levinas, « *A priori* et subjectivité. À propos de *La notion d'*a priori de M. Mikel Dufrenne », *Revue de métaphysique et de morale* 4, 1962, republié dans E. Levinas, *En découvrant l'existence avec Husserl et Heidegger*, Paris, Vrin, 2010, p. 179-186.

est essentielle à toute philosophie, et affirme que l'humanisme ne fait qu'en découler. La philosophie, qui porte toujours en elle la question kantienne « Qu'est-ce que l'homme ? », ne saurait faire l'économie de la définition de l'homme comme sujet. Concept fondamental de la philosophie, il est d'autant plus crucial qu'un champ du savoir, les sciences humaines, en fait son objet d'étude. La philosophie retrouve ainsi pour Dufrenne sa définition dans la mesure où elle peut à nouveau prendre « le parti de l'homme[1] ». La défense de l'homme s'identifie donc avec la défense de la possibilité de la philosophie, à une époque où elle est menacée sur deux fronts : d'un côté, par des philosophies de l'absence de l'homme, qui tendent à réduire ce dernier à un étant sur le fond d'une ontologie de l'Être plus fondamentale, de l'autre, par l'essor des sciences humaines, qui prennent pour cible la philosophie dont elles cherchent à s'affranchir. Si la philosophie fait toujours fond sur le concept d'homme, il faut s'opposer à toutes les tentatives qui tendent à le relativiser à l'histoire ou au système du savoir.

Cette défense de la philosophie traverse l'œuvre de Dufrenne, toujours soucieux de circonscrire les limites et le rôle du discours philosophique. Dans ses ouvrages antérieurs comme la *Phénoménologie de l'expérience esthétique* ou *Le poétique*, c'est par rapport à la poésie que la philosophie devait justifier son discours : Dufrenne cherchait dans sa philosophie à attester de la présence originaire de la Nature dans l'expérience esthétique. Le sentiment esthétique se définissait par l'expérience de la puissance naturante, et ne pouvait être qu'esquissé

1. M. Dufrenne, « Le parti de l'homme », *Esprit*, 269(1), Janvier 1959, p. 113-124.

conceptuellement par la philosophie, la poésie se chargeant d'en dire la vérité. Plus généralement, le sentiment de la Nature relève d'une dimension poétique présente dans tous les arts en tant qu'ils nous ouvrent à une expérience esthétique. Pour autant, Dufrenne se refusait à toute confusion entre poésie et philosophie : si la poésie se fait philosophique sans que son objet l'y contraigne, elle sonne faux, et si la pensée délaisse le concept pour la métaphore, elle se mue en *Schwärmerei*[1].

Dans *Pour l'homme*, Dufrenne se donne pour tâche d'examiner la possibilité et les limites d'une philosophie de l'homme qui se développerait à côté des sciences de l'homme. Prendre le parti de l'homme n'équivaut cependant pas pour Dufrenne à attribuer une essence à l'homme, à le dire liberté ou pour-soi, indépendamment de toute condition historique et sociale. L'homme, tout en étant une liberté, une fin en soi, un universel, une subjectivité transcendantale indéclinables, doit être pensé toujours en même temps comme un sujet concret psychologisé, historicisé, socialisé. La liberté ne peut se contenter d'être un pur postulat, et il faut pour Dufrenne « matérialiser le transcendantal[2] », c'est-à-dire le faire descendre jusque dans les déterminations matérielles étudiées par les sciences humaines, pour en attester la présence.

Impossible mariage ? La tâche est difficile car elle suppose une défense du « dualisme » autant qu'une défense du « monisme » : la première sera assurée par la philosophie de l'*a priori*, la seconde par la philosophie de la Nature qui en est la condition de possibilité.

1. Voir M. Dufrenne, *La notion d'*a priori, Paris, P.U.F., 1959, p. 275-292.

2. *Ibid.*, p. 186.

HUMANISME ET DUALISME

Toute philosophie de l'homme est dualiste dans la mesure où elle pose l'homme comme un sujet qui ne peut pas être reconduit au reste de l'expérience. Le dualisme se définit par le refus de toute réduction de l'homme à l'histoire, à la société, ou même au Concept ou à l'Être. L'homme, en tant qu'il est sujet, doit être pensé par la philosophie comme originaire. Il y a une grande proximité au premier abord entre cette défense de l'humanisme et le dualisme de l'en-soi et du pour-soi défendu par Sartre dans *L'Être et le Néant*. Chez Dufrenne comme chez Sartre, c'est la liberté, entendue comme responsabilité à l'égard de ses choix, qui définit l'homme. Toute philosophie qui refuse le dualisme retire à l'homme sa liberté et représente une traduction idéologique de la mauvaise foi. Le philosophe qui en fait preuve s'autorise subrepticement à ne plus penser les problèmes de son temps en se recommandant d'une métaphysique de l'absence de l'homme :

> On lui [l'homme] refuse la responsabilité de la pensée ; et ceci est un trait remarquable de cet antihumanisme : jamais il ne consent à définir l'homme directement, comme si l'on pouvait affirmer quelque chose de lui parce qu'il s'affirme lui-même, mais obliquement : *à propos de* (par exemple à propos d'une mutation du champ épistémologique), ou comme *le lieu de* (de l'intersection de certains concepts), *la figure de* (de la finitude), à la rigueur *le moyen de* (de la production). L'homme est pris à son propre piège, ordonné à ses propres œuvres dont on lui refuse la paternité : en proie à ce qui le dépasse[1].

1. M. Dufrenne, *Pour l'homme*, 1re éd., Paris, Seuil, 1968, cité désormais *PH* avec renvoi à la présente pagination : *PH*, p. 56-57.

Les philosophies qui prétendent relativiser l'homme transfèrent la subjectivité transcendantale à une instance supposée la transcender, mais dont le pouvoir constituant ne tient en réalité qu'à l'hypostase d'une des qualités du sujet. De manière assez nietzschéenne, Dufrenne dénonce ici une forme d'ontologisation de la grammaire présente dans la philosophie contemporaine, qui consiste à reformuler à la voix passive, ou de façon impersonnelle, ce qui était autrefois l'attribut d'un sujet. Mais là où, chez Nietzsche, la philosophie était dupe de la grammaire lorsqu'elle postulait un sujet, chez Dufrenne, ce sont plutôt les opérations de contournement de la subjectivité transcendantale, communes à tous les représentants de l'anti-humanisme, qui attestent en creux de l'irréductibilité du sujet.

Pour autant, la défense du dualisme ne consiste pas en une neutralisation du discours des sciences humaines. Après avoir souligné contre les ontologies non-dualistes l'irréductibilité de la subjectivité, il faut encore que la philosophie puisse reconnaître une scientificité aux sciences humaines tout en rejetant certains de leurs présupposés :

> Quelles que soient leurs relations avec la subjectivité, les systèmes n'en sont donc point indépendants : ils la présupposent autant qu'ils en sont la condition de possibilité. Nous verrons que la science n'est nullement astreinte à ignorer cette double relation. Mais la philosophie d'abord peut tenter de la cerner, dans un langage plus simple, en décrivant l'être au monde de l'homme[1].

Loin d'écarter les acquis des sciences humaines, Dufrenne souligne que leur anti-humanisme résulte d'une

1. *PH*, p. 194-195.

confusion avant tout philosophique : il est tout à fait possible de circonscrire leur objet et de rendre compte de leurs méthodes sans négliger la place de l'homme au sein de leurs élaborations théoriques propres et sans compromettre la valeur de leurs résultats. La démarche de Dufrenne se construit en trois étapes : elle passe par la construction d'un normativisme universaliste qui permet de ne plus relativiser l'homme à des normes sociales particulières. Cette construction est complétée par la revendication d'un certain réalisme, et enfin, par l'élaboration d'une philosophie de la dualité de l'*a priori*.

La normativité humaine

L'intérêt de Dufrenne pour l'anthropologie et la psychologie sociale remonte à *La personnalité de base. Un concept sociologique* (1953) qui présentait en France les travaux d'Abram Kardiner et de Ralph Linton. Sa réflexion est soucieuse de reconnaître le lien entre norme humaine et norme sociale : pour Dufrenne, l'homme est bien doté d'une nature humaine, non pas au sens où il aurait une essence, mais parce qu'il se définit par des possibilités, une capacité à se fixer des règles et à faire des choix. Plutôt que de faire de la liberté humaine un refus de toute nature, ou de fonder cette liberté par la raison pratique, Dufrenne soutient que la liberté est liée à certains invariants par-delà la diversité des sociétés, et que la nature humaine, si elle fonctionne comme une norme, est susceptible d'universalité. Certes, la liberté est autonomie, mais la capacité à se fixer ses propres lois ne s'exerce pas de manière uniquement formelle : il faut compléter l'éthique formelle de Kant par une éthique matérielle qui énonce, à côté de l'impératif catégorique, certaines valeurs matérielles invariantes à travers toutes les sociétés. Il n'est pas facile d'énoncer une liste définitive de ces invariants, et on est toujours confronté au risque de poser en universel ce qui n'est en fait qu'une norme relative à des sociétés particulières, mais on peut en indiquer quelques-uns. En 1953, Dufrenne cite la santé et la liberté, cette dernière étant comprise comme le pouvoir d'être soi-même. Avec *Pour l'homme*, c'est désormais la lutte contre la faim qui est associée à la liberté : « Vouloir l'homme, c'est aussi aménager le monde pour lui, ne fût-ce que pour lui épargner d'avoir faim, pour lui permettre d'exercer sa propre volonté[1] ». La nature humaine est une norme, mais non pas dans le cadre d'une éthique formelle qui sépare strictement la loi morale des déterminations pathologiques de la volonté, plutôt selon une continuité entre les besoins vitaux et le besoin de liberté.

La normativité humaine renvoie alors à une compréhension de l'homme qui complète l'explication scientifique de l'institution des sociétés et permet de penser des déterminations matérielles, et pourtant universelles parce que communes à toutes les cultures. Aussi bien, il s'agit de réhabiliter la question du sens au sein des structures décrites par les sciences humaines. Tout sens à l'œuvre dans une relation sociale, toute normativité intrinsèque, ne peut être converti en structure qu'au terme d'une formalisation qui l'appauvrit sémantiquement. Ainsi du rapport entre manger et aimer remarqué par Claude Lévi-Strauss dans *La pensée sauvage*, qui devient une « conjonction par complémentarité[2] », réduction ultime à une structure homologique par appauvrissement sémantique,

1. *PH*, p. 261.
2. Lévi-Strauss cité dans *PH*, p. 127.

entre le mangeur et le mangé, ou entre l'amant et l'aimé. Ce refus d'un sens vécu a pour conséquence une dissolution de l'homme, réduit à un objet de sens, « du sens vide et formel identique à l'être là de la matière[1] ». Comment comprendre cette défense d'un sens irréductible à la structure, alors même que l'idée de la production du sens par le jeu des différences structurelles est un des réquisits méthodologiques du structuralisme ? Lévi-Strauss semblait déjà anticiper cette critique lorsqu'il admettait traiter des hommes comme des fourmis, se reconnaissant volontiers dans la définition de l'esthète avancée par Sartre dans la *Critique de la raison dialectique*[2]. Les sciences humaines visent à découvrir des invariants transculturels, mais c'est pour pouvoir se passer de l'idée d'homme, pour la « dissoudre » et s'engager dans la description de structures qui la présupposent pourtant à titre de support essentiel. Pour Dufrenne, la confusion tient en réalité à une méprise sur le statut philosophique du concept de « variation » : là où le structuralisme identifie des structures qui conduisent à relativiser l'homme pour le transformer en *variable* d'un système, il faut faire valoir que la richesse des *variantes* de la vie humaine qui s'expriment dans la diversité des cultures devrait nous amener à le penser comme l'invariant irréductible vers lequel elles tendent. Autrement dit, la méthode de la variation doit être interprétée comme une détermination de l'inférieur par le supérieur, de la structure par le sens, plutôt que comme la réduction du sens à un système, selon une logique combinatoire qui ne peut être que formelle.

1. *PH*, p. 127.

2. C. Lévi-Strauss, *La pensée sauvage*, Paris, Pocket, 1990, p. 194 ; J.-P. Sartre, *Critique de la raison dialectique*, t. 1, Paris, Gallimard, 1960, p. 183.

« Une philosophie de l'homme ne peut être que réaliste[1] *»*

Il y a chez Dufrenne une forme de méfiance à l'égard de toute philosophie systématique qui fait écho à la situation dans laquelle il s'est lui-même trouvé dans l'immédiat après-guerre : avec l'expérience de la guerre s'est volatilisée une certaine naïveté du philosophe qui, confronté à l'expérience de l'absurde, ne peut plus prétendre produire une explication totale du réel. Mais le philosophe ne doit pas renoncer pour autant à rendre la vie plus vivable pour les hommes[2]. Cet impératif éthique guide le souci de Dufrenne de penser l'homme concret et va de pair avec la revendication d'un réalisme éthique et politique. La philosophie ne peut faire fond sur un sujet impersonnel, elle doit poser la subjectivité transcendantale dans ses déterminations historiques, sociales et psychologiques.

Ce réalisme consiste à circonscrire les pouvoirs de la subjectivité transcendantale, non pas en raison d'une finitude métaphysique, mais par des déterminations objectives dont elle est inséparable. Dufrenne critique l'identification du transcendantal à la finitude de l'homme, symptôme d'un anti-humanisme métaphysique caractéristique de Foucault et, avant lui, de Heidegger. À Foucault, Dufrenne reproche de faire de l'homme une simple figure de l'*épistémè* classique, liée à la prise de conscience de sa finitude et au déploiement de la subjectivité transcendantale. Derrière la critique de Foucault, on peut remarquer un motif déjà présent dans la critique que Dufrenne adressait à l'interprétation heideggérienne de la philosophie de Kant

1. *PH*, p. 262.
2. M. Dufrenne, *Jalons*, La Haye, M. Nijhoff, 1966, p. 3.

dans *Jalons*[1]. Lorsque Kant s'interroge sur les conditions de possibilité de la connaissance, c'est toujours pour circonscrire une activité conceptuelle immanente à un objet, afin d'en fonder le savoir rationnel, et non pas en vertu d'une finitude de principe. Remontant à l'origine de toutes les conditions de possibilité de la connaissance pour questionner le fait originaire de la liaison du sujet et du monde, Heidegger prétend dépasser l'anthropologie et la psychologie pour remonter jusqu'à l'ontologie : en s'interrogeant sur les conditions de possibilité, il ne s'agit plus alors de fonder le savoir mais de découvrir ce qui se trouve à sa racine. Là contre, le réalisme de Dufrenne définit la philosophie comme une « pensée appliquée[2] » : il faut partir de l'homme concret pour l'individualiser par son corps, par son histoire, par la société, plutôt que de poser sa finitude de principe, indépendamment des déterminations de l'expérience.

Cette réévaluation de la finitude du sujet, pour laquelle toute négation est détermination, comporte toutefois le risque d'identifier les structures de la subjectivité (les conditions de possibilité de l'expérience) et les déterminations de l'expérience (les conditions matérielles dérivées de l'expérience), selon un mouvement dialectique typiquement hégélien. L'intérêt de Dufrenne pour Hegel est ancien[3]. Il retient de la dialectique l'idée que la contradiction dynamise le réel et le savoir, et que le négatif est un moment essentiel du mouvement vers le vrai. Cependant, la tentation est grande ici d'abdiquer le dualisme. Si en effet le transcendantal n'est pas uniquement une

1. *Ibid.*, « À propos du livre de Heidegger, *Kant und das Problem des Metaphysik* », p. 84.
2. *PH*, p. 168.
3. M. Dufrenne, *Jalons*, *op. cit.*, « Actualité de Hegel », p. 70.

fonction de la subjectivité, rien n'empêche en droit d'absolutiser la relation et de penser les structures de nécessité qui se révèlent dans l'expérience comme signes du dépassement de la dualité du sujet et de l'objet, de la conscience et du monde. Il s'agirait alors de ne plus penser la conscience que comme la figure d'une phénoménologie de l'Esprit, figure de la séparation, seulement provisoire, de l'entendement ou du sentiment avec son objet. Or, pour Dufrenne, si le transcendantal est désormais dépendant de l'expérience, il ne s'y réduit pas. L'histoire le révèle à chaque fois comme « inengendrable[1] », les événements contingents dans lesquels il se montre ne sont pas ses causes. Aucune dialectique ne peut prétendre dériver l'homme de la somme de déterminations positives sans confondre la genèse transcendantale avec une genèse empirique. C'est seulement en maintenant cette distance que peuvent être préservées à la fois la philosophie de l'homme et les sciences de l'homme. Le dualisme ne peut donc pas être dépassé, et le transcendantal est à repenser comme coprésence des deux pôles de la corrélation. Cette prégnance du transcendantal dans notre expérience du monde est décrite par Dufrenne comme un « matérialisme transcendantal », formule qui dit le refus de faire l'économie de la subjectivité de l'homme.

*La dualité de l'*a priori

Dès la *Phénoménologie de l'expérience esthétique* (1953), Dufrenne soutenait que la relation esthétique de l'homme au monde conduit à penser une objectivité poétique qui s'éprouve dans la découverte de manifestations de la corrélation de la nature et de l'homme, et se traduit chez

1. *PH*, p. 226.

le créateur dans le phénomène de l'inspiration : sans qu'il sache pourquoi, l'artiste sent qu'« il y a quelque chose à dire et qui ne peut être dit que par lui[1] ». Par le sentiment, l'homme découvre des « *a priori* affectifs », conditions sous lesquelles un objet esthétique est senti, en tant qu'il est caractérisé par une expressivité structurelle dont la fonction est de nous ouvrir un monde. Alors que, depuis Kant, l'*a priori* désigne l'indépendance et l'antériorité des structures formelles de la subjectivité transcendantale sur l'expérience qu'elle constitue, Dufrenne nous invite à penser un nouveau type d'*a priori*, qui ne relève ni de la sensibilité (comme l'espace et le temps pour Kant), ni de l'entendement (comme les catégories), mais de l'affectivité et du sentiment. L'*a priori* affectif n'est pas *a priori* en tant qu'il serait antérieur à l'expérience esthétique, mais plutôt parce qu'il renvoie 1) au caractère donné du donné, dont la présence s'atteste directement dans le sentiment d'appartenance au monde éprouvé par l'homme devant l'objet esthétique ; 2) à une expressivité de l'objet esthétique, qui renvoie à sa capacité à déployer un monde au-delà de lui-même[2]. Ces deux caractéristiques se résument dans l'idée d'un pouvoir constituant de l'*a priori* : l'expérience atteste d'une mise en ordre par des *a priori* qui l'orientent et la dynamisent.

On peut toutefois se demander si, en greffant ainsi l'*a priori* sur l'*a posteriori*, on ne risque pas de le dissoudre : chez Kant, c'est parce que les catégories ne peuvent pas être simplement abstraites de l'expérience qu'elles en sont les conditions de possibilité. Il est essentiel qu'elles puissent s'organiser en une *table* des catégories, qui recense les

1. M. Dufrenne, *Phénoménologie de l'expérience esthétique*, Paris, P.U.F., 1953, p. 674.

structures les plus générales de toute expérience possible. Lorsque Dufrenne invite à multiplier les *a priori*, ne s'expose-t-il pas à isoler arbitrairement de simples déterminations particulières de l'expérience pour en faire des conditions de possibilité[1] ? L'inventaire, toujours ouvert, des *a priori*, en faisant droit à l'affectivité, ne risque-t-il pas de supprimer la prétention transcendantale à l'objectivité ? Dufrenne répond à cette objection en faisant valoir la dualité de l'*a priori* : toute condition de possibilité est à la fois subjective, en renvoyant aux conditions de la lecture de l'expérience, et objective, en attestant d'une forme de nécessité à l'œuvre dans l'expérience. C'est tout le travail de *La notion d'*a priori (1959) que de montrer comment on peut penser l'*a priori* au-delà de son assignation exclusive à la subjectivité (Husserl), et de son identification dialectique à l'*a posteriori* (Hegel)[2] : entre ces deux voies qui absolutisent la relation de l'*a priori* et de l'*a posteriori*, l'enjeu est de penser un sens qui se révèle au sein de l'expérience sans s'y réduire. L'*a priori* formel n'est pas d'une nature différente de l'*a priori* matériel, il est simplement plus général. La dualité de l'*a priori*, à la fois subjectif et objectif, formel et matériel, dont on a vu qu'elle était solidaire de la revendication de l'humanisme, semble s'assouplir à ce point de la réflexion. La recherche de cette

1. C'est le principal reproche fait à Dufrenne lors d'une conférence à la Société française de philosophie, où sont présents Ferdinand Alquié, Maurice Dupuy et Jean Hyppolite, voir M. Dufrenne, « Signification des *a priori* », *Bulletin de la Société française de philosophie*, n°49 (3), juin-septembre 1955, p. 99-116. Paul Ricœur lui adressera la même objection dans son compte-rendu de *La notion d'*a priori. Voir P. Ricœur, « La notion d'*a priori* selon Mikel Dufrenne », *Esprit* 2, 1961, repris dans P. Ricœur, *Lectures II. La contrée des philosophes*, Paris, Seuil, 1999, p. 325-334.

2. M. Dufrenne, *La notion d'*a priori, *op. cit.*, p. 49.

troisième voie conduit Dufrenne à une philosophie de la Nature, dont *Pour l'homme* se fait le relais dans sa seconde partie.

MONISME ET PHILOSOPHIE DE LA NATURE

Maintenir le dualisme pour ne pas récuser l'homme revenait pour Dufrenne à refuser tous les systèmes qui prétendent « dissoudre le sujet » et toutes les métaphysiques qui en font une simple figure de l'Être. La philosophie de l'*a priori* montre la réciprocité de l'homme et du monde et dévoile pourtant une affinité entre eux, au cœur de la dualité de l'a *priori* : l'« *a priori* subjectif » désigne un savoir virtuel au sein du sujet, comparable à une habitude ou à une disposition, auquel répond un « *a priori* objectif », qui désigne une structure du monde lui-même. Renonçant à la dialectique, qui fait du sujet le simple moment d'un procès, et à l'idéalisme, qui lui confère le pouvoir démiurgique de faire paraître le monde, Dufrenne est toutefois reconduit au monisme dès lors qu'il ne se contente pas de constater l'accord de l'homme et du monde, mais s'emploie à le fonder. Comment formuler une ontologie moniste qui ne confonde pas l'empirique et le transcendantal, mais souligne leur action réciproque, où le sujet n'est transcendantal que parce qu'il est empirique, c'est-à-dire biologique, corporel, psychologique, historique et social ; et réciproquement, où le transcendantal est immanent et adhérent aux faits, où il colle au réel comme « une tunique de Nessus[1] », où le sens se lit à même les phénomènes empiriques ? L'idée de Nature va précisément permettre à Dufrenne de fonder métaphysiquement la relation de

1. *PH*, p. 174.

l'homme et du monde, sans tomber dans l'écueil des philosophies monistes de l'absence : contrairement à l'Être, la Nature est caractérisée par un sens du plein dont l'homme fait l'expérience positive dans la beauté et le sacré (voie esthétique) aussi bien que dans l'action (voie éthico-politique).

Naturalisme ontologique et ontologies monistes

Pour Dufrenne, la reconfiguration du problème du l'*a priori* porte en germe une redéfinition du transcendantal. Celui-ci n'est plus lié à un problème seulement constitutif, qui porterait sur la structuration de l'expérience, mais il renvoie à un problème génétique. D'où provient le fait de la présence du monde au sujet ? Ce qu'il s'agit d'interroger, c'est un fond inapparent de l'*a priori* de la corrélation phénoménologique : « Ainsi la recherche d'un *a priori* de l'*a priori* conduit-elle à une philosophie de la Nature plutôt qu'à une philosophie de la conscience, qui aurait plus de peine à engendrer la Nature à partir de la conscience qu'on en a à engendrer la conscience à partir de la Nature[1] ». La Nature n'est pas ici entendue comme le simple ensemble des choses de la nature, règne extérieur à l'humain, ni comme le corrélat du développement de la pensée et de la culture, mais comme une dimension antéprédicative de l'expérience. Le recours à l'idée de Nature chez Dufrenne gagne à être compris à partir de la référence à Schelling. La « *Naturphilosophie* » développée par Schelling est bien une physique, au sens où elle prétend fournir une théorie de l'être naturel extérieur à notre pensée. Pourtant, elle ne se définit pas comme une physique empirique, mais comme une physique spéculative. Plaçant le principe de

1. M. Dufrenne, *Le poétique*, *op. cit.*, p. 139.

développement de la Nature en elle-même plutôt que dans une transcendance divine, Schelling fait référence à Spinoza pour expliquer l'unité du sujet et de l'objet, à partir de la distinction entre Nature naturante et Nature naturée. La Nature est à la fois un principe productif et son produit[1], et ce concept offre l'opportunité de repenser la distinction classique de l'idéalisme et du réalisme en posant l'identité du transcendantal et du dynamique : c'est selon un même mouvement que la conscience se reproduit dans ses représentations et que la Nature perdure dans son autoproduction. Les structures formelles de la subjectivité supposent l'existence de structures analogues de la Nature qui se réfléchit en elle. La Nature se définit alors comme un effort vers l'identité du sujet et de l'objet, et la conscience qui la pense découvre en elle son propre passé inconscient, sa propre « odyssée[2] ».

L'adoption d'un naturalisme ontologique est justifiée par la possibilité d'une expérience esthétique de l'affinité de l'homme et du monde. Quand bien même on ne saurait remonter en deçà de la séparation du sujet de l'objet, pour formuler leur loi de dérivation à partir de la Nature, on peut encore trouver en elle les traces de cette familiarité. Ce n'est pas un « Je pense » qui fournit pour Dufrenne la preuve de la déduction transcendantale des catégories, mais la Nature elle-même qui est la condition de possibilité des *a priori* : on doit la présupposer pour rendre compte de la coupure de l'objet et du subjectif.

1. Voir F. W. J. Schelling., *Introduction à l'esquisse d'un système philosophique de la nature*, trad. E. Renault et F. Fischbach, Paris, Livre de poche, 2001, § 6, p. 89.

2. Voir V. Jankélévitch, *L'Odyssée de la conscience dans la dernière philosophie de Schelling*, Paris, Alcan, 1933. Dufrenne se réfère explicitement à cet ouvrage dans *Le poétique*, *op. cit.*, p. 209-210.

L'homme est une partie de la Nature. Mais il ne peut plus penser son indistinction originaire avec elle depuis l'événement de leur séparation. La Nature naturante continue à alimenter certaines expériences, celles de l'esthétique et du sacré, et elle renvoie plus généralement à l'expressivité de l'expérience, c'est-à-dire à la possibilité de lire un sens à même les phénomènes. Par cette dernière dimension se trouve fondée la philosophie de l'*a priori*. Ce naturalisme ontologique est bien un monisme, parce qu'il pose l'homme comme partie de la Nature, déposée en lui sous la forme d'habitudes, de dispositions et de savoirs virtuels, mais il est en même temps un dualisme, parce que la scission de l'homme et de la Nature est insurmontable. Le naturalisme ontologique de Dufrenne exprime l'impossibilité du dépassement dialectique de l'extériorité réciproque de la matière et de la forme, du sujet et de l'objet, en référant leur fusion à un passé ancestral. La Nature appartient au passé, dans la mesure où elle relève d'une préhistoire de l'humanité, apparaissant comme une dimension originaire dont on ne peut saisir les échos que comme constitutivement lointains. Seul l'inconscient en porte encore la trace : les mythes et les « grandes images » expriment cet état natif de fusion poétique de l'homme avec la Nature :

> C'est au milieu du monde que l'homme se connaît, mais peut-être aussi sur le monde ; autant que ce qu'il éprouve du fond de lui-même, le psychique est ce qu'il lit sur la surface des choses : la colère, dans les remous de la tempête, la majesté, dans la hauteur des cimes, le bonheur, dans l'harmonie d'un paysage serein. Oui, la Nature nous parle par de grandes images, et nous dirons que c'est peut-être sur ce langage que se fonde le langage humain […][1].

1. *PH*, p. 203-204.

Toutefois, Dufrenne se défie de toute nostalgie de l'origine. À confondre la productivité de l'originaire avec une genèse réelle, on n'obtient qu'une imitation régressive : ainsi de l'art brut, qui en répétant le dessin d'enfant, caricature l'originaire[1].

La voie éthico-politique

Si l'homme comme sujet transcendantal est irréductible, les raisons de sa venue au monde demeurent énigmatiques dans le cadre de la philosophie de la Nature. Certes, à la différence de l'Être, il y a une expérience poétique de la Nature, mais le mystère de l'origine de l'homme et du sens n'est pas supprimé. Pire : à faire de la Nature une expérience originaire harmonieuse de l'accord, de la familiarité, ou de l'affinité de l'homme et du monde, ne se méprend-on pas sur ce qu'elle peut avoir d'effrayant ? La séparation radicale du dualisme bat en brèche tout prométhéisme, qui verrait dans l'humanité le moyen du dépassement définitif de la Nature dans l'Histoire par la praxis humaine. Mais ce faisant, ne condamne-t-elle pas toute action politique ?

L'originalité de *Pour l'homme* se trouve dans l'esquisse d'une autre voie vers la Nature que l'esthétique, qui permet d'éviter toute mythologie de l'ancestral. Cette voie éthico-politique de la philosophie de la Nature consiste en une réflexion sur l'humanisation du monde. D'un côté, il y a une continuité de la nature et de l'histoire, et le transcendantal doit être enraciné dans le processus d'hominisation, comme nous y invite André Leroi-Gourhan lorsqu'il note le rapport entre le langage et la libération des membres antérieurs par la bipédie. De l'autre, cette humanisation du monde a

1. Voir M. Dufrenne, « L'anti-humanisme et le thème de la mort », *Revue internationale de philosophie*, vol. 22, No 85/86(3/4), 1968, p. 305.

pris les traits d'une technique qui échappe au contrôle de l'homme, et qui finit par se substituer à ses propres fins, jusqu'à le déshumaniser :

> D'abord, selon son vouloir, s'il ne renonce pas à vouloir, et si l'objet de ce vouloir est précisément le développement et l'humanisation de cette civilisation qui risque de le déshumaniser à force d'humaniser le monde ; si donc il s'affirme comme le sujet historique qui veut pour lui-même ce que veut une histoire à laquelle il a lui-même donné le branle[1].

Une proximité très grande se manifeste avec les thèses de l'École de Francfort développées dans les années 1960 par Theodor Adorno, Jurgen Habermas et Herbert Marcuse. Elle est d'autant plus marquante qu'elle se fonde également chez ces auteurs sur une relecture de la *Naturphilosophie* de Schelling[2]. Il sera explicite dans les ouvrages ultérieurs de Dufrenne : *Art et politique* (1974), *Subversion, perversion* (1977) et surtout *L'Inventaire des* a priori (1981) prendront acte de cette rencontre avec la Théorie critique.

La philosophie de la Nature est bien la condition de possibilité de la philosophie de l'homme, le monisme est la matrice du dualisme. Mais dans un dernier retournement, Dufrenne décrit une action réciproque de second degré : une fois la séparation accomplie, c'est l'homme qui doit assumer toute la responsabilité de la Nature naturante. La philosophie de la Nature comprend donc bien une voie éthico-politique, celle qui consiste à refuser toute

1. *PH*, p. 322.

2. Pour un développement plus complet de cette approche, voir S. Haber, *Critique de l'antinaturalisme. Études sur Foucault, Butler, Habermas*, Paris, P.U.F., 2006. Notons chez Habermas et Dufrenne l'importance de la lecture de Jaspers, auteur de *Schelling. Grösse und Verhangnis*, München, R. Piper Verlag, 1955.

dénaturation de l'homme par l'histoire et la technique, et à combattre l'inhumanité de la guerre, de la bureaucratie et des déséquilibres écologiques. La philosophie de la Nature, loin d'interdire une philosophie de l'action, la rend au contraire possible. Le naturalisme évite l'écueil de la téléologie, qui fait de l'homme le moyen d'un but prédéterminé, et inscrit l'action humaine dans un cadre matérialiste, où la finalité n'est ordonnée qu'aux buts particuliers de situations historiques circonscrites, tout en étant traversée d'affects qui portent en eux la norme de l'humanité dans son combat contre la dénaturation :

> Ici, certains signes sont assez clairs : il y a des lieux sur cette terre où l'homme veut et peut encore s'affirmer ; au Vietnam comme en Amérique du Sud, des hommes acceptent précisément de mourir pour que l'homme vive. Car c'est bien pour l'avenir de l'homme qu'ils combattent, en revendiquant, face à un nouvel impérialisme romain aux multiples visages, l'indépendance et la dignité[1].

La philosophie de la Nature apparaît finalement comme une philosophie de l'homme. Le passé ancestral est gros d'un avenir que seul l'homme, et non pas l'Esprit ou l'Histoire, peut vouloir pour lui-même.

1. *PH*, p. 308.

TABLE DES MATIÈRES

ITRODUCTION par Frédéric FRUTEAU DE LACLOS.......... 7

MIKEL DUFRENNE
POUR L'HOMME

AVANT-PROPOS.. 31

PREMIÈRE PARTIE
LES THÈMES MAJEURS DE LA PHILOSOPHIE CONTEMPORAINE

I. La philosophie de l'être... 41
2. La philosophie du concept....................................... 55
3. L'épistémologie archéologique................................ 65
4. L'épistémologie du marxisme ou le marxisme comme épistémologie.. 79
5. La philosophie du langage....................................... 91
6. Le règne de la structure... 115
7. L'inconscient.. 131
8. La philosophie de l'histoire...................................... 145

DEUXIÈME PARTIE
APPROCHE D'UNE RÉFLEXION SUR L'HOMME

I. La philosophie et l'homme...................................... 163
2. Le sujet et l'objet.. 171
3. Le moi et l'autre.. 197

4. Vers une explicitation de l'idée d'homme 225
5. Philosophie et éthique.. 251
6. Philosophie de l'homme et sciences de l'homme... 263

POSTFACE : LES CHANCES DE L'HOMME AUJOURD'HUI . 295

POUR L'HOMME DANS L'ŒUVRE DE DUFRENNE
par Circé FURTWENGLER.. 325

TABLE DES MATIÈRES... 347

Achevé d'imprimer en juillet 2022 par *La Manufacture - Imprimeur* – 52200 Langres
Imprimé en France – N° d'imprimeur : 220669 – Dépôt légal : août 2022